Über den Autor:

**Heinz Hoenig,** geboren 1951 in Landsberg am Lech, arbeitete zunächst in den verschiedensten Bereichen, bevor er in den USA eine Ausbildung zum Schauspieler absolvierte. Der Durchbruch zum gefeierten Star gelang ihm mit der Rolle des Funkers Hinrich in Wolfgang Petersen *Das Boot* (1981) nach dem gleichnamigen Roman von Lothar-Günther Buchheim. Weitere Produktionen: *Der große Bellheim* (1992), *Der Schattenmann* (1995), *Der König von St. Pauli* (1997), *Die Affäre Semmeling* (2002). Heinz Hoenig wurde für seine schaupielerischen Leistungen mehrfach mit Preisen ausgezeichnet. Er lebt mit seiner Frau und seinen beiden Kindern auf Mallorca.

# HEINZ HOENIG
mit Paul Barz

# Meine Freiheit nehm ich mir

Erinnerungen an
50 wilde Jahre

## BASTEI LÜBBE TASCHENBUCH
Band 61532

1. Auflage: November 2003

Vollständige Taschenbuchausgabe
der im Gustav Lübbe Verlag erschienenen Hardcoverausgabe

Bastei Lübbe Taschenbücher und Gustav Lübbe Verlag
sind Imprints der Verlagsgruppe Lübbe

© 2002 by Verlagsgruppe Lübbe GmbH & Co. KG,
Bergisch Gladbach
Textredaktion: Monika Liegmann, Saarbrücken
Umschlaggestaltung: Guido Klütsch
unter Verwendung eines Fotos von Peter Hoenig, Reinheim
© Fotos: Privatarchiv Heinz Hoenig, Peter Hoenig, Reinheim
(Farbfotos, 2. s/w-Tafelteil),
Michael Haring, Berlin *(Krücke)*, Felix Lammers, Hamburg
(Porträtaufnahme),
Jim Rakete, Telebunk, Berlin *(Das Boot)*,
VISUM/Michael Lange, Hamburg (»Ich bin ein Berliner«)
Satz: Dörlemann Satz, Lemförde
Druck und Verarbeitung: Clausen & Bosse, Leck
Printed in Germany
ISBN 3-404-61532-8

Sie finden uns im Internet unter
www.luebbe.de

Der Preis dieses Bandes versteht sich einschließlich
der gesetzlichen Mehrwertsteuer.

# Inhalt

*I have a dream*  7

## Teil 1

Fass mein Kaninchen nicht an!  17
Die da hinten mag ich nicht  29
Brüder – die unbekannten Wesen  39
Mit dem Hendrik spielst du nicht!  49
I can't get no satisfaction…  61
Dieses irrsinnig mächtige, wie wahnsinnige Gefühl  73

## Teil 2

Glitzerding und Asphaltdschungel  89
Kunst ist wichtig, ach Quatsch  101
Steine, Schafe, fremdes Land  115
Satan umarmt alle  125
Amerika, mein Gott, Amerika!  138
GRIPS, Gummimensch und tausend Kinder  155

## Teil 3

Nur die Kamera darf mich fressen  169
Mensch, das wird richtig Kino!  181
Tief unten, wo alles ganz still ist  194
Schauspieler Hoenig, nein, bin ich nicht  206
Jeder muss mal in den Knast  218

Teil 4

Simone oder: Endlich die Richtige   231
Noch mal die Karten gemischt   238
Ein übler Bursche, gar nicht übel   247
Lauter schöne kleine Filme   260
Kiez, Rathaus und Schattenmann   270
»Da kommt etwas Besonderes auf dich zu«   279

Teil 5

Vater – gespielt, gelebt   291
Spiel ohne Grenzen   305
Von Zeit zu Zeit seh ich dich, Alter, gern   313
Jeder braucht sein Stückchen Insel   319

*The dream goes on*   327

Nachwort   331

## I have a dream

*Ob er auf die Rolling Stones steht?*

*Er heißt Paul, und das ist schon das Genaueste, was ich von ihm weiß. Der Verlag hat ihn mir für die Zusammenarbeit an diesem Buch empfohlen, und in Hamburg hatten wir ein kurzes, gutes Gespräch.*

*Handschlag! Okay! Machen wir's! So ist es oft bei mir gegangen. Oft ging es so gut. Vielleicht auch dieses Mal. Manche nennen das vertrauensselig. Ja, das bin ich wohl.*

*»Wie kann man wissen, ob man einem vertrauen darf, wenn man ihm nicht vertraut?«*

*Sophia Loren soll das mal gesagt haben. Wird schon Recht haben, die große Kollegin.*

*Heute Abend also trifft Paul hier auf Mallorca ein, und ich hole ihn vom Flugplatz ab. Dann, so in den nächsten Wochen, soll ich ihm mein Leben erzählen, er wird mir zuhören, wird am Ende alles von mir wissen, und ich weiß nichts von ihm.*

*Nicht einmal, ob er die Rolling Stones mag.*

*Ich steh auf die Rolling Stones. Und Jimi Hendrix, Joe Cocker, Bob Dylan, Frank Zappa, The Who. Das waren so Götter der Jahre, als ich mit einigen anderen Jungs durchs Harzer Land zog, wohl so 16 Jahre alt, und diese Musik war unsere Hoffnung, unsere Sehnsucht, wurde Ausdruck unserer tiefsten Träume.*

*Der Traum Mallorca war noch nicht darunter. Wie auch? Ich wusste kaum, wo das liegt. Und nun bin ich hier.*

*Herr auf meiner eigenen Ranch.*

*Endlich ein Platz, an dem ich meine Gedanken hemmungslos schweifen lassen kann – hier auf der alten Fischer- und Pirateninsel.*

*Werde ich mal einen ollen Piraten spielen? Oder was sonst? Shakespeares* Lear *vielleicht, meinen alten Traum? Oder den Dealer Rio, eine Rolle, die ich mir mal selbst schrieb? Oder...*

*Keine Ahnung. Wirklich nicht. Ich habe nie in großen Karrierebögen gedacht und auch nur einmal um eine Rolle hart gekämpft, um den Funker Hinrich im* Boot. *Den wollte ich um jeden Preis spielen. Sonst lasse ich die Dinge auf mich zukommen. Und die Rollen auch. Wie neulich wieder.*

*Anruf vom Wolf Gremm, dem Regisseur. Ob ich nicht Lust hätte, in seinem neuen Film mitzumachen?*

*»Nö, Wolf. Eigentlich nicht.«*

*»Aber es sind tolle Leute dabei, der Heiner Lauterbach, der Helmut Zierl, die Sandra Speichert.«*

*»Trotzdem, Wolf. Lieb von dir. Ich möchte aber jetzt mal eine Weile nicht weg von Mallorca.«*

*»Aber wir drehen doch auf Mallorca!«*

*»Wie? Hier? Auf der Insel? Dann bin ich dabei.«*

*Mit diesem Buch ging es ähnlich. Warum ich denn ein Buch schreiben solle?*

*»Weil das eine ganz spannende Sache sein kann. Du bekommst auch Hilfe...«*

*»Und mit dem Typ soll ich mich dann irgendwo in ein Hotelzimmer einsperren und...«*

*»Warum in ein Hotelzimmer? Ihr könnt euch doch sehr schön auf Mallorca zusammensetzen und...«*

*Schon überredet. Und nun sitze ich hier, und ein Buch soll entstehen...*

*Ein Buch vom Heinz Hoenig. Ganz schön komisch. Wo ich nie eine große Leseratte war, nicht haufenweise Bücher gelesen habe, die man – angeblich – gelesen haben muss. Und nun schreibt der Hoenig selbst eins. Ich pruste in mich hinein.*

*Und Angst habe ich auch.*

*Angst. Jawohl. Irgendwas zieht sich in mir bei dem Gedanken zusammen, nun die nächsten Wochen jemandem gegenüberzusitzen, dem ich alles von mir erzählen soll. Oder doch das meiste.*

*Wo fange ich an? Wen darf ich nicht vergessen? Keinen Freund, keinen Feind.*

*Doch. Feinde schon. So wichtig sind die meisten nicht. Freunde sind wichtiger.*

*Gesichter drängen heran. Von Hendrik, dem ewigen Kumpel. Von Michael Och, dem Psychologen, Heinrich Giskes, dem frühen Mentor. Von John Allen, dem eisenharten Meister drüben in New Mexico, ohne den ich nie Schauspieler geworden wäre: »Bleib in Amerika! Wirst hier mal ein großer Star«, hatte er mir prophezeit.*

*Ich blieb nicht. Ging zurück. War wohl besser so. Ich hätte sonst keinen Wolfgang Petersen kennen gelernt, keinen Dieter Wedel, all die anderen nicht, Martin Benrath, Maja Maranow, Heiner Lauterbach, die Sonja Kirchberger…*

*Regisseure. Kollegen. Und die Frauen.*

*Brigitte, die aus dem »Release«-Zentrum. Angie, die mit dem langen blonden Haar, an der ich fast kaputtgegangen wäre. Ella, die schöne Griechin. Und dann Simone.*

*Meine Frau. Vierzehn Jahre nun schon.*

*Szenenwechsel: Der Hahn kräht am frühen Morgen.*

*Stolz. Ausdauernd. Ganz Herr im Haus. »Halt die Klappe! Hier bin ich der Boss!« Ich muss lachen, sehe mich hier in meinem Reich zwischen den sanft geschwungenen mallorquinischen Hügelketten um.*

*Überall aufgewühlter Boden, noch ist wenig wirklich fertig. Aber nichts ist tot, kein kalter Beton, keine schwarz und stumpf aufragenden Stahlgerüste. Alles hier lebt und dampft und atmet.*

*Hühner scharren und gackern. In ihrer Box stampft Poco Baby, unsere Paint-Stute, die bald einmal – so Gott will und wir einen hübschen, zeugungswilligen Hengst finden – Mutter eines prächtigen Fohlens werden wird.*

*Überhaupt scheint das hier ein recht gebärfreudiger Boden zu sein.*

*Die Hühnernester überall im Gebüsch sind voll mit Eiern. Lisa, die Eselsstute, ist hochschwanger, wie auch Lola, das Hängebauchschwein, während sich Eselsvater Leo und Hängebauchschwein-Vater Hannibal gegenseitig tröstend beschnuppern.*

*Väter unter sich.*

*Ein erstaunliches Kerlchen, der Hannibal. Hat sich schon mit Poco Baby angefreundet, läuft wie ein kleiner Triumphator durch die Stallungen hinter ihr her. Unser Sheriff. Immer auf der Wacht.*

*Ein Hund fehlt noch. Ich bin auf der Suche. So ein richtiger spanischer Bastard, ein struppig-stacheliger Straßenköter müsste das sein. Einstweilen vertritt ihn Philipp, ein kleiner Hund mit großen Ansprüchen. Gerade er, Jagdfieber im Blick, mit schrillem Terrier-Gekläff den aufflatternden Hühnern hinterher.*

*Das ist meine Welt, hier schließen sich die Kreise. Erst jetzt empfinde ich, was ich lange vorher vermisst habe:*

*Den sauberen »Dreck«, wie ich es nenne. Den brauche ich. Den gesunden Dreck auf dem Land, jawohl! Und hier also soll mein Buch entstehen.*

*Fing nicht auch so* Der große Bellheim *an, Dieter Wedels erster großer TV-Mehrteiler, in dem ich der Bellheim-Gegenspieler Rottmann war? Mario Adorf als alternder Kaufhauskönig, hingestreckt in spanischer Sonne, an den Lippen ein Diktafon: Er diktiert seine Lebenserinnerungen...*

*Das habe ich auch schon versucht. Hatte mir ein Diktiergerät gekauft und einen Stapel Kassetten. Unbesprochen liegen sie jetzt irgendwo in meinem Arbeitszimmer. Es ging nicht. Ich brauche den Partner, das Gegenüber. Das hat der Verlag schon ganz richtig erkannt.*

*Ich brauche den Kumpel.*

*Ich habe immer Kumpel gebraucht und nicht immer gefunden. Und die Family. Die brauche ich noch mehr. Und die habe ich nun.*

*Simone und unsere beiden Kinder Paula und Lucas, 14 und 13.*

*Seltsamer Gedanke, dass auch sie einmal dieses Buch vor sich haben und dort dann von meinen Erfahrungen mit Drogen und dem Resozialisierungs-Verein »Release« lesen werden, von der Zeit im Knast, den Theaterjahren am GRIPS, den Anfängen im Film, von der Arbeit am* Boot *und den Zeiten, als mir der ganze Filmbetrieb so gründlich verleidet war, dass ich meine Gefährten anderswo zu suchen begann.*

*Von all den vielen Tiefen und mancher Höhe in meinem Leben...*

*Zweimal Frühling. Zehnmal Winter. So kommt mir mein Leben in diesen letzten 50 wilden Jahren manch-*

*mal vor. Vielleicht gar kein so schlechter Titel. »Zweimal Frühling. Zehnmal Winter«. Etwas schwierig, zu verschlüsselt vielleicht. Vergiss die Quote nicht!*

*Auch das kenne ich. Wie ich das kenne! Den Tanz um die Quote in der gesamten Film- und Fernsehbranche.*

*Diese Branche, die nun mal meine ist. Ich werde von den Filmen dort erzählen, den wichtigsten jedenfalls. Von meinen Rollen. Und von meinem »Image«.*

*Anruf gleich nach dem Tod von Klaus Kinski. Irgendein Journalist: »Der Kinski ist tot. Jetzt bist du dran!« Klare Botschaft: Man braucht wieder einen Buhmann, das Ekel, den fotogen und schlagzeilenträchtig Verrückten.*

*Das soll nun ich sein.*

*Der böse Bube. Der Strolch. Das war ich eigentlich immer schon. Bereits in Kindertagen, wenn ich den Hintern für Streiche meines älteren Bruders Peter versohlt bekam (er erzählt das allerdings genau andersrum). Meine Kindheit, auch davon erzähle ich in diesem Buch.*

*Und von Marokko… Amerika…*

*Darauf freue ich mich schon jetzt. Und weiß auch, dass ich beim Erzählen wieder die gleiche Sehnsucht spüren werde, die mich nie verlassen hat. Die immer wiederkehrende Sehnsucht nach immer neuen Horizonten.*

*Fürs Erste fand ich sie hier auf Mallorca.*

**I have a dream.** *Martin Luther King hat das gesagt. Und wovon träumt der Heinz Hoenig?*

*Ich weiß es nicht so ganz genau. Weiß eben nur: Ich habe einen Traum…*

*Ich hoffe, ich werde das alles Paul erklären können, und er wird verstehen, was ich zu erzählen und zu sagen habe.*

*Ob ich Fotos von mir hätte, hat er neulich noch am Telefon gefragt. Bilder von ganz früher, wahrscheinlich so mit Schultüte und Eisbärfell. Und wie ich ihn heute so vor mir sehe, den kleinen Heinz, das Kind. Das hatte er gleichfalls wissen wollen. Wer ich nach meinem heutigen Selbstverständnis damals denn so gewesen sei, schlimm oder lieb oder…*

*Gute Frage.*

*Wer war ich damals? Muss mal nachdenken. Dieser Heinz, dieses Kind, dieser Rotzlöffel vom Lande mit den meist aufgeschrammten Knien, verdammt noch mal – wer ist das gewesen?*

# Teil 1

»Wie fern alles ist!
Und wie verdammt nah!«

Fass mein
Kaninchen nicht an!

Eine Rotznase. Der Hosenscheißer. Das war der kleine Heinz, geboren am 24. September 1951 in Landsberg am Lech. Ein Kind wie Millionen andere, aufgewachsen wie Millionen andere auch. Damals im Nachkriegsdeutschland der angeblich goldenen Wirtschaftswunder-Fünfziger, die für uns so golden nicht waren.

Ein süßer kleiner Schreihals, dieser Heinz. Aber kein Bub, bei dem die Eltern bis heute nicht müde werden, seine früheren Heldentaten zu erzählen. Meine Eltern erzählen überhaupt wenig von früher. Heute jedoch mehr als damals.

Mutter Hedwig kommt aus Königsberg. Daher vielleicht das ostpreußisch Querköpfige an mir. Ihre Eltern, egal wie, hatte es nach Oker am Harzrand verschlagen. Das sollte noch wichtig werden. Besonders für meinen Vater Heinrich.

Der kam aus Singen am Hohentwiel, und dort haben der Vater und ich mal die Großeltern besucht, »Oma-Singen« und »Opa-Singen«. Noch von Landsberg aus, im geliehenen grauen Käfer. Ich hatte mir in den Kopf gesetzt, die Fahrt eingeklemmt zwischen Rückbank und Rückfenster zu machen. Das fand ich toll, und Vater lachte dazu.

Kinder, ist mir schlecht geworden!

»Oma-Singen« war schön, mit den blauesten Augen der Hoenig-Familie. Danach kamen die meiner Mutter, dann wohl meine. Und sie hatte ein ganz sanftes, ganz liebes Gesicht unter den grauweißen Locken. Die Oma aus dem Bilderbuch. Die schenkte mir einmal einen Teddy, so groß wie ich selbst, und den besten Kakao der Welt kochte sie auch.

»Opa-Singen« war anders. Korrekt, fast streng bis in die stets spiegelblank gewichsten Schuhspitzen hinein. Der Herr Lokomotivführer. Einmal hatte er von seiner Lok aus uns beide dort unten am Bahndamm gegrüßt, richtig schön stramm mit der Hand an der Mütze. Vater und ich waren sehr stolz gewesen. Danach ging es wieder heim nach Landsberg.

Flaches Land. Noch keine Spur von bayrischer Postkartenschönheit. Irgendwo floss der Lech zur Donau hin. Dort konnte man baden und die Erwachsenen bewundern, wie sie mit der bloßen Hand Forellen fingen. Später haben wir es ebenso gemacht. Da lebten wir schon in Oker an der Oker.

Aber noch will ich einen Augenblick in Landsberg sein. In der Kindheit damals. Nur knappe Bilder sind davon geblieben. Augenblicke. Impressionen.

Maikäfer an der nahen Tankstelle. Ich sammelte die Tierchen, steckte sie in den Schuhkarton mit den hineingepieksten Luftlöchern. Dort krabbelten, raschelten sie, ich gab ihnen Namen, »Müller«, »Schornsteinfeger«, zog damit zum Tausch davon. Zwei »Müller« gegen einen »Schornsteinfeger«.

Das Kaninchen. Das wird schon deutlicher.

Das saß hinter uns am Haus, ein Bündel Pelz, ein Bündelchen Angst, und der Nachbarsjunge, ein Freund von mir, schlug mit einer Spielzeugschippe danach, immer wieder. Nicht aus Wut, nur so, wie Kinder eben sind. Gedankenlos bei ihren kleinen Grausamkeiten. Bis ich ihn packte, schüttelte, schrie: »Fass mein Kaninchen nicht an!«

Der andere verschwand mit erschrockenem Blick, hatte wohl beim kleinen Heinz so viel Wut, so viel wütende Kraft nicht erwartet. Der kleine Heinz saß aber da, hatte sein Kaninchen im Arm, streichelte es. Zwei Tage später entließ es die Mutter dann in die Freiheit.

Schon schiebt sich ein anderes Bild nach vorn. Ebenso nah.

Der Gang übers Feld zum Vater, der bei den Amis arbeitete, das Fahren einer Planierraupe perfekt beherrschte. In einer der von den Amis für ihre Arbeiter gebauten Siedlungen haben wir in Landsberg gewohnt. Jetzt brachte ich meinem Vater sein Frühstücksbrot.

Eine Hand, riesengroß, riesig warm, streckte sich mir entgegen. Die Hand des Vaters. Und sie griff nach mir, hob mich hoch. Dann saß ich neben Vater, gemeinsam verzehrten wir das Frühstück, und eine große Wärme stieg in mir auf, ein Gefühl von Geborgenheit. Ich war daheim.

Beschützen. Beschützt werden. Beides die immer wiederkehrenden Motive in meinem Leben. Für beide stehen das Kaninchen und die Hand des Vaters. Und dann, in den Landsberger Jahren, gab es noch ein anderes Bild.

Die Kette. Auch die vergesse ich nicht. Stählern, klirrend, gnadenlos. Sie hing bei Hirtlischka an der Tür. Die wohnten in der Wohnung genau über uns, und die Mutter brachte mich jeden Morgen zu ihnen hinauf, bevor sie als Zahnarzthelferin irgendwo bei einem Arzt zur Arbeit ging. Die Hirtlischkas sollten in dieser Zeit auf mich aufpassen. Und Frühstück sollten sie mir auch machen.

Frühstück gab es so schnell nicht. Und wie sie auf mich aufpassten!

Zogen mich in ihre Wohnung, verschwanden wieder Richtung Schlafzimmer, um in aller Ruhe weiterzuschlafen. Mich ließen sie einfach stehen, hatten zuvor noch diese Kette vorgehängt. Ein Rasseln, ein Klack, ich war gefangen. So fühlte ich mich jedenfalls. Meine lebenslange Angst vor dem Eingesperrtsein hat damals wohl angefangen.

Auch an sie denke ich jetzt, während ich mich zwischen Mallorcas Hügelketten an das zurückzuerinnern versuche, was mal meine Kindheit war.

Wind ist zwischen den Bergen aufgekommen. Mich fröstelt. Auch Mallorca kann im Januar sehr kühl sein. Also lieber hineingehen, den kleinen Gasofen anmachen. Ich lehne mich in der Wärme zurück, verschränke die Arme hinter dem Kopf: Erinnerung... Erinnerung...

Die Landsberger Bilder verschwimmen.

Kindergarten. Einschulung. Das muss schon in Oker im Harz gewesen sein.

Aber wie sind wir nur dahin gekommen?

Die Eltern der Mutter. Richtig. Die lebten dort. Und Opa hatte einen recht hohen Posten bei den Unterharzer Berg- und Hüttenwerken, eine richtige Vertrauensposition. Ein Mann von Einfluss, der seinem Schwiegersohn zu einer respektablen Anstellung verhelfen konnte.

Kranführer an der Hütte. Und wohnen konnten wir anfangs bei den Großeltern auch. Sie waren richtig gut zu uns. Vielleicht etwas zu gut. Und vielleicht haben sie das auch ein paarmal zu oft betont.

Ich kann mich an etliche heftige Streitigkeiten zwischen Vater und Schwiegervater erinnern, an Geschrei und »Herr im Haus bin noch immer ich!«-Gebrüll. Nur recht schwach allerdings. Und wirklich interessiert hat es mich eigentlich nicht.

Ich schlief hoch oben in einer Dachstube, wo es eiskalt und trotzdem ganz gemütlich war. Tagsüber ging ich in den Kindergarten. Erst in einen, wo es widerlich wabbelig-wässrigen Milchreis gab, jeden Tag aufs Neue. Den habe ich gehasst.

Der andere Kindergarten gefiel mir besser. Weil wir dort Cowboy spielen durften. Mein Lieblingsspiel bis heute. Vielleicht spiele ich es bald wieder hier auf meiner Ranch, wo ich sechs Tipis aufstellen will, richtige Indianerzelte. Und gar zu gern hätte ich mal in einem italienischen Spaghetti-Western mitgemacht: Gott vergibt, Django nie ...

*Mir* hatten meine Eltern eine ganze Menge zu vergeben. Die 20 Mark zum Beispiel, mit denen ich eines Tages am Kiosk an der Ecke stand: Einmal Lakritze satt bitte und jede Menge Bonbons und ...

Woher, Junge, hast du denn so viel Geld?

Meine gestammelte Erklärung muss wohl nicht so richtig überzeugt haben.

Mutter Hoenig wurde alarmiert. Ob sie sich vielleicht den unverhofften Reichtum ihres Sprösslings erklären könne? Sie konnte es. Denn verdammt, musste sie gerade jetzt entdecken, dass in der Schublade unseres Küchentischs ein solcher Zwanzig-Mark-Schein fehlte?

Mutter am Schauplatz. Ganz stumme Empörung. Das war das Fürchterlichste.

Konnte sie nicht schreien, wüten, toben? Alles wäre nicht so schlimm gewesen wie dieser hinter fest zusammengepressten Lippen eisig schweigende Zorn, mit dem sie mich nun bei der Hand nahm und davonzog. Seitdem weiß ich, wie's den armen Sündern geht, wenn sie irgendwann mal vor ihrem Höchsten stehen. Wahrscheinlich schweigt er ebenso eisig. Und mustert sie mit einem ähnlich kalt verachtenden Blick: Du hast mich enttäuscht, mein Sohn...

Vater daheim schwieg abends nicht. Ich bekam den Teppichklopfer zu spüren und weinte pflichtschuldigst.

Tief drinnen aber fühlte ich selige Erleichterung und schlief in dieser Nacht so gut wie selten, das Gewissen rein von jeder Schuld. Es muss wohl doch was dran sein am katholischen Prinzip der Ohrenbeichte mitsamt Sühne und Absolution, wo man nach vollbrachter Buße wieder aller Sünden ledig ist und in tiefster Seelenruhe den nächsten Missetaten entgegenschlummern darf.

Das war so ein Tag gewesen, an dem ich vor der Rückkehr meines Vaters ein bisschen gezittert hatte. Sonst freute ich mich auf diesen Augenblick jeden Tag neu und horchte abends schon hinaus: Gleich würde ich sein Motorrad hören, immer näher, und dann stand er da, küsste die Mutter, nahm mich kräftig in den Arm.

Und ich vergesse nicht den stolzen Blick, mit dem er eines Tages einen roten Roller vor mich hinstellte. Vater Hoenig schenkt seinem Sohn einen prächtigen, roten, ziemlich teuren Roller! Ich glaube, seine eigene Freude war fast noch größer als meine.

Mutter schenkte mir später etwas, was es in keinem Kaufhaus der Welt zu kaufen gibt: die Erlaubnis zum Trampen in die weite Welt. »Junge, mach du das, was wir durch den Krieg nie haben tun können.« Einen größeren Liebes- und Vertrauensbeweis gibt es nicht. Erst jetzt kapiere ich, da ich selbst Vater bin, durch welche Höllenängste sie gegangen sein muss. Dem Sohn einen solchen Freibrief auszustellen. Mein Vater unterstützte sie darin ohne Worte.

Ich liebe meine Eltern. Sie lieben mich. Und fast noch wichtiger: Sie liebten sich und lieben sich heute noch, wo die goldene Hochzeit nun schon einige Jahre hinter ihnen liegt.

Und noch immer mustert der Vater die Mutter mit einem bestimmten zärtlichen Blick. Noch immer hat sie für ihn ihr zärtliches Lächeln. Und Simone hat eben angerufen: »Du, vorhin war dein Vater am Apparat. Er will heute Abend mit deiner Mutter mal wieder richtig nett tanzen gehen.«

Nicht übel für zwei um die achtzig, oder?

Sicher stritten die beiden sich auch. Heftig sogar. Wie sich heute meine Simone und ich so streiten können, dass jeder den anderen am liebsten an die Wand klatschen würde. Aber das ist noch nicht das Ende der Liebe. Eher ihr Anfang. Denn auf den Streit folgt die Versöhnung, und dieser Wechsel macht Liebe erst dauerhaft. Auf diese Weise kann man gemeinsam alt werden. Wie meine Eltern.

Ich bin stolz auf sie. Und hasse das Un-Modewort vom »Lebensabschnittsgefährten«, habe erst neulich einen hier auf der Insel heftig angefahren: »Was quatschst du dauernd von deiner Lebensabschnittsgefährtin? Gibt es die auf Abschnitten? Und hat sie keinen Namen? Die heißt doch Ursel oder Moni oder...«

Eine Beziehung wird nicht immer eine Ewigkeit dauern, leider. Aber die Hoffnung darauf muss man haben. Und manchmal wird sie erfüllt. Wie eben für meine Eltern.

Sie waren – gelegentliche Behandlung mit dem Teppichklopfer eingeschlossen – keine übermäßig strengen Eltern. Eher recht locker, liberal. Und fröhlich ging es zu, manchmal laut. Unsere Freunde konnten kommen, die Zimmer in ein mittleres Chaos verwandeln. Solange nur anschließend alles aufgeräumt wurde, war es gut. Und bei Hoenigs, hieß es, war immer was los.

Zumal von dem Tag an, da es endlich hinausging aus dem Haus der Großeltern. Hin zum eigenen Heim im nahen Harlingerode.

Unser Heim. Nur gemietet, doch unser Reich. Und die Nachbarn kamen herbei, kleine Feste wurden gefeiert, Vater klemmte sich die Quetschkommode vor die Brust, spielte auf. Oder er hockte da, werkelte, damit alles noch schöner wurde an seinem Haus. Wie ich jetzt auf meiner Ranch.

Auch ich darf hier jetzt so zaubern, wie damals mein Vater in unserem Garten gezaubert hat: Hier soll noch ein Zaun her, ein richtiges Texas-Gatter, und dort ein Beet und da, wo jetzt noch das gipserne Einhorn aus dem Nachlass der Frau Vorbesitzerin steht ...

So geht es mir heute. So ging es damals wohl Vater, wenn er den Zaun strich oder die Fassade weißelte oder für alle Nachbarn kleine Windmühlen baute. Und glücklich war er dabei: kein Schwiegervater mehr im Obergeschoss. Hier war nun er allein der Herr.

Es waren vergnügte Jahre damals und auch gute. Jeder half jedem, Nachbarschaftshilfe wurde großgeschrieben. Immer war für den anderen ein Bier, eine Bratwurst da. Und rasch, einfach so, wurde eine kleine Feier, ein Gartenfest arrangiert. Man tanzte, sang, Vater schwelgte in seinem Lieblingssong »Silver Moon«.

Eine »bleierne Zeit« seien die Fünfziger gewesen, hat später mal jemand behauptet. Ich habe sie nie so empfunden. Eher lebensverliebt, hoffnungsvoll. Warum auch nicht?

Der schlimmste aller Kriege war überstanden. Die erste harte Nachkriegszeit auch. Man atmete auf: Man hatte überlebt. Und man stellte fest: Es lohnte sich sogar. Also rein ins Vergnügen, so bescheiden das auch ausfiel. Und irgendwo weit draußen zog die große Politik vorbei. Deutsche Teilung und 17. Juni, Ungarn-Aufstand, erster Sputnik und Chruschtschows Berlin-Ultimatum.

Dort irgendwo mitten im Harz war der Westen zu Ende. Na ja, man gewöhnte sich daran. Wer Verwandte drüben in der »Zone« hatte, schickte Päckchen, und manche stellten zu Weihnachten Kerzen ins Fenster.

Auf den alten Adenauer stand man. Der hatte schließlich die Kriegsgefangenen aus Sibirien geholt. Im Übrigen waren die Eltern wohl eher linksliberal. Uns Kinder interessierte mehr die eigene Politik. Wie man den Bauern dort hinten, den schlimmsten Muffel im Ort, am besten ärgern konnte, wann man mal wieder auf abendliche Klingeltour gehen sollte ...

Psst, das durften die Erwachsenen natürlich nicht hören. Und man beugte sich über seinen Teller, auf dem Rosenkohl lag, immer wieder Rosenkohl. Ich konnte ihn nicht ausstehen. Heute geht er runter, allerdings mit Sahne. Damals hieß es nur: »Was auf den Tisch kommt, wird gegessen!« Wogegen ich nichts hatte, wenn es Pfannkuchen mit Zucker und Zimt gab. Oder Kässpätzle aus Vaters Heimat.

Die durfte nur er machen. Oder, das Größte, Kartoffelknödel. Und Mutter lachte manchmal: »Wollt ihr wissen, warum ihr alle so kräftig seid? Weil wir früher kein Geld für Haferflocken hatten. Da habe ich halt ›Pferde‹-Haferflocken genommen...«

Ich muss da wohl besonders zugelangt haben. Wie ich schon an der Mutterbrust der längste, kräftigste Trinker gewesen sein soll.

Magere Zeiten, die Fünfziger. Sicherlich. Aber ärmlich sind sie uns nicht vorgekommen. Kaum einer hatte schließlich mehr als der andere, und die wenigen wirklich wohlhabenden Leute am Ort, vor allem die Bauern in der Umgebung, haben uns nicht sehr interessiert. Wenn ich aber manchmal zu Schulfreunden ins Elternhaus kam, wo es etwas üppiger zuging als bei Hoenigs, aber alles so still war und traurig wirkte, dann wusste ich wirklich nicht: Waren die nun reicher oder wir?

Eine kleine Welt war dieses Harlingerode. Und irgendwann wurde sie zu klein, zu eng. Der Tag kam, da brach ich auf. Dennoch: Wurzeln bleiben. Sie stecken im Boden. Sie halten fest. Ganz kommt man nie von diesem Boden seiner ersten Jahre frei. Und in den Achtzigern war's, da filmte ich in einem Göttinger Krankenhaus, spielte einen Arzt und mein Kollege Hilmar Thate, später der Rudi Kranzow in *Der König von St. Pauli*, einen krebskranken Patienten. Den Film, selbst seinen Titel, habe ich vergessen. Den letzten Drehtag nicht.

Der war wie alle letzten Drehtage. Voll Erleichterung mit kleiner Trauer darin. Man war noch zusammen und eigentlich schon weg. Etliche Wochen hatte man an einen bestimmten Ort, zu einer bestimmten Crew gehört. Jetzt war es vorbei! Alles und alle liefen auseinander, man gehörte plötzlich nirgendwo mehr so richtig hin.

Ein Gefühl, mit dem man fertig werden muss. Nie

ganz leicht. Auch an diesem Tag nicht. Und Harlingerode war nicht weit.

Das Gefühl tiefer Wurzellosigkeit – heute hier, morgen dort, ewiges Vagabundenlos – schien mir plötzlich unerträglich. Ich verabschiedete mich rasch, setzte mich in meinen Wagen, fuhr hinüber ins altvertraute Reich: Hieraus also, aus der Erinnerung daran, vertreibt mich keiner. Hier bleibe ich ein Leben lang der King. Und wenn ich hundert werden sollte.

Allein schon dieser Geruch aus aufgebrochenen Äckern. Ich witterte Heimat, sog sie voll ein. Ein guter Geruch. Ich würde ihn nie ganz aus den Lungen verlieren. Und doch wusste ich, dass ich noch andere Luft atmen musste! Aber ab und zu zog und zieht es mich wieder in meine kleine Heimat.

Einmal saß ich am Tisch wie in Heinzi-Tagen, erzählte. Und sah plötzlich meinen Vater vor mir, wie er früher an diesem Tisch gehockt hatte. Zusammengefallen. Todmüde. Zwei Schichten war er gefahren, für einen Hungerlohn. Jedenfalls im Vergleich zu allem, was jetzt *ich* verdiene.

Das sagte ich nun Vater. Sagte ihm, dass ich mich dafür etwas schämte. Aber ich sagte ihm auch: »Du hast wenigstens etwas nach Hause gebracht. Ich habe kein Zuhause, wohin ich etwas bringen könnte.« Zum einen wie zum anderen nickte er. Und freute sich wohl, dass sein Sohn so dachte.

Am nächsten Morgen ging es zurück in die andere Welt. Die nächste Rolle wartet. Und zwischen zwei Filmen wird mich sicher wieder mal dieses verquere Heimweh einholen.

Die andere, meine richtige Heimat – die hoffe ich nun

hier gefunden zu haben. Hier auf Mallorca. Auf dieser Insel im Meer mit den Mandelbäumen.

In diesem Frühjahr will ich meine Eltern zum ersten Mal auf meine Ranch holen. Sie sollen all das hier sehen, und sie werden lächeln, nicken, sich mit uns freuen, neidlos. Das weiß ich schon jetzt. Und dann werden sie wieder zurück nach Harlingerode fahren.

## Die da hinten mag ich nicht

Ich war ein braves Kind. Doch. Und schüchtern. Das auch. Eigentlich bin ich das noch heute. Auch wenn mir das keiner glaubt.

Der und schüchtern? Der Hoenig mit der großen Schnauze? Da kann man nur lachen!

Dann lacht mal, Leute! Aber ich bin nun mal schüchtern, und als Kind war ich es noch mehr. Eines, das seine Streiche machte, das schon. Aber der Krakeeler um jeden Preis, der Raufbold, der Schläger – das alles war ich nicht. Nicht der hauptamtliche Rüpel, vor dem die Lehrer zittern und andere Eltern ihre Sprösslinge warnen: »Mit dem spielst du besser nicht.«

Ich war auch keines jener Katastrophenkinder, die immer gut für einen Beinbruch oder Schlimmeres sind. Ich hatte so meine Kinderkrankheiten. Das schon. Scharlach. Mumps. Das war es schon. Und dazu ein paar Unfälle. Die gab es auch.

Einen Sturz auf einen Fahrradständer, bei dem ich mir eine scheußlich schmerzende Hodenquetschung zuzog. Ein anderes Mal, während des Besuchs bei »Oma-« und »Opa-Singen«, schlug ich mir einen halben Schneidezahn aus, und das Ärgste daran war, dass ich von den Brezeln nichts essen konnte, die »Oma-Singen« gerade an diesem Tag gebacken hatte.

Das waren so die kleinen Unglücke, von denen wohl jeder ein paar in seiner Kindheit gespeichert hat. Sonst saß der Heinz ziemlich brav am Tisch der Großen, ein lieber Bub mit den großen blauen Hoenig-Augen, eher klein, fast zierlich, eigentlich ein ganz hübsches Bürschchen mit seinem aschblonden Haar, und Mutter wie Vater lächelten ihm zu.

Heinzi lächelte zurück und kaute ergeben seinen Rosenkohl. Widerworte? Freche Bemerkungen? Das gab es bei ihm nicht. Obwohl so manches in mir kochte, ich so manches gern mal gesagt hätte. Und das sollte noch viele Jahre mein Problem sein, ist es manchmal noch heute: dass es mir sehr schwer fällt, meine Meinung geradeheraus, in der richtigen Mischung aus Sachlichkeit und entschiedenem Selbstbewusstsein, zu sagen.

Deshalb war ich schüchtern. Und lebte zugleich in meiner ganz eigenen Welt. Von der mussten die anderen nichts wissen.

Ich denke manchmal – auch jetzt wieder, nachdem ich auf die Terrasse hinausgegangen bin und hinüber zur blau verhangenen Bergkette sehe –, dass am Ende jede Kindheit gewissermaßen doppelt stattfindet. Dass jeder gleichsam in zwei Welten seine frühen Jahre erlebt. Einmal außen. Dort bestimmen die anderen, die Eltern, Lehrer, Nachbarn, Verwandten, was so läuft. Und dann die Welt da drinnen. In der aber ist jeder sein eigener Herr. Allein mit sich, seinen Hoffnungen und Fantasien. Und mit seinen Ängsten. Mit denen vor allem.

Was wusste zum Beispiel meine Mutter von meiner Angst, wenn sie mir abends aus dem *Struwwelpeter* vorlas? Oder, fast schlimmer noch, aus Grimms Märchen? Horror pur. Oder wenn ich abends mal allein durch den immer dunkler werdenden Wald nach Hause ging.

Waren da nicht Schritte hinter mir? Knackte und

krachte nicht etwas im Gehölz? Irgendwer, ich war ganz sicher, verfolgte mich. Schon war er ganz nah, gleich würde er mich packen, ich würde seine heißen Hände auf den Schultern, seinen heißen Atem in meinem Nacken fühlen.

Weg, nur weg! Ich ging immer schneller, rannte schließlich. Dort war unser Haus, endlich. Ich drückte die Klinke runter, vor Angst noch immer keuchend. Drinnen saßen die Eltern, sahen kaum hoch. Ihr Heinz blieb abends öfter länger weg, kein Grund zu besonderer Sorge. Was sollte ihm hier in der friedlichen Harlingeroder Gegend schon groß zustoßen?

Nie, wirklich nie erfuhren sie von mir das Geringste von meinen Albträumen und Angstvisionen. Auch nichts von dem einen Bild, das sich tief in mir drin festgesetzt hatte. Unauslöschlich.

Ich weiß nicht, wann ich das gesehen hatte. Ich kann nicht mal sagen, ob es irgendwo an der Wand hing oder ich es in einem Buch, einer Zeitschrift sah. Jedenfalls zeigte es ein kleines Mädchen in einem brennenden Haus, und überall züngelten schon Flammen hoch, die Kleine hatte die Arme hochgeworfen, weinte, schrie.

Vergeblich! Wohl niemand hörte ihr Schreien. Gleich würde sie brennen. Hilflos. Total. Ich presste die Augen zu. Sah noch immer die Flammen. Sah mich selbst in diesem Haus. Ebenso hilflos. Ich würde verbrennen. Wie das Kind dort.

Schreckensbilder. Kinderängste. Man fühlt sich unglaublich allein damit. Allein mit dieser ganzen Welt. Und dann eben dieses Gefühl, sich nicht wirklich und nicht richtig ausdrücken zu können. Das ist am Ende ein Grund, warum ich Schauspieler wurde: Um durch meine

Rollen meine ganz eigene Sprache zu finden und mich damit meiner Umwelt verständlich zu machen.

Ich war sehr einsam wie viele Kinder. Und hatte zugleich jede Menge Weggefährten. In Harlingerode war es gleich eine ganze Clique, die gemeinsam loszog, um diese Welt auf ihre Weise zu erobern. Die am Straßenrand hockte, ihre kleinen Flohmärkte veranstaltete, gebrauchtes Spielzeug für ein paar Pfennige verkaufte.

Auch gab es viele halb verfallene Lauben, herrenlos. Die nahmen wir in Besitz, waren sozusagen frühe »Hausbesetzer«. Nicht nur Jungens. Auch Mädchen gehörten zur Clique. Eines gefiel mir besonders. Sigrid. Die mit den langen schwarzen Haaren.

Sie war nicht wie andere Mädchen. Sie kicherte nicht dauernd und wurde nicht rot und schrie uns Jungens nicht zu: »Haut ab! Ihr wollt ja nur knutschen...« Die war fast selbst ein Junge, so handfest und sportlich und unerschrocken. Die Piratin. Ein ganz prima Kumpel mit starker Bodenhaftung. Ich mochte sie sehr.

Jetzt, wo ich an sie zurückdenke, an meine erste Liebe, denn das war die Sigrid nun mal, da geht mir erst so richtig auf, wie sehr ich diesem Frauentyp treu geblieben bin. Alle wichtigen Frauen in meinem Leben waren so oder wenigstens so ähnlich.

Auch Simone.

Damals war das natürlich nur eine Kinderliebe. Sehr scheu und sehr platonisch. Bis auf den einen Nachmittag.

Der Schauplatz war mal wieder eine Laube, ich glaube, die von Sigrids Eltern. Wir waren dort nicht allein. Andere waren dabei, Ältere. Die wussten schon etwas genauer, was es so auf sich hatte mit Jungen und Mädchen. Die standen um uns herum. Die gafften, höhnten, zischelten:

»Na, wollt ihr euch nicht ausziehen? Oder geniert ihr euch?«

Ausziehen? Wieso? Wir verstanden das nicht. Ahnten höchstens was. Und wussten, dass »man« so was nicht tut, eigentlich. Aber die anderen, viel gieriger als wir, drängten immer heftiger. »Na, nun zieht euch schon aus! – Zeig der Sigrid mal, was du in der Hose hast!«

Doktorspiel. Wer kennt das nicht? Und wir fingen an, uns auszuziehen. Etwas verlegen. Sehr langsam. Stück um Stück. Hemd. Unterhemd. Die Hose: »Jetzt die Unterhose, Mensch!«

Fast war es so weit. Meine Hände zupften schon am Gummiband. Und dann knarrte die Tür.

Sigrids Mutter stand dort. Leibhaftig. Die anderen waren so schnell verschwunden, als seien sie nie da gewesen. Ein Spuk das Ganze. Und irgendwie waren wir wieder angezogen, blitzschnell, griffen nach irgendwas, taten, als würden wir spielen. Das harmloseste Spiel der Welt. Und das war es ja eigentlich auch.

Sigrids Mutter sah uns nur an. Schweigend. Dann ging sie wieder hinaus. Stumm. Sie wusste wohl alles. Und etliche Tage achtete ich darauf, ihr möglichst nicht über den Weg zu laufen. Obwohl ich nicht so ganz begriff, was wir eigentlich verbrochen hatten.

Nein, wir waren nicht aufgeklärt. Sexualkunde war ein Fremdwort. So nach und nach klärten wir uns selbst auf. Auch das machte Spaß, und sollten die Fünfziger wirklich so verklemmt gewesen sein, wie es immer heißt, so können doch auch in der Verklemmung gewisse Genüsse stecken. Wenn zum Beispiel von den Versandhäusern die dicken Kataloge eingetroffen waren.

In denen konnte ich immer wieder blättern. Nicht so

sehr wegen der Staubsauger und Waschmaschinen. Aber da waren die Seiten mit der Damenunterwäsche, voll mit Fotos von Frauen mit Lockenkopf und dunkel geschminkten Herzmündern. Sie lächelten neckisch in die Kamera, und am Leib trugen sie nur ein Mieder. Dahinter konnte man Bauch, Brüste, Schenkel ahnen. Toll!

Ein bescheidenes Vergnügen. Aber bescheiden war eigentlich alles im Harlingerode dieser Zeit.

Fernseher? Hatten wir noch nicht. Kino? Dorthin gingen die Eltern, sahen die neusten Filme mit Brigitte Bardot oder Gina Lollobrigida. Vater freute sich an ihren üppigen Formen, Mutter an ihren üppigen Kleidern, und ihre Fantasie führte die beiden zwei Kinostunden lang nach Paris oder an die Riviera oder bis nach Hollywood.

Das war die Traumwelt, in die sich die Erwachsenen so einmal in der Woche vor dem Alltagsgrau flüchteten. Nicht unsere Welt. Unsere Träume fanden woanders statt.

Draußen im Freien. Im Wald. Wir spielten dort Wildwest, und stolz zeigte ich den ziemlich originalen Indianerflitzebogen vor, den mir mein Vater von den Amis mitgebracht hatte.

Aber oft, sehr oft war ich auch allein. Und das gern.

Dann gehörte der ganze Wald nur mir. Er war mein Gefährte, jeder Baum mein Freund. Und man hätte mich Bäume umarmen, hätte mich laut schreien hören können. Vor Freude. Nicht vor Schmerz. Aber niemand sah oder hörte mich. Ich war der einzige Herr des gesamten Terrains. Ein König in seinem Reich.

Dieses Terrain vergrößerte sich mit der Zeit. Durch den Wald ging es zu den Nachbarorten. Einer hieß Bündheim, und dort war das Harzburger Gestüt, eine riesengroße Anlage voll eigener oder gastweise eingestellter Pferde.

Der kleine Heinz hockte am Eingang, sehnsüchtig. Viel zu schüchtern, um in die Stallungen hineinzugehen. Nicht mutig genug, einen der Stallburschen einfach zu fragen, ob er nicht mit anpacken durfte.

Denn das war sein sehnlichster Wunsch. Und er sog gierig den sauberen, strengen Geruch der Pferde ein, hörte sie stampfen, wiehern. Das Herz klopfte ihm bis zum Hals: einmal auf einem Pferderücken sitzen! Seinen Fury haben, dieses Wunderpferd aus dem Fernsehen! Das hatte er manchmal beim Nachbarn gesehen, der schon einen Fernseher hatte.

Nein, der ließ den kleinen Hoenig nicht zu sich in die Wohnstube. Aber der Heinzi saß draußen am Fenster, schielte durch die Gardinen. *Fury* wurde seine absolute Lieblingssendung und der Fernseh-Supergaul zum Transformator aller Wünsche und Träume, die einer so mit elf, zwölf überhaupt nur in sich haben kann.

Einmal mit Fury fortreiten, einfach so, in unendliche Weiten hinein...

Es kam dann der Tag, da ihn ein Stallbursche entdeckte. Vielleicht war ihm schon früher der in die hinterste Ecke gedrückte Zaungast aufgefallen. Und er verscheuchte ihn nicht. Er rief nur knapp: »Kannst mal mit anfassen?«

Das war der Knall. Ein Urknall sozusagen.

Und ob ich anfassen konnte! Ausmisten und satteln, die Pferde tränken und füttern. Alles kein Problem für mich. Die anderen sahen mit kleinem Grinsen auf den übereifrigen Steppke. Sie nutzten gern seine nie ermüdende Arbeitskraft. Und wenn er alles gut gemacht hatte, durfte er sogar lernen, ein bisschen zu voltigieren.

Zwei Griffe am Sattel, rauf aufs trabende Pferd, wieder

runter. Das war mein Reitunterricht. Nicht schön klassisch, hohe Schule und so. Aber reiten lernt sich auch anders. Und alles über Pferde lernt man auf diese Weise bestimmt.

Dass man ein Pferd nicht erst in der Box, sondern schon draußen vor dem Stall absatteln und zunächst noch etwas herumführen muss. Dass im Stall keine Forken herumliegen dürfen, weil sich die Tiere daran aufspießen könnten. Und dass nur ein schlechter Reiter nach dem Ritt dem nächstbesten Stallburschen die Zügel zuwirft und selbst davoneilt.

Ein guter Reiter, wichtige Lektion, versorgt sein Pferd immer selbst. Und nie wird er sich zu Tisch setzen, bevor das Pferd nicht gefüttert worden ist.

Auch schlechte Reiter habe ich damals kennen gelernt. Feine Pinkel. Herrenmenschen mit blasiertem Grinsen im tadellos rasierten Gesicht. Totschicke Maiden mit wippender Gerte. Der Stallbursche wies mit dem Daumen auf sie und knurrte nur: »Die da hinten kann ich nicht leiden!«

Ich auch nicht.

Mein Liebling hieß Nelke. Eine Schimmelstute. Mit ihr ließ sich alles besprechen, was ich einem Menschen nie anvertraut hätte. Saß ich bei ihr in der Box, spürte ich Nelkes gute, ehrliche Wärme, hörte sie ihren Hafer malmen. Ein unendlich beruhigendes Geräusch. Einlullend.

Irgendwann müssen mir die Augen zugefallen, muss ich eingeschlafen sein. Erst am nächsten Morgen wachte ich wieder auf. Nelke war wohl in der Nacht aufgestanden, stand über mir, wandte mir jetzt mit schön gerundeter Drehung ihren Kopf mit den herrlichen dunklen Augen zu. Ihre Art, mir guten Morgen zu wünschen. Und wohl nie werde ich die gütige Ausstrahlung ihres vertrauten Blicks vergessen.

Ich habe nie ein eigenes Pferd besessen. Auch jetzt noch nicht, da unsere Stute Poco Baby meiner Tochter Paula gehört. Aber bald will ich mir eines kaufen. Ein Quarter Horse, ein Western-Pferd. Das sind die besten. Wendig, zäh und selbstbewusst. Nicht wie die überzüchteten Hannoveraner, mit denen ich es im Gestüt überwiegend zu tun hatte.

Dort gab es nach einem Arbeitstag gelegentlich mal 50 Pfennige. Viel Geld damals. Und das steigerte sich noch. Dann waren auch mal eine Mark, ein Fünfer, Zehner, ja, ein richtiger Zwanziger fällig. Dieses Mal nicht aus Mutters Küchentischschublade geklaut, sondern ehrlich erworben.

Das war bei den Harzer Renntagen, dem Höhepunkt jeden Jahres. Und wenn ich ein Siegerpferd zurück zum Stall führen durfte, waren die Gewinner großzügig zu dem Kleinen, der so eifrig ihr Erfolgstier am Zügel hielt. In die Brieftasche gegriffen, einen Geldschein gezückt, 50 Mark runtergereicht: Ich fühlte mich als Millionär, mindestens...

Herrliche Wochen! Überhaupt herrliche Zeiten im Gestüt, wo ich so drei, vier Jahre lang ausgeholfen habe!

Ich denke oft daran zurück. Als ich kürzlich mit Simone mal wieder im Gestüt war, ihr diese wichtige Stätte meiner frühen Jahre zeigte, waren die Farben und Klänge von damals gleich wieder da. Der gleiche Geruch, die dumpfe Wärme der Boxen, das Stampfen der Pferde. Das Halbdunkel, das sich wie eine Umarmung um einen legt. Ich sah wieder die ins Mauerwerk eingeschlagenen Schellen, an denen die Tiere festgemacht wurden, und ich stand im Gang, sog tief Heuduft, Ammoniakgerüche ein, dachte nur: »Wie fern doch alles ist! Und wie verdammt nah!«

Ich meine auch zu wissen, was ich damals gelernt habe. Nicht nur handwerkliche Fertigkeiten. Mehr noch und vor allem den Respekt vor der Kreatur. Du bist nicht da, sie zu unterjochen. Sei ihr Partner! Dann wird sie dein Kumpel sein. Vielleicht der beste, den es geben kann.

Nach der Arbeit im Stall trottete ich heim. Quer durch den Wald. Die Verfolgungsängste meiner frühen Kinderzeit waren verflogen. Ich war allein.

Nie habe ich die Einsamkeit gefürchtet, immer daraus Kraft gesogen. Und in solchen Stunden kam zum ersten Mal die große Sehnsucht nach neuen Horizonten auf. Dies hier, dies Harlingerode, so gemütlich es war, so schön, so ganz Paradies meiner Kindheit, die kleine überschaubare Welt – es konnte doch, nicht wahr?, unmöglich alles sein.

Nein, ganz bestimmt war es das nicht. Ich wollte fort. Zu diesen neuen Horizonten dort, die ich irgendwo in blau umdunsteter Ferne ahnte.

Der Heinz war nun mal ein Eigenbrötler, der Einzelgänger. Seine tiefinneren Gefühle gehörten nur ihm.

Ich kann mir vorstellen, was jetzt manche denken. Typisch Einzelkind, dieser Heinz Hoenig. Introvertiert. Ichbezogen. Immer nur mit sich selbst beschäftigt. Aber ich bin kein Einzelkind.

Da sind noch zwei Brüder.

## Brüder –
## die unbekannten Wesen

Ich auf dem Baum. Ganz hoch oben. Ich umklammere den Stamm. Ich schreie, ich heule. Nicht aus Angst. Aus Wut. Denn tief unter mir tobt ein Kampf. Dort wird geprügelt. Alle auf einen. Und der eine ist mein älterer Bruder Peter. Ich weine, weil ich ihm nicht helfen kann.

Warum fällt mir gerade diese Geschichte ein, wenn ich jetzt an meine Brüder und besonders an den Peter denke?

Es war die Zeit der Bandenkriege in den Harz-Dörfern. Die hatten sozusagen Tradition. Jedes Dorf hatte seine Bande. Die bekriegten sich erbittert. Nicht nur die Jungen.

Die Fehden setzten sich bis ins hohe Alter fort. Und als ich später mal das schöne Buch *Der Krieg der Knöpfe* von Louis Pergaud las, wo es ähnlich abläuft, wurde ich gleich wieder in alte Harlingeroder Kampfzeiten zurückversetzt.

Es musste also Krieg geführt werden. Ebenso erbittert und ebenso sinnlos wie jeder andere. Ich war, glaube ich, als Späher eingesetzt, hockte hoch oben in meinem Baum. Ich spähte und sah plötzlich Peter, mit einem selbst geschnitzten Holzschwert in der Hand. Und nicht nur ihn. Auf einmal waren die anderen da. Die aus Bündheim. Die Feinde.

Sie stürzten sich in unüberwindlicher Übermacht auf ihn. Sie droschen ihn, trotz Holzschwert, ganz fürchterlich zusammen. Zu meinen Füßen, unter meinen Augen. Ich zitterte vor Verbitterung und im Bewusstsein, nicht helfen zu können. Dazu war ich zu schwach, zu klein.

Ein Bild, das in mir haftet wie andere. Wie das vom Kaninchen, der Kette, dem brennenden Mädchen. Und ich glaube, ich weiß jetzt, warum mir gerade das zu meinem Bruder Peter einfällt.

Wahrscheinlich habe ich mich ihm nie zuvor und selten danach so nahe gefühlt wie gerade damals. Nie wieder spürte ich so stark, dass ich ihn liebte. In diesem Augenblick war er ganz und gar mein Bruder, an dem ich hing und für den ich mich so verantwortlich fühlte wie er für mich.

Peter ist sechs Jahre älter als ich.

Kein guter Altersunterschied. Zu fern ist der andere, um noch Gefährte und älterer Spielkamerad zu sein. Und doch noch zu nah, um gleichsam die Rolle eines sozusagen jüngeren Zweit-Vaters zu übernehmen, wie es bei Brüdern mit sehr großer Altersdifferenz bisweilen der Fall ist.

Peter war mir in gewisser Hinsicht stets sehr fremd.

Er ging abends weg. »Wohin gehst du?« – »Weg.« Das war es schon. Fort war er, der große Bruder. Und ich wäre so gern mitgegangen. Hätte wenigstens gern gewusst, wohin er denn so ging. Aber immer nur dieses knappe »Weg!« Ich blieb zurück. Noch ohne das Privileg des Älteren, meinerseits eigene Wege zu gehen.

Peter kam in die Oberschule nach Oker. Er war nun was »Besseres«, der Gymnasiast, so gab er sich auch. Pfiff und summte ständig Melodien, die ich noch nie gehört hatte.

»Was ist das?« – »Kennst das nicht?« – »Ne!« – »Musst das aber kennen.« – »Kenne ich aber nicht.« – »Sarastros Rache-Arie aus Mozarts *Zauberflöte*.« – »Aha!«

Oder der Walzer der Musette aus *La Bohème*. Oder die Habanera. Oder...

Unseren Peter hatte der große Opernkoller gepackt. Pfiff und summte den ganzen Tag Opernmusik. Ich habe sie damals gehasst. Habe nur gesagt, wenn Peter mal wieder »Ach, wie so trügerisch« oder sonst was Opernverdächtiges anstimmte: »Willst wohl, dass ich hinausgehe?«

Heute höre ich ganz gern mal schöne klassische Musik, ein Cello-Konzert oder meinethalben auch mal eine Oper. Aber damals war das für mich der Inbegriff all dessen, was Peter über mich hinaushob. Und das, vermute ich mal, wusste das Aas recht genau.

Geschmack wandelt sich. Auch der von Peter. Was er nun plötzlich pfiff oder summte, hörte sich auf einmal gar nicht mehr nach Mozart oder Verdi an. Mehr nach Beatles oder Rolling Stones.

Der Beat war über die Welt gekommen. Die neue Welle packte auch meinen Bruder. Gemeinsam mit anderen gründete er eine Band. Irgendwo probte sie. Ich durfte nie dabei sein oder mitmachen. Peter entfernte sich noch mehr, immer weiter in eine mir unbekannte Welt hinein. Reichlich Mädchen gab es dort. Doch auch davon bekam ich kaum etwas mit.

Dein Bruder – das unbekannte Wesen. Ein Rätselgeschöpf voller Geheimnisse. Und dann hatte mir das Leben gleich noch ein weiteres Rätsel aufgegeben. Das war viel früher. Da war ich fünf Jahre alt.

Es war wohl schon in Oker und ich im Kindergarten, als dort eines Tages mein Vater vor der Tür stand. In einem tiefblauen Mantel, den ich noch vor mir sehe. Er schmunzelte so seltsam in sich hinein, als er mich an der Hand nahm und mit mir nach Hause ging. Irgendwas musste passiert sein, das spürte ich. Aber etwas Schönes, das fühlte ich auch.

Es war etwas passiert.

Ein schreiendes Bündel Mensch lag in unserer Wohnstube. Peter und ich hatten ein Brüderchen bekommen. Thomas sollte es heißen. Damit verschob sich nun die Brüderkonstellation. Peter war jetzt »der Älteste«, Thomas »der Jüngste«. Ich stand irgendwo dazwischen. »Das Mittelkind«. Und Mittelkinder, heißt es, haben es immer am schwersten. Nicht der Kronprinz, nicht das Nesthäkchen. Man hofft nicht auf sie, man verzärtelt sie nicht. Sie müssen sich ihren Platz selbst suchen.

Ich versuche mich zu erinnern, ob bei uns je einer bevorzugt, mehr oder weniger verwöhnt wurde. Ich kann mich nicht entsinnen. Das änderte sich auch durch Thomas' Geburt nicht.

Die Mutter musste sich mehr ums Baby kümmern als um mich. Das sah ich völlig ein. Und trollte mich fort zu meinen Freunden. Ganz gut, dass Mutter zwangsläufig mehr Augen für das schreiende kleine Ungeheuer hatte als für uns. Im Übrigen sah ich auf dieses Geschöpfchen wie auf ein Wesen aus einer anderen Welt. Anfangs jedenfalls. Erst mit der Zeit begriff ich: Mensch, das ist ja einer genau wie du selbst!

Thomas wuchs heran. Ein keckes Bürschchen, hellwach. Vielleicht der Kreativste in der Familie, voller Einfälle und Begabungen. Manchmal – es war mir nicht besonders lästig – musste ich auf ihn aufpassen. Und dabei sah ich einmal, wie der Kleine um die Schubladenknöpfe einer Kommode ein Gummiband spann. Als Mutter zurückkam, krähte er ihr fröhlich entgegen: »Mach mal die Schublade auf!«

Sie zog an einem Knopf, alle Schubladen öffneten sich auf einmal. Sie staunte. Und ich dachte mit brüderlichem

Stolz: »Der Junge ist richtig. Dem fällt was ein. Den sollten wir behalten!« Denn der, davon war ich überzeugt, würde es noch mal sehr weit bringen.

Thomas hat aber unwahrscheinlich viel Pech gehabt. Wie ich wahrscheinlich sehr viel Glück. Nach der Volksschule machte er eine Lehre als Automechaniker. Alles ging gut. Die Prüfung kam. Thomas bestand sie mit Glanz. Und dann stellte sich heraus: Sein Meister war gar kein Meister. Er durfte Lehrlinge gar nicht ausbilden. Die Prüfung war ungültig, drei Jahre harte Lehrzeit vertan.

Damals ein Riesenschock für Thomas. Doch alles ist für irgendetwas gut: Thomas hat gelernt, sich durchzuschlagen, ist ein echter Lebenskünstler geworden.

Peters Weg ist gleichfalls recht verschlungen gelaufen. Mit mehr Glück allerdings. Nach dem Abitur machte er eine Schlosserlehre wie der Vater, das ist bei Hoenigs nun mal Tradition. Dann Studium in Schwäbisch Gmünd. Zu dieser Zeit war ich schon in Berlin und habe ihn einmal besucht. Er war nun ein etwas anderer großer Bruder.

Mir näher. Mit üppigem Vollbart. Denn dies waren die späten Sechziger, und ein angehender Pädagoge wie er musste damals einen Bart haben. Und einen 2CV. Den hatte er auch. Selbst verdient. Denn er jobbte fleißig nebenher. Unternahm weite Reisen bis nach Skandinavien hinauf. Dafür konnte er mir jetzt viele Tipps geben. Welches die besten Routen waren. Wo die besten wilden Kirschen wuchsen. Wie man an welcher Strecke den Bauern am besten die Äpfel vom Baum klaut.

Mein Bruder. Nun der richtige Kamerad. Etwas fremd blieb er mir dennoch.

Er wurde Lehrer. Und Fotograf. Fand eine Weile seine künstlerische Heimat in der Kunst- und Industriefotografie. Nicht nur, weil man dort besser verdient. Mit dem Lehrerberuf hatte er zeitweise gehadert, weil man mit den Schülern nicht das machen konnte, was für sie wirklich wichtig gewesen wäre. Reisen zum Beispiel, die neue Horizonte öffnen, die Erfahrung hätten weiten können. Mit einem sturen Zwei-links/zwei-rechts-Bürokratismus kommt er nun mal ebenso wenig klar wie ich.

Dafür ist er ein wirklich fabelhafter Fotograf, ein richtiger Künstler und Meister seines Fachs. Weiß alles über Lichtführung und Schwarz-Weiß-Kompositionen und wie man sich beim Fotografieren unsichtbar macht. Ich, der ich selbst gern, viel und ganz gut fotografiere, beneide ihn um diese Gaben und bewundere ihn sehr. Er hat mir einige Tricks beim Fotografieren gesteckt. Kein Wunder also, dass Peter nun auch Bilder zu diesem Buch machte.

Was hätte ich sonst noch von meinen Brüdern zu erzählen?

Ich gehe zu den Stallungen hinunter, den Tieren ihr Futter zu bringen. Eine gute, ruhige Beschäftigung. Man kann die Gedanken schweifen lassen. Zurück in die Siebziger, die Sturm-und-Drang-Zeit für uns drei ...

Gerade damals haben wir kaum Kontakt zueinander gehabt. Über Jahre hinweg war jeder so eingeigelt in seine ganz persönliche Welt, dass ihm der andere eher lästig gewesen wäre. Jeder hatte schließlich seine eigenen Sorgen. Und als es mir einmal in der Berliner Zeit, ich kann ruhig sagen, ziemlich dreckig ging, wäre ich nicht im Traum auf die Idee gekommen, ausgerechnet einen meiner Brüder um Hilfe zu bitten. Zum einen hätten sie mir sehr wahrscheinlich sowieso nicht helfen können. Und ich hatte meinen Stolz. Sie haben ihn auch.

Aber dann trafen wir uns mal wieder alle in Harlingerode. Wohl so 14, 15 Jahre muss das her sein. Ich war schon mit Simone zusammen, Peter hatte seine Uschi, auch Thomas war in festen Händen. Und wir waren mit den Eltern in der Wohnstube, haben erzählt. Wohl auch etwas renommiert, wer nun die beste, schönste, treueste Gefährtin hatte.

Mutter saß still dabei. Erst noch. Irgendetwas schien sie heftig zu beschäftigen. Und plötzlich, wie ein kleiner Sturmwind, brach es aus ihr heraus: »Verdammt noch mal! Nun gebt nicht dauernd mit euren Bräuten an! Sagt mir lieber mal, wann ich endlich Großmutter werde. Warum bin ich das noch nicht, he?«

Das saß.

Wir starrten erst unsere Mutter, dann uns gegenseitig an. Die Mutter! Dieser Ton! Keiner von uns hatte bis dahin geahnt, wie sehnlichst sie sich Großmutter-Freuden wünschte. Und doch war es nur zu verständlich. Bei Hoenigs war es immer laut und lustig zugegangen. Nach unserem Weggang war es sehr still geworden. Das ließ die Sehnsucht nach etwas Kinderlärm besonders groß werden.

Es musste was geschehen, klar. Wir gingen zu dritt hinunter ins Oker-Tal. Auf die so genannte Verlobungsinsel. Schweigend stapften wir nebeneinander her. Kein Wort. Bei jedem nur der gleiche Gedanke.

Endlich sagte einer, ich weiß nicht mehr, wer: »Ja, da muss wohl was passieren...«

»Aber was?«

»Wenn du das nicht weißt...«

»Ich meine ja nur, zu Kindern gehört ja wohl eine Frau, irgendwie...«

»Aber eine Frau hat doch jeder von uns. Ich meine,

eine, die er richtig liebt und bei der er sich vorstellen kann, dass sie Mutter seiner...«

»Haben wir, klar...«

Wieder tiefe Stille. Nur der Sand knirschte unter unseren Füßen, die Oker klatschte mit leichtem Schlag ans Ufer. Und wieder dachte jeder das Gleiche.

So sind wir damals auseinander gegangen, ich zurück zu Simone nach Berlin. Und bald darauf kündigte sich Tochter Paula an. Ich am Telefon, gleich Mutter angerufen, voll Freude, Stolz und mit der kleinen Genugtuung, dass nun gerade ich es war, der ihren größten Wunsch erfüllte.

»Mutter, du errätst nie, was los ist.«

»Natürlich errate ich das!«

»Na, was denn wohl?«

»Ich werde Großmutter! Endlich!«

Ich fassungslos: »Das weißt du schon? Vom wem denn?«

»Vom Thomas natürlich. Hat er dir denn noch nicht gesagt, dass er Vater wird?«

»*Ich* werde Vater.«

»Schön. Aber vor dir Thomas. Und vor ihm noch Peter.«

»Uschi erwartet auch ein Kind?«

»Klar. Vorgestern hat er es mir gesagt.«

Schöne Bescherung. Feine Brüder. Ihrem Heinz so schamlos den Rang abzulaufen. Und ich wäre so gern der Erste gewesen, der Mama zur Großmutter machte. Aber gefreut habe ich mich doch. Für sie. Für mich. Für alle.

Heute ist Mamutschka gleich sechs Mal Großmutter und eine Superoma dazu, anders kann ich das nicht nennen. Aber noch mehr freut und wundert mich mein Vater in seiner Opa-Rolle.

Ein junger Mann. Durch die Enkel wieder jung geworden.

Seit damals sind wir Brüder wieder enger zusammengerückt. Nicht zu nahe bitte, das muss nicht sein. Auch heute sehen wir uns nicht allzu oft. Und Briefe sind im Haus Hoenig nicht Mode. Den letzten Brief an meine Eltern habe ich, glaube ich, vor genau 30 Jahren geschrieben.

Es hat eben jeder seine Welt, darin lebt er. Peter mit seiner Familie bei Frankfurt, ich jetzt mit meiner Sippe hier auf Mallorca. Beide haben wir, jeder auf seine Art, Harlingerode hinter uns gelassen.

Nur Thomas nicht. Der ist Nordharzer geblieben.

Sind wir Brüder mal wieder in Harlingerode zusammen, bleibt alles andere draußen. Wir sind einfach die Hoenig-Jungs, die dann quatschen, ein Bier zusammen trinken – oder auch mal zwei – und dabei Karten spielen. Rommé. Das Lieblingsspiel meiner Mutter, bei dem sie gemeinerweise immer gewinnt. Nur neulich nicht. Da habe ich mit 1001 Punkten gewonnen: drei mehr als meine Mutter!

Da ist aber auch die andere Welt, speziell meine Welt, in der ich mich nun mal bewegen muss, die Welt der Show, der Schauspielerei, auch die des gelegentlichen Promi-Getues mit all seinen Eitelkeiten und dem ganzen Klatsch-und-Tratsch-Glamourgehabe. Und manchmal schlagen deren Blitze leider auch in Harlingerode ein.

Als zum ersten Mal irgendwo etwas Fieses über mich zu lesen stand, habe ich gleich zu Hause angerufen und gesagt: »Glaubt diese Geschichte ja nicht! Kein Wort davon ist wahr!« Mutters Stimme war ganz ruhig geblieben: »Aber das wissen wir doch, Heinz…«

Gute Worte. Aber so ganz nehme ich den Eltern ihre Gelassenheit nicht ab. Und ich sehe meinen Vater manchmal vor mir, wie er zum Kiosk geht, wieder irgendwelche Schlagzeilen liest und mit den Zeitschriften unterm Arm zurückkehrt. Sein Rückweg ist dann sicher anders als der Hinweg. Denn Harlingerode ist klein. Der Weg durch den Ort kann rasch zum Spießrutenlauf werden.

Ich habe aber auch oft genug gute Presse. Und da weiß ich, dass er die ebenso sorgsam liest.

So viel zu meinen Eltern, meinen Brüdern, der Familie.

Und nun will ich von meinem besten Freund erzählen, den ich je gehabt habe: von Hendrik.

## Mit dem Hendrik spielst du nicht!

Auf dem Schulhof lernten wir uns kennen. Wir waren wohl in der zweiten Klasse, als die Volksschulen von Harlingerode und Göttingerode zusammengelegt wurden. Neuaufteilung der Klasse: Wir standen in langer Reihe da, und der Junge neben mir, etwas größer als ich, drehte sich plötzlich mir zu und drückte mir ein Lederetui in die Hand: »Da! Für dich!« Ein Kamm lag darin. Ein kleiner Schatz.

Dass mir einer einfach so irgendetwas schenkte, hatte ich noch nie erlebt. Warb Hendrik um Freundschaft, oder war das eine spontane Sympathiebekundung für mich?

Ich weiß es nicht. Wir haben auch später nie darüber gesprochen. Aber unsere Freundschaft fing nun an.

Erste Schnupperphase, erste gemeinsame Spiele oben im Wald, Indianerkampf, Budenbau. Wir besuchten uns auch gegenseitig. Das Haus von Hendriks Eltern war größer als unseres.

Hier regierte ein anderer Ton. Aggressiver, rotziger. Ich staunte, wie frech Hendrik oft zu seinen Eltern war. Viel frecher als ich. Dabei war er clever und selbstbewusst. Einer, vor dem die Mütter ihre Kinder hin und wieder warnten: »Mit dem Hendrik spielst du besser nicht!« Auch meine Mutter, denke ich, hat das manchmal gesagt.

Hendrik und ich spielten trotzdem zusammen. Jetzt erst recht.

Ganz schön ruppige Spiele, muss ich sagen. Als wir zum Beispiel als Indianer mal wieder auf Kriegspfad gingen und ein Mädchen dabei war, das unbedingt zur Jungenclique gehören wollte, haben wir sie gefangen genommen und am Baum festgebunden! Das war dann der Marterpfahl, nach dem wir unsere nicht unbedingt stumpfen Messer warfen.

Der Kleinen scheint's dennoch gefallen zu haben, denn am nächsten Tag war sie wieder da.

Wir wurden älter, der Hendrik und ich. Wir blieben Freunde, immer engere mit den Jahren. Wir begannen allmählich, uns aus der Clique zu lösen, gingen zu zweit auf Tramptour. Bis nach Hannover zum Maschsee. Das war ein größerer Ausflug, und irgendwo mussten wir übernachten.

Hotel? Gasthof? Kam nicht infrage. Einfach im Freien? Das war uns zu kühl. Nein, es gab doch rund um den See die kleinen Ferienhäuser. Leer. Aber voll ausgestattet, mit gut gefülltem Kühlschrank. War es nicht die pure Verschwendung, sie ungenutzt zu lassen?

Also eine Scheibe eingedrückt, eingestiegen, hübsch behutsam. Rasch mal in den Kühlschrank geguckt. Sogar Wein gab es dort. Wir bedienten uns. Prost! Danach schlummerten wir friedlich.

Nicht, dass wir nun am nächsten Morgen unser Nachtlager verwüstet zurückgelassen hätten! Nichts hier mit Schweinerei und Sause! Wir wussten sehr wohl, was sich gehört, räumten alles schön sauber auf, aber picobello! Und wir gingen auch nicht einfach so weg, nein. Wir schrieben vielmehr einen netten Brief, entschuldigten uns bei den Hausbesitzern. Sie müssten nun mal einsehen, dass es nicht anders gegangen sei und wir eine Unterkunft sowie Verpflegung gebraucht hätten. Hochachtungsvoll.

Unsere Namen setzten wir nicht darunter. Edle Naturen bleiben lieber anonym.

Waren das Zeiten! Hendrik und ich erfanden die ganze Welt neu. Wir schrieben die Landkarte sozusagen um, und der ganze Kosmos stand ganz allein uns zur Verfügung. Die Schöpfung war ausschließlich für den Hendrik und den Heinz da.

Wir waren Cowboys, Indianer, Piraten, alles zusammen. Und die besten Freunde auf der Welt waren wir auch, na klar. Winnetou und Old Shatterhand, Tom Sawyer und Huckleberry Finn, Wildtöter und Große Schlange. In diese Reihe gehörten nun auch der Hendrik und der Heinz als klassisches Freundespaar wie einst Castor und Pollux oder wie die beiden ollen Griechen hießen. Und der Maschsee wurde unser Glimmersee. Wie der im *Lederstrumpf*. Auch wir waren jetzt Trapper irgendwo im Mittleren Westen.

Richtige Trapper brauchen auch mal ein Boot. Davon lagen am Ufer genug herum. Schöne, ganz neue, und alte, eigentlich schon abgewrackte. Wieder machten wir es uns nicht leicht, nahmen nicht einfach eines von den neuen. Auch nicht das beste. Nein! Wir suchten uns das schlechteste aus. So einen richtig schäbigen Kahn mit einem gewaltigen Loch im Bug. Was hätte der Besitzer damit noch anfangen können?

Wir ruderten hinaus. Vorräte hatten wir auch dabei, und irgendwo tief im Schilf machten wir Rast, aßen, tranken und träumten. Erträumten uns die eigene Welt, wie sie mal sein würde, wenn wir erst erwachsen waren.

In endlose Weiten haben wir uns hineingesponnen, und der Hendrik sah sich dort wohl als knallharter Geschäftsmann. Das entsprach mehr seinem gewitzten, erfolgsbewussten, klar rechnenden Wesen. Ich ritt lieber auf Pferderücken dahin, irgendwo in Amerika oder Australien, und irgendwann, ich war ganz sicher, würde ich mal meine eigene Ranch haben...

Mit Hendrik konnte ich über alles sprechen, das war vielleicht der tiefste Grund unserer Freundschaft. Wir hatten keine Geheimnisse voreinander. Wir sagten uns alles über uns. Und keiner würde je ausplaudern, was ihm der andere anvertraut hatte. Sicher vor dem Hohngelächter anderer. Und der See, nun ja, er lächelte dazu wie im *Wilhelm Tell*, lud aber an diesem Tag, anders als bei Schiller, keineswegs zum Bade.

Denn plötzlich verfinsterte sich der Himmel. Ein eiskalter Wind pfiff uns um die Ohren. Eine Windhose – so was gibt es am Maschsee – fegte über unser Boot hinweg, das Stroh auf dem Bootsboden wirbelte hoch in die Luft. Und wir lagen auf dem Bauch vor Lachen.

Dieses Gelächter! Auch das machte unsere Freundschaft aus. Ein so richtig schallend herzliches Jungenlachen aus vollem Hals. Wir waren nicht »cool«, wie heute üblich, nicht »lässig«, wie man damals sagte. Keine hängenden Mundwinkel, kein glasig blasierter Blick, Weltekel in jeder schlaffen Bewegung. Wir freuten uns einfach am Leben, fanden vieles sehr komisch. Das meiste eigentlich, auch wenn andere das vielleicht nicht so komisch fanden. Wie zum Beispiel die Sache damals in Goslar.

Die alte Kaiserstadt lag nicht weit von uns, und in der dortigen Pfalz sollte eine Hochzeit stattfinden. Keine Ahnung, wer mit wem, aber eine Riesenangelegenheit mit vielen hundert Gästen sollte es werden, in allen Zeitungen hatte es gestanden. Wahrscheinlich würden dort dann auch die edelsten Tropfen in Strömen fließen. Wir hätten so gern für unsere inzwischen gegründete Band einen kleinen Vorrat guter Weine gehabt. Wohl verborgen in der Couch unseres Übungsraums, deren Unterseite ein riesiges Loch hatte.

Also auf nach Goslar! Fein angezogen, unter die Gäste gemischt. Unauffällig arbeiteten wir uns in Richtung Weinkeller vor. In der Garderobe Hunderte von Mänteln. Sicher steckte in der einen oder anderen Tasche ein Portemonnaie. Hendriks Blicke wurden begehrlich, aber rasch hielt ich ihn zurück: Mach keinen Scheiß! Mundraub ist mir nie als Diebstahl vorgekommen. Mit Geld war das etwas anderes.

Der Weinkeller. Flaschen in endloser Reihe. Würde irgendeiner merken, wenn davon ein paar Dutzend fehlten?

Wohl so 14, 16 Stück ließen wir mitgehen. Verstauten sie im mitgebrachten Bollerwagen, rumpelten damit nach Harlingerode zurück. Ein rundum gelungener Beutezug. Niemand ist dahinter gekommen. Erst vor kurzem habe ich dem heutigen Bürgermeister von Goslar die Schandtat gebeichtet. Er brauchte seine Zeit, bis er sie so richtig komisch fand. Wir fanden es damals schon komisch. Und brüllten mal wieder vor Lachen.

Wir waren fröhlich, jung, zwei Kumpel, die nichts hätte auseinander bringen können. Wir teilten die Strafen bei unseren Kinderstreichen, wir teilten in der beginnenden Pubertät das erste Herzeleid. Und in der Erinnerung bilden wir beide eine solche Einheit, dass ich uns manchmal wie einen einzigen gemeinsamen Körper verstehe, mit zwei Armen daran.

Der eine hieß Hendrik, der andere Heinz. Hendrik

der vielleicht Frechere, nach außen Selbstbewusstere. Ich hingegen gab unserer Beziehung mehr von innen her den Schub. Zwei eigentlich liebe Jungs auf innerer Erkundungsfahrt. Richtig brav. Bis, na ja ...

Bis da die Sache mit dem Motorrad war. Einer BMW 250. Mein Vater fuhr eine solche Maschine, sie war auch mein eigener Traum. Und dann meldete Hendrik eines Tages stolz: »Wir haben eine!« Tatsächlich! Da stand sie. Fein ordentlich unter Blättern und Ästen verborgen. Bildschön. Ich wollte gar nicht so genau wissen, woher Hendrik sie hatte und wer der eigentliche Besitzer war.

Nein, einfach in den Sattel geschwungen und hinüber in die Nähe von Braunschweig geknattert. Dort lebte auf einem Bauernhof ein Mädchen, das ich sehr gern hatte. Sicher würde es sich über einen Besuch freuen.

Und so war's dann auch. Und wir durften sogar dort übernachten, züchtig im Gästezimmer, schliefen ganz herrlich in richtig üppig ausladenden, blau kariert überzogenen Bauernbetten. Am nächsten Tag ging es zurück. Oder sollte wenigstens zurückgehen.

Irgendwann, irgendwie rächt sich alles, und auch unser nicht ganz legales Abenteuer nahm hier auf freier Strecke ein plötzliches Ende. Die Ölzufuhr funktionierte plötzlich nicht mehr. Panne. Wir reparierten den Schaden einigermaßen, klauten Öl auf einem Bauernhof, füllten nach. Darüber wurde es Mittag. Die Sonne brannte heiß auf uns herab. Zeit für eine kleine Siesta. Wir legten uns in den Straßengraben, reckten uns, fühlten uns sehr wohl. Und schliefen am Ende ein.

Als wir wieder aufwachten, waren wir nicht mehr allein. Am Straßenrand stand ein grauer Wagen mit Kamera vorn neben dem Steuer. Polizei! Höflich erkundigten sich die Beamten, wo denn wir junge Burschen, offenbar noch minderjährig, so hinwollten mit unserer BMW. Die gehörte uns doch, oder?

Aber klar! Und sie notierten sich gleich unsere Personalien und das Kennzeichen der Maschine, machten dazu noch ein Foto von uns. Scheibenkleister! Diese Sache drohte gefährlich zu werden. Das war noch etwas ärger als ein paar Weinflaschen aus der Goslarer Kaiserpfalz.

Klamm in der Brust, fuhren wir heim. Und wussten beide: Hier half nur die Flucht! In der Heimat konnten wir nicht länger bleiben, würden wahrscheinlich schon bald überall steckbrieflich gesucht werden. Also bloß weg, bevor die Sache mit dem Motorrad aufflog!

Auf in die Speisekammer, etwas Proviant besorgen. Dann hinein in die Wohnstube, wo die Eltern vorm Fernseher saßen, ganz friedlich. Sie knabberten ihre Salznüsse, sahen EWG mit Kulenkampff.

»Ich geh noch mal kurz in den ›Backofen‹…«

Der »Backofen« war damals unsere Stammdisco, wo ich manchmal auch jobbte, eine Art verlängertes Wohnzimmer für uns. Dort konnte, die Eltern wussten es, nicht viel passieren. »Tschüss denn!« – »Tschüss! Und komm nicht zu spät nach Hause…« – »Nein. Sicher nicht…«

In der Tür drehte ich mich noch mal um. Dort saßen die beiden liebsten Menschen auf der Welt, und ich dachte nur: »Euch sehe ich wohl niemals wieder…« Ich gebe zu, es wurde mir in diesem Augenblick ganz fürchterlich eng in der Kehle, in meinen Augen brannte es heiß und jämmerlich.

Ade, mein Heimatland! Leb wohl auf immer, du mein Harlingerode!

Hendrik und ich standen jeweils auf einer Straßenseite. Hielt ein Wagen bei ihm, sollte es in den Süden gehen. Sollte einer bei mir halten, ging es gen Norden. Ein Gottesurteil sozusagen. Wir reckten die Daumen.

Es ging nach Norden. Bis Flensburg.

Wir marschierten auf die dänische Grenze zu. Sicher würde sich dahinter unser Verbrechen noch nicht herumgesprochen haben. Wir würden frei sein, für immer. Hendrik grinste mir zu, ich grinste zurück, den ersten Geschmack neuer, toller Ungebundenheit auf den Lippen. Alles andere, inklusive geklauter BMW, würde gleich hinter uns liegen. Für immer.

Dann ein Pfiff. Scharf und grell. Unmissverständlich: »Moment mal, Burschen...« Der deutsche Zoll.

Hätten wir ahnen können, dass unsere beiden sonst gar nicht so besorgten Mütter sich gerade dieses Mal entschlossen hatten, über das Verschwinden ihrer Sprösslinge erschrocken zu sein? Dass sie gemeinsam zur Polizei gegangen waren und Vermisstenanzeige erstattet hatten?

Traurige Heimfahrt. Nun mit der Eisenbahn. Hendrik linste zur fest verschlossenen Abteiltür. Dachte er etwa an Flucht? Nein, das war nicht mehr möglich. Wir waren gefangen und alles schon schlimm genug.

Mutter nahm uns in Empfang. Schweigend. Wieder dieses entsetzliche, lähmende, tödliche Schweigen wie damals bei der Sache mit dem Zwanzig-Mark-Schein. Ich glaubte, daran ersticken zu müssen. Zu Hause sah mich Vater nur an: »Da hast du dir ja was Schönes eingebrockt...« Das hatten wir, weiß Gott. Denn inzwischen war natürlich auch die Sache mit der BMW aufgeflogen.

Es kam zur Gerichtsverhandlung. Vater begleitete mich tapfer. Wie ihm dabei zumute war, möchte ich mir auch heute noch nicht vorstellen. Und ich druckste vor der Saaltür herum, stotterte und murmelte: »Kann sein, Papa, dass auch noch einiges andere zur Sprache kommt...« Denn da war ein »entliehenes« Moped hier und ein anderes dort, und vom dritten hatte der Besitzer auch nicht so genau gewusst, dass es sich der Heinz nur mal zu einer kleinen Spritztour ausgeborgt hatte...

Das Urteil fiel ziemlich milde aus. Sechs Wochenenden musste jeder für sich im Arrest verbringen. Nicht in irgendeinem Knast, sondern in einem abgesperrten Raum im Gemeindehaus. Hendrik war als Erster an der Reihe. Und es war schon Winter, der erste Schnee gefallen, ich zog mit einigen für uns entflammten Girlies hinterher.

Unten im Hof trampelten wir ein Riesenherz in den Schnee, und oben am Fenster erschien Hendrik, winkte uns zu, spielte auf einer eingeschmuggelten Mundharmonika. Ein fideles Gefängnis. Am nächsten Wochenende war dann ich an der Reihe, und nun stand Hendrik mit unseren Groupies im Hof, spielte wieder auf seiner Mundharmonika, während ich die eingeschleuste Mettwurst aus dem Stiefel zog und sie mir schmecken ließ.

Die Tage waren ganz lustig. Aber dazwischen lag eine lange, dunkle Nacht. Und dann überfiel mich mit aller Wucht meine lebenslange Angst vor dem Eingesperrtsein. Schon im Laufställchen hatte sie mich befallen, und Mutter Hoenig erzählt noch heute: »Den Heinzi durfte ich nie in den Laufstall tun. Das hat er einfach nicht ausgehalten. Dann schrie er das ganze Haus zusammen...«

Später aber, in meinen Jahren am Berliner GRIPS-Theater und dort im Stück *Die schönste Zeit im Leben*, hatte ich einen Song, den ich noch heute trällern kann: »Schon als kleiner Kacki / fühlt ich mich wie'n Knacki / Im Ställchen hinter Gittern / kam mir das große Zittern...«

Das sang ich in jeder Vorstellung aus voller Kehle und Seele. Und aus voller Überzeugung. Aber gleich mal wieder zurück in die Harlingeroder Zeit.

Die Geschichte mit der BMW und unserem Fluchtversuch ereignete sich in den Sechzigerjahren, und dass dies eine andere Zeit war als die eher behäbigen Fünfziger, spürten selbst wir im Harzer Land.

In den Discos dröhnte es beatig. Im Kino lief *Easy Rider*. Neue Freiheit, neues Lebensgefühl. Und neue Suchtmittel. Alkohol und Nikotin taten es nicht mehr. Ganz neue Drogen kamen auf. Wer hatte vorher schon etwas von Hasch und LSD gehört? Im stillen Harzer Land ganz sicher niemand. Aber jetzt sang man auch hier mit, wenn es im Kultmusical *Hair* hieß: »Haschu Haschisch in die Taschu, haschu immer was zu naschu...«

Hippie-Zeit. Auch wir hatten was zu naschen. Meistens.

Von einem Skandinavien-Trip brachte Hendrik ein bisschen richtiges Hasch mit. Das war toll. Und er wusste gleich auch ein Rezept, eigenes Hasch herzustellen. Aus Bananenschalen. Getrocknet. Geraucht. Das sollte ähnlich wirken. Uns ist aber, glaube ich, nur schlecht geworden. Mit Hendrik zusammen erlebte ich dann später – das war schon in Berlin, wohin er mich zunächst begleitet hatte – auch meinen einzigen LSD-Trip. Irre Farben, ein explosives Gefühl. Ich habe dann aber doch lieber die Finger davon gelassen.

Die alte Verbundenheit mit dem engsten Kumpel meiner Kinderjahre blieb. Dennoch veränderte sich mit der Zeit unsere Freundschaft etwas.

Die Akzente verschoben sich. Wir waren nicht mehr ganz so eng zusammen. Jeder hatte seine feste Freundin, Hendrik seine Eve, mit der er sich unendlich Mühe gab. Denn auch in Sachen Fraueneroberung war er ein kleiner Meister, von dem ich einiges lernen konnte. Füreinander hatten wir nun nicht mehr so viel Zeit, was ja nur natürlich war.

Hendrik hat mich dann, wie erwähnt, noch nach Berlin begleitet. Danach trennten sich unsere Wege, führten uns aber immer wieder zusammen. Dann war die alte Vertrautheit sofort wieder da. Dennoch lebte nun jeder in seiner eigenen Welt.

Hendrik wurde Dekorateur. Daneben restaurierte er alte Möbel und machte wohl gute Geschäfte damit, ein tüchtiger Kaufmann wie sein Vater. Immer clever, risikofreudig. Eigentlich der geborene Erfolgsmensch, der sich immer und überall durchsetzt.

Manchmal drangen Gerüchte zu mir. Nicht sehr erfreulich.

Hendrik sei Trinker. Das konnte stimmen. Er sei Fixer geworden. Das konnte nun sicher nicht sein. Es passte einfach nicht zu Hendrik, der sich nie in solche Abhängigkeit begeben hätte. Und dann war Hendrik tot. Im spanischen Marbella gestorben. Auf höchst ominöse Weise. Selbstmord, hieß es. Mord. Ich glaube an die zweite Möglichkeit. Doch davon später. Hier soll nur vom lebenden Hendrik die Rede sein.

Denn Hendrik lebt für mich weiter. Für mich ist er nie gestorben. Ich weigere mich einfach, seinen Tod zur Kenntnis zu nehmen. Und als es bei Jürgen Fliege diese

Sendung über Heinz Hoenig und wichtige Zeugen aus seiner Vergangenheit gab, blieb ein Stuhl leer. Der war für Hendrik reserviert. Darauf hatte ich bestanden.

Kein anderer hatte einen so großen Anspruch auf einen Platz in dieser Runde wie Hendrik. Grüß dich, Alter!

# I can't get no
## satisfaction...

Ein anderer Stuhl in der »Fliege«-Sendung blieb nicht leer. Dort saß Günther Meier, mein Lehrer. Der wahrscheinlich beste, den ich in meiner ganzen Schulzeit hatte. Auf jeden Fall mein liebster. Und wenn ich an die Volksschule in Harlingerode zurückdenke, ist Günther Meier die angenehmste Erinnerung.

Ich habe bisher von meinen Eltern erzählt, von den Brüdern, meinem Freund Hendrik. Von den Spielen im Wald, vom Gestüt, von unseren Tramptouren. Das alles verdichtet sich zu einem Bild, das man wohl »eine schöne Kindheit« nennen kann. Gut durchwärmt von elterlicher Liebe und doch nicht miefig-klammerig. Frei und ungebunden, der Natur immer sehr nahe. Ohne die zermürbende Monotonie großstädtischer Asphaltwüsten.

Das andere aber? Der so genannte »Ernst des Lebens«? Also Schule, Lehrzeit? Was hat mir das gegeben?

Unwillkürlich dröhnt es mir durchs Hirn: »I can't get no satisfaction...«

Der Welthit. Das größte Lied der Rolling Stones, die damals, in den Sechzigern, neben den Beatles bejubelt wurden. Diese unnachahmlichen Jungs mit den Reibeisen in der Kehle. Ganz unvergleichlich, wenn Mick Jagger vortrat, die Lippen aufstülpte, die Zähne fletschte, ins Mikrofon ächzte, grunzte, maunzte. Immerzu das eine. Immer dieses brünstig keuchend hingequälte »I can't get no satisfaction«...

Es hätte meine ganz persönliche Leitmelodie sein können, damals in den Sechzigern.

Schade, dass hier oben auf der Ranch der CD-Player noch nicht installiert ist! Ich würde ihn jetzt gern hören, den Song von damals. Um noch leichter zurückkehren zu können in jene Zeit, als im kleinen Heinz der Gedanke immer stärker aufkam, was er denn mal aus seinem Leben machen sollte. Und ob dies hier in Harlingerode schon das Leben sei.

Ich hatte meine Freunde, meine Mädchen. Langeweile? Nein. Die hatte ich nicht. Aber auch keine tiefinnere Befriedigung. Immer war der Gedanke da: Das kann doch nicht alles sein. Es muss mehr geben. Und die Schule gab es mir ganz sicher nicht.

Keine schlechte Schule. Auch keine schlechten Lehrer. Und ich nicht mal ein schlechter Schüler. In Mathe war ich sogar ausgesprochen gut, besonders in Geometrie. Ich konnte zeichnen, malen. Ich war musikalisch. Ich hätte also auch gut in Musik sein können. Und da fing es an.

Ich war immer gut, wenn ich den Lehrer mochte und verstand, was er uns beibringen wollte. Aber hier war nun seine Musik nicht unsere Musik. In unseren Ohren dröhnten Rock und Beat. Mit Mozart-Gezirpse – als das empfanden wir diese Musik damals – konnten wir wenig anfangen. Prompt weigerte ich mich, Noten zu lernen.

In Mathe unterrichtete uns ein Herr Seiffert. Den mochte ich eigentlich ganz gern. Bis ich mal irgendwas ausgefressen hatte, ich weiß nicht mehr was. Aber die Strafe war fürchterlich.

Herr Seiffert – wie war bloß noch sein Vorname? – strafte mich mit Missachtung. Volle vier Wochen lang.

Ich meldete mich bei jeder Frage, schnipste mit den Fingern, wedelte mir fast den Arm aus der Schulter. Der Herr Seiffert schien mich einfach nicht zu sehen. Grauenhaft. Bis es endlich mal wieder kam: »Na, Heinz? Weißt du es?« Ich wusste es. Und war überglücklich, dass der Bann gebrochen war.

Der Herr Seiffert gab auch Sport. Ein tüchtiger Pädagoge, der manchmal etwas andere Wege ging. Nicht nur Welle am Reck und Sprung übers Pferd und am Ende der Stunde zur Belohnung ein bisschen Völkerball. Nein, der veranstaltete zum Beispiel in der Turnhalle einen richtigen Boxkampf. Jeder konnte sich einen Gegner wählen. Auch ich.

Doch war ich klein und bei den üblichen Klassenkeilereien immer ein beliebtes Opfer. Einer war ausgesprochen gemein. Der hieß »Ratje«, und der fiel auf jedem Heimweg über mich her. Nicht allein, das war ja das Feige. Immer waren es mehrere, die auf mich eindroschen. Und ich humpelte mit zerschundenem Knie und blauem Auge nach Hause.

Jetzt wählte ich Ratje zum Gegner. Ihn und keinen anderen. Allein. Sollte er doch mal zeigen, ob er wirklich stärker war als ich. Na?

Ein Schwinger von mir. Ratje ging zu Boden. Die anderen johlten. Ratje rappelte sich hoch, glotzte mich verblüfft an, schlich sich zur Seite. Ein entthronter Champion. Seltsamerweise war Ratje von diesem Tag an mein Freund. Kein so enger wie Hendrik, aber ein guter Kumpel bis ans Ende unserer Schulzeit.

Kinderspiele, lustig, derb. Aber sie machten die Schulzeit nicht aus. Wieder denke ich an die Lehrer zurück. Kaum einer fällt mir ein. Bohnensack vielleicht noch, unser Rektor. Und dann eben Meier, den ich heute »Günther« nenne, und er sagt wie schon immer »Heinz« zu mir.

Günther Meier war anders als andere.

Lehrer waren damals meist ältere, leicht verkniffene Herren, noch mit dem Rohrstock in der Hand, und den meisten merkte man die Verbitterung an, es nicht weiter als bis zum Lehrer an einer kleinen Dorfschule gebracht zu haben. Mit Stechschritt marschierten sie ins Klassenzimmer, wo alles »wie eine Eins« von den immer knarrenden, immer viel zu kleinen Stühlen sprang.

Kein »Guten Morgen«. Nur ein »Setzen« wurde gerade noch hervorgeknurrt. Dann setzte sich der Herr Lehrer selbst. So vorsichtig, als sei unter seinem Stuhl eine Ladung Dynamit angebracht. Ebenso sorgsam stellte er seine immer schon etwas abgeschabte Aktentasche vor sich aufs Pult, so, als enthalte sie Englands Kronjuwelen. Der Unterricht fing an.

Eines Tages jedoch flog mit einem kleinen Krach die Tür auf. Ein junger, sportlicher Typ federte herein. In die Ecke mit der Aktentasche! Immer schön lässig. Mit der halben Arschbacke hockte er sich auf die Tischkante. Der Unterricht fing an. Locker, lebendig, ein Spaß.

Das also war Günther Meier. Vor nicht langer Zeit aus der DDR gekommen. Ein Kumpel. Der Pfadfinder. Einer, mit dem man neue Welten entdecken konnte. Ich mochte ihn. Und wie das immer bei mir war: Plötzlich hatte ich sehr gute Noten. Denn ich lernte nicht für die Schule, nicht für mich. Ich lernte für diesen prima Typen dort. Und als es mal nach Fehmarn zum Zelten ging, nahm er mich in seinem Wagen mit. Wahrscheinlich eine reine Vorsichtsmaßnahme, weil der Hoenig immer für eine Dummheit gut war. Aber wie war ich stolz darauf!

Schrott - manchmal Besser als Lack! Manchmal. Manchmal?!?

Meine erste Harley.

Goggo im Windkanal

GRIPS-Theater:
♪♪ „Schon als kleiner Kacki / fühlste dich wie'n Knacki..." ♪

Das Synchron-Orchester:
Denn sie wissen, was sie tun...

Ent ↯ Spannung

Sonne... ...Kult...

...und TräGGa fahrn.

(rechts und folgende Seite)
TAP-Ranch, 1974:

Santa Fe, New Mexico.

Sich auf Maß bringen.

Das Boot

Krücke.

Nero...?

Napoleon...?

HOENIG!

Mensch – haß ich dich lieb! Forever young. S.♡H.

Der Kontakt zu Günther Meier riss nie ganz ab. Zwar sahen wir uns viele Jahre nicht, aber in Abständen meldete er sich bei meinen Eltern und fragte, wie es mir denn so gehe.

Dann kam die »Fliege«-Sendung.

Ich wusste, er saß, leicht verkleidet, irgendwo im Publikum, und Jürgen Fliege wollte, dass ich ihn selbst unter all den Menschen herausfinde.

Ich ließ mir einen Ball geben und trat damit vor die erste Zuschauerreihe: »Ich weiß genau, wenn jetzt einer auf bestimmte Weise den Ball fängt – Meier gab auch Sport –, dann ist er es!« Beifall. Gelächter. Ich spielte den Ball in die Menge. Einer sprang auf, spielte ihn zurück. Unverwechselbar. Unser Lehrer Meier. Wir umarmten uns, und es wurde mir mal wieder mächtig eng in der Kehle. So unverändert wirkte unser guter Meier auf mich. Dabei war die Schulzeit nun schon über 30 Jahre her.

Günther und Heinz. Wir sind jetzt per du. Günther, schon in Pension, lebt auf Korsika, will mich aber mal hier auf Mallorca besuchen. Hoffentlich bald. Ich freue mich darauf.

War er es oder unser Rektor Bohnensack, der bei meinem allerersten Theaterauftritt Regie führte? Ich glaube, eher der Bohnensack.

Der wollte also in der Schule einen Einakter des dichtenden Nürnberger Schuhmachers Hans Sachs aufführen: *Der fahrende Schüler im Paradeys.* Vielleicht kennt mancher das deftige Stückchen: Ein abgerissener Student, ziemlich ausgehungert, kommt auf einen Bauernhof, wo gerade der Mann gestorben ist.

Ich weiß nicht mehr, wieso nun die Bauersfrau auch den Studenten für einen schon Toten hält. Jedenfalls fängt der Junge mächtig zu schwadronieren an, behauptet, geradewegs aus dem Paradies zu kommen, wo er den Mann gesehen haben will, und ach, wie geht es ihm doch dort so schlecht! Welchen Hunger der Arme hat! Schleunigst bereitet ihm die offenbar ziemlich dämliche Bäuerin eine üppige Mahlzeit zu und lässt ihm das beste Pferd satteln. Auf dass der Herr Scholast nur ja recht schnell alle kulinarischen Herrlichkeiten hinauf zum darbenden Gatten ins Paradies bringe…

Den Studenten spielte ich.

Mein erster Bühnenauftritt. Ich war mit wahrem Feuereifer bei der Sache, verwandelte mich voll Lust in das Schlitzohr von Student, mit dem mich eine gewisse unübersehbare Seelenverwandtschaft verband. Und dann kam der ganz große Augenblick.

Irgendwo murmelndes Publikum. Lichter aus. Stille. Vorhang. Ich setze den Fuß auf die Bretter, die irgendwie die ganze Welt bedeuten sollen, spreche die ersten Zeilen. Erschütterung überrieselte mich, ein heil'ger Schauer flog mich an, und ich wusste plötzlich, dass dies alles hier und nur das…

Quatsch!

Nichts rieselte. Nichts wehte. Von diesem Bühnenauftritt blieb mir nur das rote Samtjackett meiner Mutter in Erinnerung, das ich bei dieser Gelegenheit tragen durfte. Und dann noch die ganz furchtbar versalzenen Knödel in der Suppe, die ich auf offener Bühne auslöffeln musste. Unauffällig spuckte ich sie in einen Regenschirm am Bühnenrand. Das war meine erste wichtige Lektion in Theaterdingen: dass man sich auf der Bühne in jeder noch so peinlichen Situation irgendwie behelfen kann. Anderes habe ich damals nicht gelernt.

Ich hatte noch nicht kapiert, dass Kunst und Theater eine ganz eigene Welt voll Zauber und Zauberei sein können. Ich wusste nicht einmal, dass Schauspielerei ein »richtiger« Beruf ist wie Lehrer oder Schlosser. Und schon gar nicht hatte ich irgendeine Vorahnung, dass ich einmal selbst zur Zunft der Komödianten gehören würde. Auch nicht, als es während der höheren Klassen manchmal per Bus zu Theateraufführungen nach Braunschweig oder Wolfenbüttel ging.

Die Theaterfahrten waren eine Abwechslung. Allenfalls. Oder auch die pure Zeitverschwendung, da es auf dem Bündheimer Gestüt gerade so viel Arbeit gab und Nelke dort schon wartete. Oder Hendrik auf die nächste Tramperei zum Maschsee.

Ich erinnere mich an einen solchen Abend im Wolfenbütteler Lessing-Theater. Es gab dort – als Tournee-Aufführung oder Abstecher irgendeiner Landesbühne – Kleists *Zerbrochnen Krug*. Mit ein paar Kumpels war ich mir einig: In voller Länge machen wir den Quatsch nicht mit.

Also ins Theater reinspaziert, schön bildungsbeflissen geguckt, Karten vorgezeigt. Dunkel. Vorhang. Richter Adam wälzte sich aus seinem Lotterbett. Und wir hinaus durch den Hintereingang. Auf der Bühne zeterte Marthe Rull ihrem zerdepperten Pisspott hinterher. Wir aber saßen in der nahen Kneipe »Max und Moritz« vorm kleinen Hellen. Denn mal Prost!

Die ganze gequirlte Kulturscheiße konnte uns gestohlen bleiben. Und was wir dann doch noch sahen, als wir uns gegen Schluss wieder auf unsere Plätze geschlichen hatten, war auch nicht so, dass ich von einem ersten prägenden Theatereindruck sprechen kann.

Diese Eindrücke kamen erst viel später. Mit der Berliner Schaubühne und Peter Stein, mit Ariane Mnouchkine und ihrem Théâtre du Soleil. Dann allerdings elementar.

Mein Theater dieser Jahre fand auf der Straße statt. Meine ersten wirklich wichtigen Auftritte hatte ich bei Dingen wie der Hochzeit in der Goslarer Kaiserpfalz. Brave Miene zum ausgeheckten Spiel – das war große, reife Schauspielkunst. Nicht mein fahrender Scholar.

Ich wollte ganz bestimmt nicht Schauspieler werden. Eigentlich auch kein Schlosser. Aber das wollte mein Vater so. Weil das nun mal bei Hoenigs Familiensitte war. Schon Bruder Peter war diesen Weg gegangen und hatte seine Lehre ganz exzellent hinter sich gebracht.

Jetzt war der kleine Heinz an der Reihe.

Vater hatte es gut gemeint, als er mich in der Lehrwerkstatt der Unterharzer Berg- und Hüttenwerke unterbrachte, wo er als Kranführer angestellt war. Denn eine bessere Lehre gab es nirgends. Ich traf damals Schulkameraden, die anderswo untergekommen waren, und die durften vor allem die Werkstatt ausfegen oder dem Meister sein Bier holen. Wir aber wurden wirklich ausgebildet. Richtig straff und gut.

Da gab es nur einen Haken. Meinen Bruder Peter. Der wurde mir dauernd als leuchtendes Beispiel vorgehalten. Wie toll der doch gewesen war, wie musterhaft! So, wenigstens, müsste ich auch sein. Bis ich die große Wut bekam. Bis ich schrie: »Ich bin nicht Peter! Ich bin nur Heinz! Aber der Heinz!«

Die große Ungerechtigkeit im ständigen Vergleichen empörte mich. So was kann mich immer noch zur Weißglut treiben. Der Hoenig ist der neue Jannings (oder der deutsche Rod Steiger, der zweite...). Nicht ganz so gut, aber...

Ich bin der Heinz Hoenig, verdammt! Sonst nichts! Merkt euch das endlich!

So schrie ich schon damals. Und galt bald als aufsässig, ein Rebell. Was wiederum massive Ungerechtigkeiten nach sich zog. Ich will das gar nicht im Einzelnen aufzählen, die meisten Anlässe habe ich sowieso vergessen. Ich weiß nur, dass ich alles Mögliche angestellt haben soll und für alles Mögliche bestraft wurde. Hoenig der Strolch. Wird schon seine Prügel zu Recht bezogen haben.

Ich biss die Zähne zusammen. Ein Petzer war ich nie. Aber es steigerte nicht gerade meine Freude an der Schlosserlehre. Im Gegenteil.

Es kam die Zwischenprüfung.

Ich erhielt meine Aufgabe. Ziemlich einfach, das sah ich gleich. Aber murmelte da nicht wieder jemand: Nun sieh mal zu, dass du die ebenso gut hinkriegst wie damals dein Bruder! Schon hatte ich nicht mehr die geringste Lust. Rannte in den Produktionsbetrieb runter, holte mir vorher noch ein paar Rollmöpse in der Kantine und schlich mich an meines Vaters Arbeitsplatz. Ruhig und souverän fuhr er wie immer seine Krankatze. Einer, der eins war mit seiner Arbeit.

Ein ebenso stolzes, gutes Gefühl überflutete mich wie damals, als mich seine große, sichere Hand hinauf auf die Planierraupe gehoben hatte. Die Spur von Geborgenheit kam wieder auf, auch wenn mich mein Vater dieses Mal gar nicht bemerkt haben dürfte. Ich blieb noch eine Weile stehen und sah ihm zu. Dann ging ich einigermaßen gefasst in die Prüfung zurück und erledigte rasch und flüchtig meine Aufgabe. Es reichte für eine Vier.

Na und?

Dabei war dieser Heinz gar nicht ohne jeden Ehrgeiz. Anfangs zunächst. Ich ließ mich wegen erwiesener Intelligenz auch noch dazu verlocken, neben der Lehre die Abendschule zu besuchen und die mittlere Reife nachzuholen, die ich auf der Schule versäumt hatte, da ich lieber mit vier gleich gesinnten Kumpels – Ratje war auch dabei – auf der Harlingeroder Volksschule bleiben wollte. Nun büffelte ich also nicht schlecht, die Ingenieursschule vor Augen. Die wollte ich nach der Lehre besuchen.

Herr Dipl. Ing. Heinz Hoenig. Nicht übel. Ein Traum. Dann aber kam die eine Nacht und mit ihr ein anderer, ein ganz fürchterlicher Traum. Ein Albtraum.

Ich sah mich darin im weißen Kittel. Der Herr Ingenieur. Er stieg in einen weißen Wagen. Der gehörte ihm. Mit einem Anhänger, und darauf stand ein weißes Segelboot. Darauf hatte der Herr Dipl. Ing. sehr lange gespart. Höhe aller Genüsse! Das höchste Lebensziel! Und im Eigenheim wartete sicher die Gemahlin mit den vier ganz entzückenden Kinderchen.

Schweißgebadet wachte ich auf.

Nein, niemals wollte ich so werden. Nicht so geschniegelt und glatt geschliffen und immerzu funktionstüchtig im Getriebe der anderen. Nicht einer, der seinen Job hatte und seinen Feierabend und das Wochenende im Grünen auf dem endlich zusammengesparten Segelboot und einmal im Jahr den Urlaub, gewerkschaftlich zugesicherte sechs Wochen lang. Danach dann wieder bis zur Rente der Betrieb, weißen Kittel übergestreift, Bürger Hoenig funktioniert. Die Steuern zahlt er auch pünktlich.

Nein! Das konnte es nicht sein! Keine Ingenieursschule bitte! *I can't get no satisfaction...*

Meine wahren Träume sahen anders, sehr anders aus.

Und sie verdichteten sich zu einem Traumland. Australien. Schon damals in den Sechzigern, als der fünfte Kontinent noch nicht das Mode-Auswandererland geworden war.

In Australien, dachte ich, würde ich alles finden, wonach ich mich sehnte. Die Erfüllung. Und irgendwann mal eine Family. Die Gemeinschaft, zu der ich mich in aller Selbstverständlichkeit zugehörig fühlen durfte. Die war, noch ehe ich mir das selbst eingestand, mein allertiefster Traum. Das eigentliche, das letzte Ziel.

Aber erst mal Australien. Das war das Zauberwort. Alles andere würde sich dort finden.

Ich treffe heute noch Leute, erst neulich wieder hier auf Mallorca, die mich auf meine damaligen Australien-Pläne ansprechen: Weißt du noch, wie du damals so unbedingt und immerzu...? Ich nicke dann. Ich lächle. Und einer, der es wirklich bis Australien geschafft hatte, schickte mir einmal ein Video von Land und Leuten zu. Das war in meiner Berliner Zeit, und ich schickte prompt ein Video zurück. Mit Bildern von der Berliner Mauer. Ein paar Zeilen dazu: Wenn ich dieses verdammte Ding da mal durchrammt habe, komme ich anschließend rüber zu euch nach Australien...

Die Mauer ist durchrammt. Nicht von mir. Vom Zeitgeist, der den ganzen DDR-Spuk fast über Nacht davonspülte. Ich aber bin bis heute noch nicht in Australien gewesen. Es bleibt das ferne Ziel, das ich irgendwann noch mal erreichen muss. Vielleicht ist es dann das letzte Ziel überhaupt.

Zunächst sollte Berlin mein ganz persönliches Australien werden.

Aber noch war ich daheim im Harz. Machte schließlich meine Gesellenprüfung und hielt den Facharbeiterbrief in der Hand. Hätte ihn einrahmen, an die Wand hängen können... Stattdessen gab ich ihn meinem Vater.

Nun war ich gelernter Betriebsschlosser. Die damals erworbenen Fähigkeiten besitze ich immer noch, und ich müsste mich korrigieren, wenn ich die Lehrjahre damals bei den Unterharzer Berg- und Hüttenwerken als verlorene Jahre ansähe: Die Kenntnisse kommen mir gerade hier auf Mallorca wieder sehr zugute.

Jetzt zum Beispiel. Gerade habe ich eine Spitze aus Rundstahl geschmiedet, eigenhändig, man hat mich dabei fotografiert und das Foto für das Cover meiner CD *Familienbande* verwendet. Ich war stolz wie Oskar auf diese Leistung nach 33 Jahren Schlosser-Pause.

Damals allerdings blieb von allem nur das Gefühl einer absoluten Leere, großer innerer Unzufriedenheit: *I can't get no...*

Doch, bei Musik war es anders.

Also Mikro in die Hand, losgesungen, alles rausgelassen, was so in einem steckt an Traum und Gefühlen. Irre geil bis heute. Ich habe das gerade wieder im letzten Sommer erlebt.

Wir nahmen in Luzern meine erste CD auf. Und in diesen Tagen wusste ich manchmal nicht, wo ich eigentlich war. Im Luzern von 2001 oder in Harlingerode irgendwann in den Sechzigern, als wir für unsere Auftritte probten. Denn wieder war dieses gleiche irrsinnig mächtige, wie wahnsinnige Gefühl da: Man singt. Man bringt sich selbst singend zur Sprache.

Man singt von allem, was in einem ist. Und die anderen hören zu. Die kapieren am Ende ein bisschen, wer man eigentlich ist oder sein könnte.

## Dieses irrsinnig mächtige, wie wahnsinnige Gefühl

Irgendwo weit draußen glänzt der Vierwaldstätter See. Egal. Alles ganz egal, was sich außerhalb dieser vier Wände hier abspielt. Halblicht. Herabgelassene Jalousien. Ich vorm Mikro. Ich singe. Gar nicht schlecht, der letzte Titel! – Nein, das war es noch nicht. Lieber noch mal! – Okay. Noch mal...

Wir arbeiten an meiner CD *Familienbande*. Es ist der Frühsommer 2001.

Wirklich? Kann dies nicht auch, sagen wir, ein Tag irgendwann in den frühen Sechzigern sein? Sind wir tatsächlich in Luzern in den zwei Hotelzimmern, die der Produzent in ein Tonstudio umgebaut hat?

Pause. Ich rauche. Blinzle zu den anderen hinüber.

Sind das die angeheuerten Tontechniker, ist das Stephan, der Produzent? Befinden wir uns immer noch im Jahr 2001, und ich bin der Heinz Hoenig von heute, ein Mann von bald 50? Könnte dies nicht ebenso der Anbau von Hendriks Haus sein, wo wir immer geprobt haben, damals in den Sechzigern? Und dort, nicht wahr, könnte Hendrik sitzen. Neben ihm hocken die anderen.

Der Arne... der Detlev... der Reno...

»The Dee«. So haben wir uns damals genannt. Und wie unglaublich jung wir waren! Die Haare lang, wie sich's in der damaligen Zeit gehörte. Selbst die Beatles hatten keine längeren.

Die Beatles. Aufgestiegen aus irgendwelchen obskuren

Hamburger Nachtclubs. Zu Hause im rußgeschwärzten Liverpool. Über Nacht die Superstars. Weltweit. Wie ein mittelschwerer Orkan war ihr neuer Sound über den Kontinent hinweggebraust. Die Älteren lächelten zunächst noch milde. Boogie, Rock, Twist. Das alles hatte man mit Anstand hinter sich gebracht. Aber Beat war noch was anderes. Der stand für ein ganz neues Weltgefühl. Und bei manchem grummelte es gewaltig: Können ja noch schöne Zeiten werden.

Schöne Zeiten. Wirklich. Burschen ließen sich die Haare so lang wie Mädchen wachsen, und die Mädchen wurden immer selbstbewusster, nahmen die Pille, trugen Minirock. Manche gaben zu, beim Beatles-Sound einen Orgasmus zu bekommen. Und was ein Orgasmus ist, lehrten uns Oswalt Kolle und das Teeny-Fachorgan *Bravo*, in dem es gelegentlich hieß: »Hilfe! Ich bin schon zwölf, aber noch immer Jungfrau.« Hier konnten die Kids alles über Onanie und ersten Sex erfahren. Toll!

Die Musik aber, die diese Massen aufgeklärter, gegen die Welt der Älteren anbrüllender junger Leute in kreischendes Entzücken trieb, überdröhnte mit ihrem »Yeah! Yeah!«-Geschrei alles, was sonst an Schlagerschmus tagtäglich auf uns niedergerieselt war, vom Hawaii-Hula bis zum »Alten Försterhaus«.

Damit konnte ich damals nicht viel anfangen. Mit keinem Torriani, Schuricke, der Valente. Meinethalben konnte bei Capri die Sonne im Meer versinken oder ganz Paris von der Liebe träumen. Mir war das egal. Und auch die ersten zaghaften Ansätze von Rock bei den neuen Teeny-Idolen Conny Froboess und Peter Kraus sind an mir vorbeigezogen. Obgleich im Haus Hoenig Musik sehr wohl gelitten war.

Vater hörte immer wieder sein Lieblingsstück vom »Silver Moon« und bekam verzückte Augen. Sohnemann Heinz griff zur kleinen weißen Quetschkommode und übte sich in »Muss i denn zum Städele hinaus...« In der Schule war ein ganz süßes, kleines Mädel, das ganz herrlich jodeln konnte. Das hätte der Heinz gar zu gern mal näher kennen gelernt. Um von ihr das Jodeln zu lernen, klar. Was denn sonst?

Später dann, obgleich katholisch, war ich bei den evangelischen Pfadfindern, und dort saßen wir am Lagerfeuer, sahen zu, wie sich über den Flammen ein Stück schön salziges Stockbrot drehte, hatten die *Mundorgel* vor uns, das kleine, dicke braungelbe Heft mit all den Fahrtenliedern drin, rauschenden Wildgänsen und blinkenden Schneefeldern und heute an Bord, morgen geht's fort. Das war sehr schön. Wir griffen in die Klampfe und sangen drauflos.

Doch Rock und Beat überdröhnten alles. Das war mehr als Musik. Hier wurde explosionsartig ein ganz neues, junges Lebensgefühl und Weltverständnis freigesetzt. Auch im Harlingerode der frühen Sechziger. Wir schluckten gierig den neuen Sound. Und mehr noch. Wir wollten mittendrin sein. Nicht nur hören, nicht nur konsumieren. Der neue Sound war eine Herausforderung: Nun los doch, Jungs! Macht euch eure eigene Musik!

Bruder Peter hatte eine Band gegründet. Bruder Heinz, nicht faul, zog nach. »The Dee« sollte seine eigene Band heißen. Keine Ahnung mehr, wer darauf gekommen war. Aber schön kurz war es und eingängig, fast wie Beatles oder Rolling Stones. Und schon sahen wir den Schriftzug auf Millionen Konzertplakaten und Schallplattenhüllen leuchten.

Wir. Das waren zunächst mal Hendrik und ich. Der harte Kern. Hendrik an der Melodie-Gitarre und immer ein wenig der Star der Truppe. So führte er sich jedenfalls auf. Manchmal wenigstens. Trieb er es zu schlimm, setzte es hier und da einen kräftigen Tritt in den Hintern. Hinterher lagen wir uns dann wieder in den Armen. Wie das eben bei altergrauten Eheleuten so zugeht.

Ich stand da mit der Gitarre und den paar Klampfengriffen aus meiner Pfadfinderzeit. Dafür holte ich mit der Zeit beim Gesang ganz ordentlich auf.

Detlev Flaig kam hinzu, am Schlagbass, tiefschwarzes Haar, mit zu großen Vorderzähnen, Paul McCartney in Chorknabenversion. Reno, der Kleine, sang und hantierte mit der Mundharmonika. Hielt er nicht auch manchmal eine Gitarre in der Hand? Reno, verzeih! Ich weiß es im Augenblick wirklich nicht.

Dann war da noch Arne, der Schlagzeuger. Arne Mosgaardt, von niederländischer Herkunft. Weiß der Teufel, was seine Familie nach Bad Harzburg verschlagen hatte! Arne selbst sehr auf Stone gequält, wie dort der Schlagzeuger mit Brille und wirrem, blondem Haar. Und Arne hatte gleich noch einen anderen Vorteil: seinen Vater.

Vater Mosgaardt besaß in Bad Harzburg nicht nur einen gut gehenden Delikatessladen, sondern hatte auch Beziehungen überallhin, zum Kegelverein, zum Schützenverein, zu Festausschüssen und Vergnügungskomitees. Der brauchte sich nur ans Telefon zu hängen: Hört mal, Jungs, ihr habt doch da nächste Woche in Göttingerode euer Volksfest! Da gibt es hier eine Band, »The Dee«, wirklich gut, die holt euch mal! Mein eigener Sohn, der Arne, den kennt ihr ja, hoch begabter Bursche, klar – der macht da übrigens auch mit...

»The Dee« bekamen ihre ersten kleinen Engagements – und Cola frei.

Das schönste, lustigste Konzert in der damaligen Zeit hatten wir in einem Behindertenheim bei Göttingerode. Jawohl, wir spielten vor Menschen im Rollstuhl, und keinen Augenblick war das irgendwie peinlich oder beklemmend, im Gegenteil. Ein Heimspiel in jeder Hinsicht. Man kannte uns schließlich in Göttingerode, man mochte uns dort. Der Beifall war uns sicher. Manchmal ging es auch schon professioneller zu.

Inga Rumpf, die Rock-Lady, gastierte in der Nähe, und wir durften in ihrem Vorprogramm dabei sein, mit genau einem Song. Neulich traf ich Inga wieder, erinnerte sie daran, und lachend fielen wir uns in die Arme.

Wir nahmen auch an Wettbewerben teil und landeten einmal bei 14 Bands auf Platz elf. Das war Spitze, wir waren nicht die Letzten. Oder wir durften mal, mit vielen anderen Bands aus der Gegend, im riesigen Open-Air-Rund von Langelsheim auftreten, wo sonst nur die wirklich Berühmten zugelassen waren. Kleine »The Dee«-Sternstunden. Sicherlich! Aber am schönsten war es doch, wenn wir einfach so mit anderen Bands zusammenkamen und gemeinsam vor uns hinspielten, ohne Management, Erfolgsdruck und Konkurrenzdenken.

Wir machten Musik. Nur Musik. Unsere Musik. Sie war unsere Welt, eine ganz andere Welt.

Diese angeblich »richtige« Welt mit ihren klein karierten Alltäglichkeiten, mit ihrem ewig gleichen Rhythmus von Aufstehen, Waschen, Malochen, Geld verdienen, um Essen, Miete, Klamotten zu bezahlen, mit ihrem Gesetz, aus allem das Beste zu machen, ohne dass sich daraus etwas wirklich Gutes machen ließ, gab es die überhaupt noch, wenn wir dasaßen, in unsere Gitarren griffen, hinausbrüllten, was uns tief drinnen bewegte?

Nein, diese andere Welt gab es dann nicht. Und wenn wir dorthin zurückkehren mussten, waren wir Outlaws, Parias, klar. Aber das scherte uns nicht. Lieber mal zu einem Joint gegriffen, tief eingesogen, sich seinen Träumen hingegeben.

Einmal sah ich den vergötterten Jimi Hendrix in einem solchen Traum, es war schon mehr eine Vision. Er stand tief unten in einem Gully, die Gitarre in der Hand, und die ganz unvergleichlichen, betörend schönen Hendrix-Klangbilder stiegen in allen Farben schillernd zu uns herauf.

Oben aber am Gullyrand stapften Lackschuhe vorbei. Immer nur Lackschuhe, schön geputzt und korrekt. Das waren die anderen, die kein Ohr, kein Auge für die ganz besondere Hendrix-Herrlichkeit hatten. Arrogant. Ignorant. Die Außenwelt ohne Sinn für Innenwelten.

Der Trip ging zu Ende, die Vision blieb. Bis heute.

Es gab damals zahllose Bands wie »The Dee«. Allein bei uns im Harzer Land ließen sich all die aus den Boden schießenden Trupps kaum noch zählen. »Beatles wie Sand am Meer«, nannte damals der *Stern* eine Titelgeschichte, und viele ließen sich wohl auch vom Gedanken an den Beatles-Welterfolg leiten, samt Rolls-Royce, Queen-Empfang, Empire-Medaille und ungezählten Millionen auf dem Konto. Gute Sachen, warum nicht?

Ich behaupte aber, das war bei den meisten eher sekundär. Für uns ganz sicher. Für uns zählte die Musik. Der Freiraum, den wir uns damit eroberten. Das Miteinander auf der Bühne. Der fest geschmiedete Zusammenhalt einige Stunden lang, wo jeder auf den anderen angewiesen war. Die Family.

Da ist wieder diese Vision, die mich ein Leben lang begleitet. In Ansätzen verwirklichte sie sich schon hier, da wir uns anschickten, unsere gleichermaßen »natürliche« Family so nach und nach hinter uns zu lassen. Wenn uns dabei Leute zuhörten, dafür sogar etwas zahlten und freundlich Beifall klatschten, wenn alles vorüber war – nun ja, das war uns nicht ganz unlieb. Das nahmen wir so mit.

Es hörten tatsächlich viele zu. Sie klatschten Beifall, und das machte uns anfangs noch verlegen. Später waren wir auch stolz darauf: »Habt ihr gesehen? Die drei da ganz hinten? Wie die gejubelt haben...« Mädchen auch noch. Girlies. Nun wurde es ernst. Habe ich schon erwähnt, dass ich von Natur aus schüchtern bin?

Doch, bin ich. Bei Frauen besonders. Und damals, mitten in der Pubertät, erst recht. Obwohl ich nicht mehr ganz so ahnungslos war. Keine verhinderten Doktorspiele mehr, und die »ganz große Liebe« hatte es auch schon gegeben.

Monika.

Die hatte ich bei einer Kinderverschickung auf Sylt kennen gelernt. Lange hatte ich sie danach aus den Augen verloren. In Kiel, bei den Aufnahmen zur *Affäre Semmeling*, sah ich sie wieder. Die in einer Szene mitwirkende Ministerpräsidentin von Schleswig-Holstein, Heide Simonis, hatte es arrangiert. Monika – hübsch wie damals – war inzwischen Pastorin geworden.

Das berühmte »erste Mal« (der Name dieser Auserwählten bleibt natürlich mein Geheimnis) hatte ich nun auch schon hinter mir. In den Ferien beim Zelten mit den Eltern. Ein kalter Abend war es, zu kalt leider: »Durch die Bretter zog der kalte Wind, und nichts lief ganz geschwind...« Doch wir wurden immer besser!

Ein völlig neuer Energiepool wurde mir bewusst.

Auf alten Fotos sehe ich den Heinz von damals wieder. Ein ganz hübscher Bursche eigentlich. Er hätte mehr aus sich machen können, aber eitel war ich nicht, glaube ich.

Störten mich die Locken, schnitt ich sie eben ab. Blühte irgendwo ein Pickel, wurde er rasch ausgedrückt. Das war schon die ganze Schönheitspflege. Auch Kleidung war mir nicht so wichtig, das ist sie mir bis heute nicht, und ich staune nur so über den Markenkult der heutigen Kids.

Damals wären solche Modepuppen als »Halbschwule« ausgelacht worden; das Hemd, die einfachen Jeans taten es auch. Zuvor noch die ledernen Knickerbocker mit den tiefen Taschen und dem praktischen Kniebund. In den Taschen war meist ein Loch, und hatte man mal wieder Birnen geklaut, konnte man sie direkt durch die Hose durchfallen lassen, wo sie der Kniebund auffing und sie niemand finden konnte. Feiner Trick!

Nein, Äußeres spielte wirklich keine Rolle für mich. Hendrik war da schon etwas anders. Ganz schön pingelig mit seiner Frisur, und zu den Bühnenauftritten zog er immer ein besonderes, auffallendes Hemd an, unser Superstar. Mir wäre das so rasch nicht in den Sinn gekommen. Ich blieb der Heinz, der dastand, in die Gitarre griff, zu den Leuten vor der Bühne hinuntergrinste.

Nie waren meine Eltern darunter. Das schmerzte mich tief.

Mochten sie meine Musik nicht? Schämten sie sich am Ende etwa für mich? Oder waren ihnen meine Bühnenauftritte einfach gleichgültig? Ich weiß es nicht. Weiß nur, dass ich sehnlichst auf die Stunde hoffte, wo sie ihren Heinz auf der Bühne endlich mal sehen konnten.

Das war dann erst in Berlin am GRIPS-Theater der Fall. Ich spielte meine erste Hauptrolle im Stück *Mensch, Mädchen*, »und zur Premiere«, so hatte ich nach Harlingerode geschrieben, »müsst ihr unbedingt kommen«.

Die Mamutschka! Der Papa! Sie kamen wirklich. Die Aufführung rückte näher. Nie habe ich besonders unter Lampenfieber gelitten. Aber diesmal schlotterte ich am ganzen Leib.

Ein Blick durch den Vorhang. Dort waren die beiden reservierten Plätze. Leer. Verdammt noch mal, wo blieben sie nur? Die Vorstellung ging los. Ich hatte meinen Auftritt, setzte zum Sprung über einen meterhohen Zaun an. Eine Glanzleistung. Wer sie nicht bewundern konnte, waren meine beiden Altvorderen aus Harlingerode. »Wo sind denn deine Eltern?«, flüsterte mir meine liebe GRIPS-Kollegin Erika Strotzki zu.

Im Haxenhaus gleich nebenan. Der große Hunger hatte sie gepackt. Seelenruhig verzehrten beide je eine Riesenkalbshaxe. Da weiß man doch, was man hat. Danach kann man immer noch hinüber zum Sohn in die Vorstellung gehen.

»Deine Eltern sind jetzt da!«, zischte Erika. Ich fing mich, spielte nun wie ein junger Gott. Und meine kleine Rache hatte ich auch. In der Szene nämlich, in der mir mein Bühnenvater Dietrich Lehmann eine schallern musste, kräftig und sehr ungerecht. Ich hatte Dietrich Lehmann dazu schon in den Proben animiert, sich dafür wie mein richtiger Vater zu kostümieren, im hellblauen Hemd mit kurzen Ärmeln und dem typischen Hut auf dem Kopf. Da konnte der Papa dort unten mal sehen, wie gemein manche Väter zu ihren Söhnen sind. Oder am Ende ihrer Nerven. Entschuldigung!

Hinterher – das kam am GRIPS zuweilen vor – gab es Blumen für die Darsteller. Die meinen habe ich gleich an meine Mutter weitergereicht. Und dann geschaut, dass ich sehr schnell in meine Garderobe kam. Weil ich sonst losgeheult hätte. Vor Erleichterung. Vor Rührung. Und weil nun endlich die Eltern ihren Prinzen im vollen Bühnenglanz gesehen hatten.

Ich will in diesem Zusammenhang unbedingt noch etwas erwähnen: Ich weine. Warum nicht? Warum die Entspannung sich nicht entladen lassen, die sich in einem aufgestaut hat, im Bauch, im Brustkorb oder sonst wo? Warum das Gefühl nicht aus sich herausströmen lassen, bevor es einen erstickt?

Ein Junge weint nicht. Ein Mann ist immer cool. Quatsch. Weint ruhig, Leute! Schreit, wenn euch danach zumute ist! Alles besser als dieses ewig verbiesterte Schweigen, von dem man nur Magengeschwüre bekommt.

Tränen sind ein Ventil der Seele. Auch Musik kann eines sein. Unsere ganz sicher. Und das ließen wir uns von keinem nehmen. Auch nicht vom Gedanken an den breiten Erfolg, der alle spontane Freude und jede echte, unbekümmerte Kreativität so gründlich korrumpieren kann.

Manchmal verirrten sich wirklich berühmte Gruppen ins Harzer Land. Die Lords oder The Who. Dann saßen wir da, hörten, staunten, guckten uns manches von ihnen ab. Aber beneidet haben wir sie nicht. Die machten ihr Ding, wir das unsere. Auch wenn wir gerade noch beim Cola-Ball in Göttingerode auftreten durften, für 1,50 Mark Eintritt pro Person.

Gewiss hätten wir nichts dagegen gehabt, wenn uns jemand wie der Beatles-Agent Brian Epstein entdeckt und unter Millionenvertrag genommen hätte. Oder wenn wir wenigstens mal eine Schallplatte hätten aufnehmen können.

Erst 35 Jahre später war es so weit.

Das von damals liegt so weit zurück. Unendlich weit. Vergangen die Sechziger, vergessen »The Dee«, das Beatles-Jahrzehnt längst ein Kapitel Geschichte, und die Kids fragen die Großväter: »Ach, die Stones hast du noch erlebt? So richtig live und jung? Und die Beatles? Die auch noch?«

Ja, wir sind nun wieder im Jahr 2001.

Ich stecke bis zum Hals in den Dreharbeiten zum jüngsten Film von Dieter Wedel, der *Affäre Semmeling*. Und mitten drin ein Angebot. Ob ich wohl eine CD mit Songtiteln aufnehmen würde? Mafia-Songs, von Donna Leon gesammelt und ins Deutsche übertragen. *Familienbande* solle das heißen. Nicht schlecht. Schön doppelbödig. »Im Wort ›Familienbande‹ steckt ein gewisser Hintersinn«, hatte der Wiener Satiriker Karl Kraus mal gehöhnt.

Das alles fand ich ganz interessant. Aber bald schon etwas anderes noch interessanter. Das setzte ich dem Produzenten, als wir in Hamburg zum ersten Mal zusammensaßen, auseinander. Die Mafia-Familiengeschichten der Krimi-Dame Leon in allen Ehren – aber warum nicht eigene Lieder zum Thema Familie schreiben, dazu Geschichten aus der eigenen Sippe nehmen? Davon gab es genug, und die CD würde gleich auch ein Stück gesungene Hoenig-Autobiografie sein. Voller Zwischentöne, wie sie das gesprochene Wort nie transportieren könnte.

Wir fanden tolle Texter. Sonny Henning, Ulla Meinecke, Luci van Org. Sie verfassten die Liedtexte nach meinen

Erzählungen, und ich drehte *Die Affäre Semmeling* ab. Danach war ich ziemlich fertig. Wollte unbedingt bei meiner Familie in Luzern sein.

Kein Problem!

In einem Luzerner Hotel wurden zwei Zimmer gemietet. Das war unser Studio, mit allen Schikanen. Dort sitze ich nun. Ich singe. Ich singe von mir selbst, singe das heraus, was an Geschichten und Erinnerungen und Sehnsüchten und Ängsten in mir steckt. Das ist das Entscheidende.

Ein irrsinnig mächtiges, wie wahnsinniges Gefühl.

Auf der Bühne hat es mich oft befallen. Besonders bei den GRIPS-Aufführungen. Manchmal auch, doch nicht allzu oft, vor der Kamera. Und immer wieder in der Musik. Wie jetzt wieder, wenn ich »Vorhang auf« singe oder »Frost« oder »Es gibt nur dieses eine Mal« oder vom Freund Hendrik am Lagerfeuer und von den Kindheitserinnerungen: Fass mein Kaninchen nicht...

Stopp! Moment bitte!

Stephan Fischer, unser Produzent, hat mich unterbrochen: »Bist raus aus dem Stil, Heinz! Bist zu bluesig, zu rockig geworden! Dies sind Balladen, Chansons! Die brauchen Strenge, balladeske Einfachheit. Also nimm dich zurück, Alter!«

»Hast ja Recht! Danke, Stephan Fischer!«

Dennoch. Die nächste CD kommt bestimmt. Und sie wird anders werden. Dort singe ich dann wieder Rock und Blues. Wie damals bei »The Dee«. Und ich kenne auch schon die Gefühle, die mich dann befallen werden. Die Bilder, die ich vor mir sehe.

Bilder wie damals in den Sechzigern. Tempi passati, na ja...

Zu Hause, nicht weit von hier, in diesen Sommertagen 2001, als *Familienbande* entstand, packte Simone schon die Koffer. Mein nächster großer Aufbruch war fällig – wie immer, wenn in mir die Sehnsucht nach neuen Horizonten übermächtig wird.

Dieses Mal geht es von der Schweiz nach Mallorca. Damals, in den Sechzigern, war es von Harlingerode nach Berlin gegangen.

Das war eine Zeit, als manchmal Bands aus Berlin ins Harzer Vorland angereist kamen. Immer in tiefschwarz lackierten VW-Kleinbussen. Tiefschwarz auch das Lederzeug der mitreisenden Ladys mit ihren hennarot gefärbten Strähnen im sonst pechschwarzen Haar.

Dann aber kam der Tag, da ich selbst in solch einem schwarzen Kleinbus saß. Richtung Berlin, mein Traumziel. Obwohl ich doch immer nach Australien gewollt hatte.

Australien war weit, Berlin nah. Und doch so fern wie Australien. Macht nichts. Erst mal nur fort von allem hier! Die Zeit war vorüber. Ein Abschied musste sein. Endlich.

Es war der 2. Juni 1967.

# Teil 2

»Ich wusste, ich war zu was gut.
Wozu?
Das musste ich herausfinden.«

## Glitzerding und Asphaltdschungel

Der 2. Juni 1967. Ein heller, heißer Sommertag. Und nirgends war er heißer als in West-Berlin.

An diesem Tag gab das iranische Herrscherpaar, Schah Mohammed Resa und seine Schahbanu, Soraya-Nachfolgerin Farah Diba, dem Westteil der Stadt die Ehre. Und während die Yellow Press noch rätselte: »Will Farah endlich Sorayas Heimat kennen lernen?«, stellten sich andere ganz andere Fragen. Zum Beispiel, wie der Schah es mit der Unterdrückung seines Volkes, mit der Folter von politischen Gegnern hielt oder wie es um die Korruption in seinem Land stand.

Die glamouröse Staatsvisite wurde zum Desaster. Vor der Deutschen Oper hatte sich eine schreiende, tobende Menge zusammengefunden. Jubel. Protest. Die Gruppe der Jubelnden, sorgsam vorher ausgewählt, schlug bald mit Dachlatten auf die Protestierenden ein.

Dann fielen Schüsse. Ein Polizist hatte offenbar die Nerven verloren und auf einen Studenten geschossen. Benno Ohnesorg starb. Und die neue deutsche Linke hatte ihren Märtyrer wie einige Jahre zuvor die Rechte in dem an der Mauer verbluteten Peter Fechter.

An diesem Tag starb auch ein Mythos. Der Mythos von der freien Frontstadt West-Berlin, unteilbar zusammengeschweißt in der Abwehr der kommunistischen Bedrohung. Einer Stadt, in der Bürgermeister Ernst Reuter in Blockadetagen sein »Völker der Welt! Schaut auf diese

Stadt!« gerufen hatte. Der Mythos jener Stadt, in der nur wenige Jahre zuvor John F. Kennedy effektvoll bekannt hatte: »Ich bin ein Berliner!« Das alles schien nun plötzlich null und nichtig zu sein. West-Berlin, gepäppeltes Schaufenster der freien Welt, würde nie mehr sein, was es mal gewesen war.

An ebendiesem Tag stieg aus einem schwarzlackierten VW-Bus ein gewisser Heinz Hoenig und sah sich aus hellen blauen Augen um: Das also ist Berlin, aha! Und strebte dann, zwei Koffer in der Hand, zielsicher der Kneipe »Hertha« in der Schlüterstraße zu, seiner ersten Anlaufstelle.

Bei »Hertha« regierte Hertha, eine Frau von resoluter Herzlichkeit, die so leidenschaftlich Würfel spielte wie meine Mutter Rommé und wie Mutter auch meist gewann. Mit ihren beiden Söhnen waren die befreundet, die mich mit nach Berlin genommen hatten. Bei einem von ihnen, Niko, konnte ich das erste Dreivierteljahr wohnen. »Hertha« wurde so etwas wie der Mittelpunkt meines neuen Daseins, der feste Halt in der kleinen Sturmflut, in die ich nach meiner Abkehr vom vertrauten Harlingerode eingetaucht war.

Tiefes Durchatmen. Ich war nun in Berlin. Großstadt. Weltstadt. Glitzerding und Asphaltdschungel. Alles in einem, alles zugleich. Dort musste sich der Junge aus niedersächsischer Provinz nun behaupten.

Nee, es war da kein ahnungsloser Kleinstadtjunge eingetroffen. So war es nun auch wieder nicht. Komplexe dieser Art waren mir völlig fremd. War ich nicht so was wie der King vom Vorharz? Hatte ich auf meinen Tramptouren nicht schon halb Europa kennen gelernt, bis hin nach Griechenland? Und etliche Male war ich schon in Hamburg gewesen, hatte die erste »richtige« Großstadt gesehen, Beginn meiner bis heute andauernden Liebe zu dieser wunderschönen Stadt.

Und doch war West-Berlin noch etwas ganz anderes. Die immer neue Herausforderung. Der permanente Kontrast.

Hier grell gleißend, dort stockfinster. Mal überherzlich, mal kalt und aggressiv. Immer extrem. Polarisierend. Wer drüben im Westen vielleicht ein konservativer Liberaler gewesen wäre, stand hier streng rechts, und eigentlich diskussionsfreudige, kompromissbereite Linke mutierten zu Steine werfenden Radikalinskis, die oft schon so weit links standen, dass sie rechts wieder herauskamen. Die Mitte schien abgeschafft. In allen Bereichen.

Noch interessierte ich mich kaum fürs Theater. Als aber später meine Neugier wach wurde, begriff ich bald: Hier konnte nur radikal oder gar nicht Theater gespielt werden. Lau galt nicht. Dort blieben die Häuser leer. Dies mussten zur Zeit meiner Ankunft die Staatstheater gerade schmerzhaft erfahren. Man musste schreien, um gehört zu werden.

Ich kann mich an eine Aufführung erinnern – im Forum war das, glaube ich –, da wurde schon im Foyer ausgiebig von einem Paar gevögelt und auf der Bühne die volle erste Stunde nur dagesessen und gefressen. Widerwärtig, schockierend. Aber auch spannend, prickelnd. Das Publikum sah hin. Es schimpfte, protestierte, aber es war da.

Merkwürdiges Mixtum Berlin.

Ich ging lange Straßenzüge hinunter. Alles tot, verlassen, leer. Dann bog man nur kurz um die Ecke, und alles war plötzlich hell, hektisch, sprudelte über vor fast hysterischer Aktivität. Nirgendwo wurde so verbohrt gedacht wie dort, nirgends so frech und frei diskutiert. Nirgends war man so großzügig, nirgends so kleinkariert. Das alles, jawohl, war Berlin.

Die Weltstadt. Trotz Mauer und Teilung die einzige deutsche Stadt, die immer noch diesen Anspruch erheben konnte. Kleine Hölle, kleiner Himmel. Und irgendwo dazwischen lag »mein« Berlin.

Ein europäisches Las Vegas. So kam es mir immer vor. In allen Farben schillernd. Von Wüste umgeben. Aber nie fühlte ich mich dort eingesperrt, wurde nie vom Mauerkoller gepackt wie andere. Und hatte auch keine Sehnsucht nach dem Land dort hinter der Wüste, wo meine Eltern gerade noch mitbekommen hatten, wohin ihr Heinz so plötzlich entschwunden war.

Auch dort war ich schon ziemlich frei gewesen. Aber die Freiheit hier hatte ihren besonderen Geschmack. Ich musste sie organisieren lernen, und das lernte ich rasch.

Bald fand ich mich auf dem Ku'damm wieder, nachdem ich meinen ersten Job als Hochdruckschweißer gleich wieder hingeschmissen hatte. 8,50 Mark die Stunde, ein guter Lohn. Aber für so was war ich nun wirklich nicht nach Berlin gekommen. Auf dem Ku'damm war es lustiger.

Das war damals der Bazar von Berlin. Alle paar Meter hockte jemand und bot auf einer hastig ausgebreiteten Decke etwas feil. So auch der zu mir gekommene Hendrik und ich. Wir versuchten uns in selbst gemachtem Silberschmuck, den wir aus billig eingekauften Messern und Gabeln zurechtgebogen hatten. Recht apart, ich brauchte mich meiner Silberschmiedekünste wirklich nicht zu schämen. Und wir machten gar kein so schlechtes Geld damit.

Dann wieder schwebte ich, Einstecheisen an den Füßen, Klettermaxe gleich, hoch oben in irgendwelchen Bäumen zwischen den Häusern und stutzte die Wipfel mit einer Kettensäge. Ein hoch bezahlter, aber auch gefährlicher Job. Einmal kam ich ins Rutschen und sauste in rasender Fahrt den Stamm einer Riesenkiefer hinunter.

Ich wollte was tun. Ich wollte mich erforschen. In all meinen Möglichkeiten. Dafür war ich hier.

Ich habe gekellnert, bei Hertha und in der »Kleinen Weltlaterne«, dem damals sehr bekannten Schöneberger In-Lokal. Ich half in der Küche der Schaubühne aus. Toast Hawaii war meine Spezialität.

Dort hantierte auch die dicke Hanna, eine Frau von beträchtlichen Formen und ebensolcher Gutmütigkeit. Sie war ein Star unter den Aktmodellen an der Akademie der Künste, und dorthin schleppte sie auch mich eines Tages.

Schon stand ich ziemlich splitternackt da, gerade noch einen knappen Lendenschurz vor dem Allernötigsten, und mimte vor einer Schar eifrig zeichnender oder modellierender Studenten den Adonis. Ohne falsche Scham, mein Body kann sich sehen lassen, auch heute noch. Man muss sich nur netterweise etwas oberes Muskelfett wegdenken. Damals war er glatt zum Küssen, und 80 Mark pro Tag gab es dafür. Die legte ich in Bongo-Trommeln an, die mir prompt geklaut wurden.

Was aber, frage ich mich, wollte, was erwartete dieser Heinz vom Leben? Doch wohl kaum, auf ewig Silberhändler, Klettermaxe oder Aktmodell zu sein. Wem, verdammt, galt die Suche, auf der er sich mit der ganzen unverbrauchten, neugierigen Vitalität seiner kaum 20 Jahre befand?

Er suchte die Family. Auch jetzt habe ich kein anderes Wort dafür. Er sehnte sich nach der Geborgenheit in einer

Gemeinschaft, mit deren Zielsetzung er sich identifizieren konnte. Er wusste nicht, wo er sie einmal finden würde. Er ahnte nur – hier half ihm sein ganz unverbrauchter Instinkt –, wo er sie gewiss nicht fand.

Sicher nicht in einer der politisch-ideologischen Gruppierungen dieses gärend aufbegehrenden Berlin. Nicht in der linken Szene, so kumpelig-einvernehmend, wie sie sich auch gab. Mein Blick blieb klar.

Ich sah manche Typen nach irgendwelchen Demos bei »Hertha« hocken. Sie wischten sich den Bierschaum aus den Bärten, waren aufgegeilt, wollten nur vögeln, möglichst rasch. Und je kräftiger sie eben von den Bullen eins auf die Schnauze bekommen hatten, desto geiler waren sie. Die Demo hatte ihnen gleich noch mal einen kräftigen Hormonschub beschert. Am Ende hatten sie nur deshalb demonstriert und ihr Herz für die Erniedrigten und Beleidigten entdeckt.

Kein Einwand dagegen. Sex ist schön.

Sorry, aber mit dem hier konnte ich nichts anfangen. Auch nicht mit den Streitereien unter den einzelnen roten Fraktionen, von denen jede noch etwas röter war als die andere. »Seid ihr bekloppt oder was?«, hätte ich manchmal schreien können. »Pimpert meinetwegen um die Wette, aber tut nicht dauernd so, als könntet ihr mit eurem Geschrei die Welt verbessern!« Das war doch unmöglich damals, so etwas den verbiesterten Linkstypen dort klar zu machen.

Sie versuchten, mich zu sich rüberzuziehen.

»Hier ist meine Partei. Auf der Bühne«, sagte ich öfter, nachdem ich beim GRIPS-Kindertheater angefangen hatte, »hier kann ich mir meine Bomben basteln. Die töten nicht, die zerstören nicht. Mit denen kann man etwas aufbauen.« Achselzucken rundum. Mitleidiges Lächeln. Der Kleine dort hatte ja von den wahren gesellschaftlichen Notwendigkeiten keinen blassen Schimmer. Und raus ging es zur nächsten Demo.

Dort also fand ich keine Partner. Nicht solche, bei denen ich mich geistig zu Hause fühlen konnte. Bei Frauen schon eher.

Uta. Sie war um die zehn Jahre älter als ich und nicht so doof wie viele der Asphaltgänschen, die sonst so meine Wege kreuzten. Mit Uta ging ich nicht nur ins Bett. Ebenso schön war es, mit ihr über alles zu sprechen, was mir damals so durch den Kopf schwirrte.

Ein Mensch, der reden, zuhören konnte. Der echte Partner. Darauf kam es mir an.

Nicht nur damals. Eigentlich immer.

Nichts gegen Sex und Flirt und heiße Nächte. Der »tolle Hecht« war aber nie mein Ideal.

Sie waren kein Paradies, diese Jahre. In mancher Stunde, nachts, wenn alles still war, packte mich auch mal die schiere Verzweiflung: warum nicht sein wie andere, seine Wohnung haben, sein Auskommen? Wäre doch auch ganz nett! Aber solche Gedanken verflogen, bevor sie sich auf Dauer bei mir hätten einnisten können.

Nie zweifelte ich ernsthaft an mir selbst. Nie wäre ich auf die Idee gekommen, auch nicht mit leerem Magen und gerade noch 2,50 Mark in der Tasche, zurück zu Papi und Mami zu wollen: Jetzt reicht es! Ich will heim!

Nee! Das Leben war so, wie es war. Man selbst war so, wie man war. Schließlich nicht doof. Ganz geschickt im Umgang mit Problemen. Die würden sich schon lösen lassen. Ich blieb der Optimist – und einer, der mit sich einverstanden war.

Ich hatte meine inneren Kämpfe, das schon. Aber nie war ich gegen mich. Recht einsam, möglich. Ein Suchender, Beobachtender. Und einer, der neue tiefe Lebenskraft schöpfte, wenn er am Morgen über diesem bizarren, schrecklichen, herrlichen Berlin die Sonne aufgehen sah. So hell, so strahlend wie drüben in der Harzer Heimat.

Verrücktes Berlin! Verrückte Typen, die ich dort traf!

Man hielt sich nicht lange mit Herkunft und Namen auf, wollte gar nicht so genau wissen, woher der andere kam. Man war der Max, der Heinz, das reichte. Man warf sich ein paar Blicke zu: Sollte man nicht mal…? Man sollte. Schon war man eine Gang.

Bei einbrechender Dämmerung trafen wir uns außerhalb von Berlin. Bei der Laubensiedlung gleich neben der S-Bahn mit dem einen oder anderen kleinen Laden dazwischen. Aber erst musste es noch richtig dunkel werden.

Wir hockten da. Warteten. Lauerten. Die Knie hochgezogen, den Atem angehalten. Wie Tiere, jawohl. Wie Raubtiere im Dschungel. Gleich würden wir aufbrechen, losschlagen. Aber erst mal hieß es noch warten. Und ich spürte mein Herz irgendwo hoch oben in der Kehle schlagen.

Das hier war Leben, Abenteuer, Gefahr und viel Dummheit dazu. Leise an die Hinterwand des Häuschens angeschlichen, die Tür geknackt. Einmal wären wir fast erwischt worden. Plötzlich Schritte, sie kamen näher. Wachleute. Wir hetzten davon, sie hinterher, sie mussten uns gesehen haben: »Halt! Stehen bleiben!« Denkste, ihr Lieben!

Plötzlich vor mir ein Zaun. Großlöcheriger Maschendraht, wohl fünf Meter hoch. Ich den Zaun katzenhaft hoch, im Film *West Side Story* gibt es eine solche Szene.

Und so geschmeidig wie dort die trainierten Tänzer rollte ich mich auf der Spitze ab, war unten und im Dunkeln verschwunden. Etliche Schüsse bellten noch in der Ferne. Keiner traf. Vermutlich Platzpatronen. Ich war davongekommen.

Ein anderes Mal kam ich nicht ganz so glatt davon.

Das war zur Zeit meiner Arbeit mit Junkies im »Release«-Zentrum, und ich hatte mir was ganz Tolles ausgedacht. Meine Schützlinge sollten ein ganz tolles Festmahl genießen dürfen. Ich selbst wollte es zubereiten. Hauptgang: Putenkeule mit allen Schikanen.

Putenkeulen gibt es beim Kaufmann. Also marschierte ich zum nächsten Supermarkt, packte sorgsam ein halbes Dutzend ein, bewegte mich schwingenden Schritts und gewinnenden Lächelns zum Ausgang. Dort stand ein freundlich lächelnder Herr im weißen Kittel.

»Na, wo wollen wir denn hin?«

»Wohin Sie wollen, weiß ich nicht. Ich will jedenfalls hinaus.«

»Und haben wir das da in Ihrer Tasche auch bezahlt?«
»Sie bestimmt. Ich nicht.«

An der Kasse herrschte gerade fürchterliches Gedränge. Da wäre es einfach rücksichtslos gewesen, den geplagten Mädels dort noch weitere Arbeit aufzuhalsen. Vielleicht, hoffte ich, sah es der Mann im weißen Kittel ebenso. Immerhin lächelte er freundlich.

»Dann wollen wir mal etwas warten. Die Polizei ist schon benachrichtigt. Sie wird gleich hier sein. Setzen wir uns doch so lange hinten ins Büro!«

Weitere »Weißkittel« umringten uns. Blickten gar nicht so böse. Eher neugierig. Wie Zuschauer, die im Theater auf das Öffnen des Vorhangs warten. Und ich

97

halte es gar nicht mal für völlig ausgeschlossen, dass in diesem Augenblick der Schauspieler Hoenig geboren wurde.

Mein Blick weitete sich. Blankes Entsetzen glomm dort auf. Nicht über mich selbst und mein verwerfliches Tun. Nein! Mein Entsetzen galt einzig der Gnadenlosigkeit der anderen. Und schon gab mir mein Gefühl den genau richtigen Text ein.

»Das, meine Herren, wollen Sie wirklich tun? Mich wegen ein paar Putenkeulen den Bullen ausliefern? Ja, wissen Sie denn nicht, was die mit mir machen werden? Ins Gefängnis werfen die mich, zu Räubern, Mördern, Kinderschändern...«

Ich machte eine Pause, sah erste kleine Betroffenheit in den Gesichtern der anderen. Und schon fuhr ich fort:

»Wissen Sie, wie mancher Unbescholtene aus dem Gefängnis herauskommt, in das er gesteckt wurde? Nun erst richtig kriminell geworden, jawohl. Sie wissen doch wohl, wie anfällig für so was junge, noch ungefestigte Menschen sind...«

Ich dämpfte die Stimme:

»Hat von Ihnen noch keiner in seinem Leben gestohlen? Irgendetwas? Jeder, nicht wahr, wird doch irgendwann zum Dieb?!«

Die Unruhe bei den anderen nahm zu. Scheue Blicke, nervöses Getuschel. Das gab mir gewaltigen Auftrieb.

Dem Tremolo schickte ich die Fanfare hinterher: »Das alles kann doch nicht Ihr Ernst sein! Das glaube ich Ihnen einfach nicht. Ein junges Menschenleben vernichten zu wollen, nur weil er ein paar Freunden ein Festmahl bereiten wollte.«

Die allgemeine Verlegenheit wuchs. Ich merkte, ich

hatte gewonnen. Und blieb deshalb ruhig-überlegen, als nun der Abteilungsleiter mit kleinem Räuspern einsetzte: »Ja, hmm, was machen wir denn da? Ich meine, die Bullen, äh, die Herren von der Polizei sind nun mal benachrichtigt. Die können wir doch nicht, ich meine, die kann man nicht wieder abbestellen, einfach so...«

Für Knffliges hat ein Hoenig immer einen sechsten Sinn. Also servierte ich auch jetzt die einzig mögliche Lösung: »Lassen Sie die Polizisten ruhig herein! Durch den Vordereingang. Und mich lassen Sie einfach hinaus! Durch die Hintertür...«

So geschah es. Der Fall war gegessen. Und danach auch die Putenkeulen. Sie haben uns allen fabelhaft geschmeckt.

Deswegen schon kriminell? Nie im Leben hätte ich einer alten Dame die Handtasche weggerissen oder einem armen Teufel, der selbst kaum etwas hatte, das Wenige noch weggenommen. Da gab es für mich ganz klare Grenzen.

Ich blättere in der heutigen Zeitung. Sie ist voll von allen möglichen Verbrechen. Die Kriminalität scheint die eigentliche, die wahre Weltmacht geworden zu sein. Und ich frage mich unwillkürlich, ob ich damals auf diesem brodelnden Pflaster Berlin je Gefahr gelaufen bin, selbst in die Kriminalität abzurutschen.

Unterweltler Hoenig, war das mal eine Möglichkeit?

Ich glaube nicht. Ebenso wie ich nie ernsthaft »süchtig« hätte werden können und nie ein Junkie war.

Alles, was ich damals unternahm, auch die nach bürgerlichem Maßstab nicht ganz korrekten Dinge, waren Experiment, Erfahrung, Selbsterprobung auf einem ganz bestimmten Weg. Der Weg hatte ein Ziel. Noch kannte ich es nicht. Aber ich wusste mit schlafwandlerischer Sicherheit, dass ich für irgendwas gut war. Gut sein musste.

Nur: gut wofür?

Das würde ich herausfinden. Und es zog mich hin zu Menschen, die noch etwas anderes waren als die Kumpane, die ich auf dem Ku'damm traf. Mit denen ließ sich mal irgendwo einbrechen, na schön. Das war es dann aber auch schon.

Von echten Gefährten erwartete ich anderes. Mehr. Kreativität. Fantasie.

Ich sollte sie finden. Bei »Hertha«. Wo sonst?

## Kunst ist wichtig, ach Quatsch

»Hertha« mit Hertha mittendrin, tröstend, wärmend, knubbelnd, blieb meine Berliner Anlaufstelle, und hier war es auch, wo sich mit der Zeit recht merkwürdige Typen unter die üblichen Gäste mischten: Schauspieler.

Neugierig linste ich zu ihnen hinüber: So sahen Leute aus, die hier saßen wie alle anderen, abends aber auf irgendeiner Bühne von sich behaupteten, jemand ganz anderer zu sein, ein König, ein Räuber, ein...

Alles sehr seltsam.

Dort also hockten sie, aßen Bock- und Currywurst, tranken Bier, und eigentlich war an ihrem Gehabe nichts Besonderes. Keine Schlapphüte, keine bodenlangen Schals. Allenfalls einer fiel auf. Michael König hieß der, und sein Haar war ganz lang, seine Lederjacke knallrot. Aber sonst?

Ich wusste nichts von diesen Leuten. Ich ließ mir sagen, sie alle gehörten zu einem gerade gegründeten Theater, das sich Schaubühne am Halleschen Ufer nannte. Ein gewisser Peter Stein war dort Regisseur, und ich zuckte nur die Achseln. Na und?

Hätte ich die Feuilletons der Zeitung gelesen oder gar das Fachblatt *Theater heute*, wäre ich natürlich besser informiert gewesen. Hätte gewusst, dass sich das deutsche Theater schon eine Weile in der Krise befand.

Alte Theaterfürsten wie Gustaf Gründgens und andere traten ab oder waren unübersehbar müde geworden. Eine neue Generation wollte neue Wege gehen.

Nein, nicht einfach gehen, sie wollte voranstürmen, alles Alte beiseite schieben, am liebsten in Stücke schlagen, eine Art Kulturrevolution veranstalten wie zur gleichen Zeit in China Maos Rote Garden. Es war Teil der allgemeinen Unruhe in den späten Sechzigern.

Die nach dem Krieg allzu hastig restaurierten Strukturen schienen nicht mehr in die neue Zeit zu passen. Weder in der Politik noch auf dem Theater, noch sonstwo. Der Kampf wütete, und auf beiden Seiten – bei den Traditionalisten wie bei den Erneuerern – gab es viel Wirrnis und Verletzungen. So an den Münchner Kammerspielen, wo jener Peter Stein nach der Aufführung eines Stücks von Peter Weiss über den Vietnamkrieg eine Sammlung für den Vietcong hatte veranstalten wollen. Kammerspiel-Intendant August Everding, einer von der konservativen Sorte, warf Stein mitsamt seinen Leuten kurzerhand raus.

Sie zogen weiter nach Bremen, wo sie auf den anderen großen Theater-Erneuerer dieser Zeit trafen, den um eine Generation älteren, aus der Emigration zurückgekehrten Peter Zadek. Ausgerechnet in der biederen Hansestadt wurde eine Weile das aufregendste Theater der Bundesrepublik gemacht. Zadek inszenierte schrill und schräg Klassiker und Musicals, Peter Stein einen *Tasso*, in dem zum Entsetzen aller Goetheaner eine Büste des Dichterfürsten nicht auf dem Sockel, sondern auf dem Boden stand.

Skandal! Skandal!

Zadek ging dann nach Bochum. Peter Stein kam mit seiner Truppe nach Berlin. Er war genau der Richtige für diese Stadt. Man sehnte sich dort wie ausgehungert nach diesem neuen, spannenden Theater der jungen Leute.

Von alldem, wie gesagt, hatte ich damals noch keinen

blassen Schimmer. Doch diese Leute, auf den ersten Blick so unscheinbar, faszinierten mich sofort. Auch ohne alle protzende Wichtigtuerei ging von ihnen ein kreativer Ernst aus. Diese Leute trugen Erfahrungen in sich, wie man sie wohl nur auf der Bühne macht.

Sie hatten Geheimnisse. Waren »ver-rückt« im allerbesten Sinn. Das hat mich immer schon wie magisch angezogen. Nicht nur an Schauspielern. An jedem kreativen Typ. An Malern, Bildhauern, Musikern. Sicher bin ich auch »ver-rückt«. Und bin es gern.

Ich muss wohl kurz erklären, was ich unter diesem »Verrücktsein« verstehe. Natürlich nicht, dass einer eine Klatsche hat. Nur ist es doch so, dass normalerweise jeder den Weg voran-»rückt«, der ihm von anderen vorgezeichnet ist. Er hat das und das zu tun, muss sich so oder so verhalten, muss dies oder das bewältigen. Die anderen bringen es ihm schon bei.

Aber dann gibt es welche, die sich eben nicht so einfach die Straße hinauf-»rücken« lassen. Die gehen den eigenen Weg oder bleiben auch mal am Wegrand stehen. Sie »ver-rücken« den normalen Pfad. Und strahlen dann ihren ganz eigenen Magnetismus aus.

Die Leute in Herthas Kneipe, mochten sie dasitzen wie andere, ihr Bierchen trinken, Witze erzählen, ein bisschen prahlen, etwas fachsimpeln, hatten genau diese Art von Magnetismus. Sie mussten dazu nichts tun, er war einfach da. Das zog mich an. Unwiderstehlich.

Ich habe mich ihnen nicht aufgedrängt. Nein, Arschkriecherei war nie meine Art. Aber sie spürten wohl meine echte Bewunderung für sie, und auf einmal gehörte ich dazu. Ohne gönnerhaftes Schulterklopfen. Es war einfach so. Und mich packte eine dumpfe Ahnung: Sollte am

Ende dies hier meine Family sein? Aber so weit war es noch lange nicht.

Ein weiterer Gast stellte sich ein. Schlank, groß. Mit fast asiatisch geformten Lidern über den schmalen Augen. Ein Herr. Ein Samurai. Heinrich Giskes hieß er, auch er war Schauspieler an der Schaubühne. Und passionierter Hundefreund.

Ma und Ben waren seine Lieblinge, ein in heißer Leidenschaft miteinander verbundenes Paar. Ich war mit beiden rasch ein Herz und eine Seele. Und Giskes wandte sich mir mit höflichem Lächeln zu: »Willst du nicht mal auf sie aufpassen, wenn ich Vorstellung habe?« Und ob ich das wollte. Schon war ich leidlich besoldeter Hundewärter im Haus Giskes. Und da es praktisch war, habe ich bei Giskes öfter über längere Zeitspannen hinweg gewohnt.

Er hatte in der Cottbusser Straße eine Altbauwohnung im Parterre. Heute erkennt man die Gegend dort nicht wieder. Alles ist abgerissen worden, und ziemlich scheußliche Neubauten sind entstanden. Aber damals war noch alles schön gestrig verwittert.

Ich stand in Giskes' Riesenwohnung – und staunte: Die Räume waren so gut wie leer. Allmählich begriff ich: Kulissen gehören auf die Bühne. Hier in seiner privaten Zone braucht der Schauspieler viel Freiraum für seine Fantasie. Ich atmete tief. Spürte deutlich, hier war ich in eine ziemlich andere Welt geraten.

Giskes las leidenschaftlich gern vor und brauchte wie jeder Vorleser sein atemlos lauschendes Publikum. Das war ich. Wir hockten uns auf den Boden, Giskes las. *Geschichten aus 1001 Nacht.* Keine Scheherazade hätte das besser gekonnt. Und der halbdunkle Raum füllte sich mit

Gestalten und Bildern, während Giskes' ebenso weiche wie metallisch harte Stimme im Halbdunkel erklang: sanft geschwungene Sanddünen bis zum Horizont, wippende Palmwipfel im Mondlicht, irgendwo hinter Schleiern verborgen eine mandeläugige Prinzessin, und Aladin stellte sich ein, der mit der Wunderlampe, und Sindbad der Seefahrer und...

Bunte Märchenwelt des Orients.

Ich muss ein wenig lächeln, wenn ich daran zurückdenke. Hier der harte Heinz, der gelegentlich seinen kleinen Bruch machte oder als Klettermaxe in den Bäumen hing. Und dort der wieder zum Kind gewordene kaum 20-Jährige, der mit heißen Wangen einem Märchenerzähler lauscht.

Aber das war kein Widerspruch. Ich war empfänglich für so etwas. Empfänglich auch für die esoterischen Kreise, in die mich Giskes einführte. Dort saß man dann in der Runde, löffelte selbst gemachtes Müsli, lernte zu atmen, sich ganz auf sich zu konzentrieren, in sein Inneres zu horchen, einfach zu schweigen. Da sein.

Ich nahm das alles sehr ernst. Das war auch die Zeit, als ich selbst Gedichte schrieb. Gar nicht so üble Gedichte. Das stellte ich viel später fest, als sie mir bei einem Umzug mal wieder in die Hände fielen. Ich konnte mich nicht mehr so genau an sie erinnern, wusste zuerst gar nicht, wer sie geschrieben hatte. Ich fand nur, so schlecht war das nicht.

Wir machten mit den Hunden lange Spaziergänge, und Giskes erzählte mir viel von seiner Herkunft. Er kam wie ich vom Land. Eigentlich seltsam – bei diesem ausgesprochenen Ästheten. Allerdings gab es auch einen sehr anderen Giskes.

Den sollte ich kennen lernen, als an der Schaubühne Peter Handkes *Ritt über den Bodensee* Premiere hatte. Giskes wurde aus irgendwelchen Gründen nicht eingesetzt. Am Premierenabend fuhr er mit mir zum Theater, wo gerade Pause und das Foyer voll Menschen war.

Schnurstracks ging er ins Theater.

Nein, er ging nicht. Er sprang. Mit kurzem Anlauf durch die Scheibe im Foyer. Splitter. Giskes blutete stark. Und sprang gleich noch einmal. Zurück auf die Straße. Er musste eilends ins Krankenhaus gebracht werden. Aber seinen ganz großen Auftritt hatte er gehabt. Sicher einen größeren als alle Schauspieler auf der Bühne.

Es war dann nicht ganz so schlimm, wie es aussah. Giskes wurde versorgt. Im Krankenhaus sah ich Peter Stein aus so großer Nähe wie noch nie zuvor. Totenblass. Kein Zauberer am Regiepult mehr. Nur ein Mensch in schlotternder Sorge um den Kollegen.

Stein und ich sind uns nie nahe gekommen. Immer beobachtete ich ihn nur aus der Ferne bei der Probenarbeit. Ein kleiner Mann, fast zierlich, mit langem Zopf und nahezu mädchenhaft weichem Gesicht, aus dem schräg stehende dunkle Augen blitzten. Nichts, worauf er nicht eine Antwort gehabt hätte, während andere noch an der Frage herumdrucksten. Ohne Besserwisserei. Er wusste mehr als andere. Völlig souverän, nahezu bescheiden.

Kein wirklich guter Regisseur wird seinen Schauspielern irgendetwas brüllend aufzuzwingen versuchen. Dann inszeniert er bald allein. Er wird auf das neugierig sein, was ein Schauspieler anzubieten, einzubringen hat. Das setzt er dann um. So ist es heute bei Dieter Wedel. So war es damals bei Peter Stein.

Ich hatte immer Angst vor ihm. Zitterte vor dem

Augenblick, da er plötzlich herumfahren, mit dem Finger auf mich weisen könnte: Was hat denn der Kerl da zu suchen? Raus mit ihm! Später hörte ich, Stein hätte seinerseits Angst vor mir gehabt. Vor dem Außenseiter, dem Eindringling. Das war das andere, nicht so Erfreuliche an ihm und seiner Art Ensemble. Diese zunehmende Abschottung nach außen hin.

Dennoch bleibt für mich die Schaubühne die zentrale Theatererfahrung und ihr Meister Stein der ganz große Theatermann.

Ich habe nie mit ihm gearbeitet. Leider. Zu gern hätte ich mich von ihm einmal durch den Quirl wirbeln lassen. Aber dazu ist es ebenso wenig gekommen wie zu einer Zusammenarbeit mit einem anderen ganz Großen, ganz Berühmten dieser Zeit. Mit Rainer Werner Fassbinder.

Den lernte ich erst Jahre später in München auf der Straße bei einer Autopanne kennen. Fassbinder war das Benzin ausgegangen, ich konnte aushelfen. Ein karges »Danke!«. Das war es schon. Er fuhr davon. Ich weiß nicht, ob er mich erkannt hat.

Ich habe lange Zeit darauf gewartet, dass er mich holt. Doch niemals kam ein Angebot. Warum dieser Bogen um mich? Meine Komödiantik und meine Vitalität mussten ihm doch gefallen. Damit hätte er sicher was anfangen können.

Die Antwort sollte ich erst viel später bekommen. Fassbinder war schon lange tot, und mir sollte gerade in Berlin der erste Preis meines Lebens überreicht werden, der Chaplin-Schuh. Zu den Ehrengästen gehörte Brigitte Mira, der Fassbinder mit *Angst essen Seele auf* und *Mutter Küsters Fahrt zum Himmel* zu ihrer atemberaubenden Alterskarriere verholfen hatte. Jetzt zupfte sie mich am

Ärmel, zog mich beiseite: »Du, ich muss dir mal was ganz Wichtiges sagen...«

Aus ihren braunen Plüschbär-Augen sah sie mich an: »Weißt du, warum der Rainer Werner dich nie geholt hat, obwohl er so gern mal mit dir gearbeitet hätte? Du hast ihn äußerlich so stark an seinen Freund erinnert, du weißt schon, der sich dann aus verzweifelter Liebe zu ihm erhängt hat. Darüber kam Rainer Werner nie hinweg. Und deshalb hatte er Angst vor der Begegnung mit dir...«

Danke, Biggi!

Zu dieser Zeit hatte ich *Das Boot* gedreht und war kein Unbekannter mehr. Zur Stein-Zeit wusste ich nicht einmal, dass ich selbst je Schauspieler sein würde. Aber ich lernte damals, was Theater ist oder was es in seinen glücklichsten Augenblicken sein kann.

Die allererste Schaubühnen-Produktion, Brechts *Mutter* nach dem Gorki-Roman, war ohne nachhaltigen Eindruck an mir vorbeigezogen. Am stärksten haftet in mir die persönliche Begegnung mit der Hauptdarstellerin Therese Giehse, mit der mich Giskes bekannt machte.

Sie war die ganz große alte Dame des deutschen Theaters. Eine Diva. Der Star, der spielen konnte, wo er wollte. Und doch war diese bemerkenswerte alte Frau zu finanziell wahrscheinlich kaum nennenswerten Bedingungen nach Berlin gekommen, um dem Theater dieser jungen Leute einen ersten kräftigen Anschub zu geben. Die Allmutter mit Flügeln so weit, dass darunter wahrscheinlich noch drei weitere Schaubühnen-Ensembles Platz gefunden hätten. Mir blieb ihr herrlich frecher, ganz und gar junger Blick in Erinnerung, der jeden Gedanken an ihre über 70 Jahre Lügen strafte.

Dann kam *Peer Gynt*.

Habe ich die Aufführung dreimal, viermal gesehen? Oder zehnmal, zwanzigmal?

Ich weiß es nicht. Weiß nur, dass ich an diesen Abenden das Entscheidende erfuhr: dass im Theater Geschichten erzählt, Probleme abgehandelt werden können, die ganz die eigenen zu sein scheinen.

Jawohl, der Peer Gynt dort, der sich erst zum Schluss entscheidet, endlich mal mitten durch, nicht nur am Rande, die Welt und das Leben zu durchschreiten, hätte auch ich sein können. Und wie Bruno Ganz als Peer Gynt da hockte, in vergeblicher Suche nach der Ewigkeit die Zwiebel schälte!

In solchen Augenblicken öffnete sich mir eine neue Welt. Das Theater, dieses verzopfte, künstlich gepäppelte Monstrum aus einer längst vergangenen Zeit, in der es noch kein Fernsehen und kein Video gab, konnte für den Zuschauer ureigener Spiegel seines Ichs werden, blank und herrlich wie am ersten Tag.

Das alles erfuhr ich erstmals bei *Peer Gynt*.

An Bruno Ganz, Protagonist des Stein-Ensembles, obwohl es dort im Zeichen strikter Gleichberechtigung und Mitbestimmung gar keine Protagonisten geben durfte, bin ich damals ebenso wenig herangekommen wie an Stein selbst. Erst beim Film *Messer im Kopf* lernten wir uns näher kennen, und da soll Bruno Ganz beiläufig mal gesagt haben: »Der Hoenig, das ist ja gar kein richtiger Schauspieler. Der spielt alles nur aus dem Bauch.«

Wie kam er darauf, so etwas zu behaupten? Ein großer Schauspieler, der am besten doch selbst wissen müsste, wie viel Geheimnis um die Quellen jeder Schauspielerei liegt? Dass man so was nicht mit drei dürren Worten umreißen kann? Und gerade er kam nun mit dieser verächlichen Plattitüde aus einem schlechten Provinz-Feuilleton. Ich brauchte meine Zeit, um darüber hinwegzukommen. Gerade weil ich Bruno Ganz sehr mag, ihn als bedeutenden Darsteller bewundere und sein Verhalten beim Drehen dieser Aussage überhaupt nicht entsprach. Heute verbindet uns tiefer gegenseitiger Respekt.

Damals an der Schaubühne wirkte er immer abweisend und isoliert. Aber das hatte nicht so viel mit Arroganz zu tun. Die unerhörte Anspannung, dieser kreative Starkstrom, unter dem alle Schaubühnen-Spieler standen, machte wahrscheinlich eine solche Abkapselung nötig.

Das verstand ich. Und hatte meinen Spaß, als ich einmal von der Küche aus, wo ich manchmal aushalf, Ohrenzeuge eines Riesenkrachs zwischen Ganz und dessen Kollegen Michael König wurde, dem mit den langen Haaren und der roten Lederjacke. Es ging um irgendeine Kleinigkeit bei der Probe. Aber die beiden schrien sich an, als müsste Polen noch mal geteilt oder die USA der UNO verwiesen werden. Grandiose Verschiebung aller Maßstäbe. Ich amüsierte mich.

Das alles gehörte zum Theater, wie es mir gefiel. Meine erste große Schule. Lebendig, rebellisch, kontrovers. Anderes Theater brauchte ich um diese Zeit noch nicht.

Ich kann mich nicht erinnern, je in andere Berliner Theater gegangen zu sein. Nicht in die Staatlichen Bühnen, damals noch unter der Generalintendanz des immer währenden Boleslaw Barlog, nicht in die Freie Volksbühne oder das kleine, feine Renaissance-Theater.

Über 40 Bühnen soll es damals in Berlin gegeben haben. Aber mich verschlug es nicht einmal in jenen kleinen düsteren Schlauch, der noch Reichskabarett hieß und aus dem später das GRIPS-Theater hervorgehen sollte, meine erste »richtige« künstlerische Heimat.

Die Schaubühne war da. Das reichte. Zunächst. Doch dann geschah etwas, was die Quasi-Monopolstellung der Schaubühne in meinem Theaterverständnis zumindest infrage stellte.

In den Hallen am Funkturm gastierte das international viel gerühmte Théâtre du Soleil aus Frankreich mit dem Revolutionsstück *1789* in der Inszenierung seiner Leiterin Ariane Mnouchkine. Das musste man unbedingt gesehen haben. Giskes und ich hetzten hin. Und standen vor verrammelten Türen. Unmöglich, noch hineinzukommen. Alles bis auf den letzten Platz ausverkauft!

Wir sahen uns einen Augenblick ratlos an. Und entdeckten in der wartend zusammengeballten Menge derer, die alle noch auf Einlass hofften, eine Frau. Ariane Mnouchkine. Jawohl, sie selbst. Die Türsteher kannten sie offenbar nicht. Auch sie wurde in die eigene Vorstellung nicht hineingelassen.

Diese Erkenntnis verlieh uns Riesenkräfte. Die Mnouchkine also in die Mitte genommen, den Saal gestürmt! Nun waren wir drin. Und sahen ein Schauspiel, das mich tief beeindruckte. Fast mehr noch als die Mnouchkine selbst, eine so aparte Erscheinung sie auch war, grazil zwar, aber von einer ungeheuren Ausstrahlung, die einem den Atem nahm. Und schön war sie auch. Sie hätte mir auch als Frau gefallen.

Aber ihr Theater überwältigte mich einfach. Auf ganz andere Weise als *Peer Gynt*.

Alles war kräftiger, deftiger, komödiantischer. Theater pur. Direkt.

Bei den Aufführungen der Schaubühne, so fantasievoll

und genau, so klug und packend in der Konzeption, so präzise im Detail sie auch waren, lag doch immer ein feiner ästhetischer Schleier über allem, der sich mit den Jahren und dem Ruhm noch verdichtete. Dort erfuhr ich den Eros des Theaters, hier bei der Mnouchkine seinen Sexus. Und verstand gleich noch besser, was Theater eigentlich ist.

Leben, Dasein, Begreifen: Das ist Theater. Keine blutleere Bildungsveranstaltung wie damals *Der zerbrochne Krug* zu Wolfenbüttel (obwohl die Aufführung vielleicht ganz ordentlich war). Keine Pflichtübung gelangweilt vor sich hin nölender Darstellungsbeamter. Und viel spannender als jedes Bierchen im Wolfenbütteler »Max und Moritz«.

Nun geriet ich zur Schaubühne in eine gewisse Distanz.

Lag es an mir oder am Theater? Erstarrungserscheinungen waren mit der Zeit nicht zu übersehen. Der Erfolg des Theaters, sein unumstrittener Aufstieg zur deutschen Bühne Nummer eins mochten dazu beitragen. Man nahm sich ernst. Das war gut so. Aber man nahm sich auch so schrecklich wichtig, dass es für jemanden, der nicht ganz dazugehörte, fast schon komisch war.

Ich geriet einmal versehentlich vor einer *Peer-Gynt*-Aufführung in die Damengarderobe. Dort saßen, schon geschminkt, die Damen Edith Klever und Jutta Lampe. Unter hastig gemurmelten Entschuldigungen zog ich mich gleich wieder zurück. Und bekam gerade noch einige Fetzen ihres Gesprächs mit.

»Das ist ja so schööön«, sagte die Klever ganz im manierierten Singsang ihrer Bühnenstimme, und die Lampe fiel ein: »Schööön. Und so wiiichtig...«

Schön. Wichtig. Es wurden zwei Standardbegriffe im

Schaubühnen-Vokabular. Alles war schön. Alles war wichtig. Das Theater. Die Kunst. Ach Quatsch! Gutes Theater ist nicht schön und wichtig. Es ist wahrhaftig, ehrlich, manchmal grausam, das auch. Aber ohne jenen ästhetischen Firlefanz, der sich immer dichter über die Schaubühnen-Arbeit zu legen pflegte. Ohne alle angestrengte Bedeutungsschwere.

Vielleicht hätte ich dagegen protestieren sollen. Vielleicht hätte jemand, der von außen dazu gestoßen wäre, etwas bewirkt. Aber dazu hätte ich selbst Schauspieler sein müssen. Diesen Schritt wagte ich nicht, noch nicht. Irgendwas hielt mich zurück. Später sollte ich gelegentlich sagen: Der Hoenig ist der Schaubühnen-Spieler, der nie an der Schaubühne gespielt hat.

Ich habe von der Schaubühne und ihren Leuten unendlich viel gelernt. Die große Ernsthaftigkeit jeder Kunst. Ihre unerbittliche Ausschließlichkeit, die fast mörderisch den ganzen Menschen fordert.

Ich lernte, dass jede Kunst zunächst Arbeit, ganz harte Arbeit ist. Ein Handwerk wie jedes andere auch. Der Unterschied zwischen dem Schmied am Amboss und dem Schauspieler auf der Bühne ist gar nicht so groß.

Knallhart geht es dabei zu, hier wie dort. Und gerade wegen dieser kompromisslosen Härte gegen sich selbst in ihrer Arbeit bewunderte und bewundere ich noch immer die Menschen, die damals an der Schaubühne spielten.

Ich habe später auch ganz andere Schauspieler kennen gelernt. Unglaubliche Spießer, die auf die Uhr schauen, wenn die Arbeitszeit um fünf Minuten überzogen wird. Doch sie haben mich in meiner Auffassung von der Schauspielerei nicht mehr irremachen können. Dazu hatte ich schon früh zu viele wirklich tolle Künstler getroffen.

Am Halleschen Ufer fing es an.

Treffe ich heute die Schauspieler von damals wieder, geht es meist sehr entspannt und locker zu. Wir sind mittlerweile offener zusammen als zu der Zeit, da ich ja inzwischen selbst Schauspieler bin. Und die alte Verbundenheit ist auch noch da. Doch meine ersehnte Family habe ich bei ihnen nicht gefunden. Damals nicht. Und heute nicht.

Meine Suche ging weiter. Mancher Umweg lag vor mir. Einer von ihnen führte über Marokko.

## Steine, Schafe, fremdes Land

Dieser Himmel! Sein ganz unglaubliches Blau! Nicht einmal hier auf Mallorca hat es eine solch leuchtende Tiefe wie in Marokko. Man möchte hineingreifen, darin wühlen wie in kostbaren Seidenstoffen.

Unter mir rumpelte die marokkanische Landstraße. Nur ein Pfad, eine getrampelte Spur im steinigen Sand. Sonst Wüste ringsum.

Nicht die sanft geschwungenen Dünen in mattem Gelbbraun oder blendendem Weiß, wie sie mir bei Giskes' *1001-Nacht*-Lesungen in der Cottbusser Straße aus dem Halbdunkel meiner Fantasie entgegenleuchteten. Die Wüste hier war schmutzig grau, eigentlich hässlich. Manchmal zaghaftes Grün. Wie hungrig man in diesem Land nach diesem Farbton wurde! Dann wieder Felsen und Schotter. Dazwischen Schafe und meckernde Ziegen.

Wovon die nur leben? Und wovon lebten die Menschen hier?

Manchmal begegneten wir einigen am Wegrand. Sie hatten eine Lederhaut und oft Hakennasen. Ihr brennender Blick war tiefschwarz. Ich winkte, lächelte. Sie lächelten nicht, winkten nicht zurück. Abweisend in Blick und Haltung. Fremde seid ihr, hieß das, und dies ist für euch fremdes Land.

Ich lehnte mich in unserem staubverkrusteten kleinen VW-Bus zurück. Neben mir am Steuer saß Reinhard, der Maler aus Köln, hinter mir die Kleine, die wir mitgenommen hatten. Ich weiß nicht mehr warum. Sie hatte wohl ihr Drogenproblem, und anfangs meinte ich, sie sei Reinhards Freundin. Der aber – allmählich bekam ich es heraus – hatte an Freundinnen keinen Bedarf.

Wie war ich überhaupt nach Marokko gekommen? Merkwürdig. Jetzt, in diesen Tagen hier oben auf der Ranch, da ich in meinen Erinnerungen wühle wie in alten Fotoalben voll gelbstichiger Aufnahmen, fällt mir immer wieder auf, wie oft bei mir der Beginn wichtiger Entwicklungen im Nebel liegt und das Gedächtnis sich hartnäckig weigert, ihn herauszugeben. So auch hier.

Der Maler Reinhard war plötzlich da. Schon kein ganz Unbekannter mehr. Gerade bereitete er sich auf die Teilnahme an der Documenta in Kassel vor. Wollte nach Marokko, um dort in Ruhe zu malen. Ich sollte ihn begleiten und seine Arbeit mit einer Schmalfilmkamera festhalten.

Keine schlechte Idee. Und dann mal eben fort in ein fremdes Land! Für ein paar Wochen oder Monate raus aus diesem stickigen, lauten Berlin...

In der Schweiz, glaube ich, startete das Unternehmen. Von Bern aus ging es im VW-Bus durch Frankreich und Spanien bis zur Küste. Von dort setzten wir nach Marokko über. Unser Ziel hieß Essaouira am Atlantik. Dort hatte Reinhard ein Haus gemietet. Zuvor machten wir noch Station in Casablanca, wo Freunde von ihm wohnten. Diamantenhändler.

Wir wurden zu Tisch gebeten. Die übliche orientalische Vorspeisenorgie, die Tafel quoll fast über. Nur Männer saßen drum herum, wie im Orient üblich. Die Damen saßen nebenan und trommelten. Jawohl. Sie hockten um einen idyllisch plätschernden Springbrunnen, kleine Trommeln vor sich, und schlugen mit schlanken, flinken

Fingern einen wirbelnden, aufreizenden Rhythmus. Gekonnt.

An den Percussions war ich damals ausgesprochen gut, und gern hätte ich mitgemacht. Irgendwer unter unseren Gastgebern muss das gespürt haben, und orientalische Gastfreundschaft siegte schließlich über orientalische Prüderie. Ich fand mich im Nachbarraum wieder, eine streng blickende reifere Dame an der Seite, wohl so etwas wie die Oberaufseherin. Auch ich bekam mein Schlagzeug. Dann durfte ich im Trommelchor der Frauen mitmachen. Anerkennende Blicke, leises Kopfnicken. Mensch, war ich stolz!

Es wurde ein wundervoller Abend. Ein Abend voller Wunder.

Wir erreichten Essaouira. Reinhard begann mit seiner Arbeit. Riesige Bilder entstanden. Ich blickte ihm fasziniert über die Schulter und lernte dabei manches. Zum Filmen, meiner eigentlichen Aufgabe, kam ich kaum. Das verlief sozusagen im Sande. Irgendwann begriff ich dann, dass es weniger meine Kamera war, die Reinhard an mir interessierte.

Ich habe nie große Schwierigkeiten mit Schwulen gehabt, sondern nahm hin, dass sie andere sexuelle Gewohnheiten hatten als ich. Allerdings erwartete ich auch die gleiche Toleranz von ihnen. Andere hatten sie. Reinhard leider nicht. Sein Pech! »Verführer« haben bei mir nun mal wenig Chancen. Männer nicht und Frauen eigentlich auch nicht. Ich verführe lieber selbst.

Reinhard wurde zärtlich. Zu zärtlich. Deshalb ging ich auf Distanz. Jeder suchte sich von nun an in Marokko seinen eigenen Weg. Der meine führte mich ziemlich bald ins Café Hendrix, Treffpunkt der in Essaouira urlaubenden Amerikaner. Nicht solcher, die kamerabehangen und sonnenbebrillt durch die Kontinente trampeln und unter viel »How nice!«-Gejuchze nur wenige Minuten für den Louvre oder für Neuschwanstein übrig haben.

Hippies. Blumenkinder. Die Welle hatte damals die ganze westliche Welt erfasst. Sanft. Zärtlich. Friedliebend. »Make love, not war« war das Motto. Mach nicht Krieg! Mach Liebe! Jede Art von Liebe.

Selbst bis ins Harzer Land waren die Hippie-Losungen gedrungen, und in Berlin wimmelte es von Blumenkindern. Doch war der Asphalt dort zu hart, als dass solche Blüten dort ganz zur Entfaltung gekommen wären. Marokko wurde ein Traumland der Hippie-Welt. Hier erlebte ich sie in Reinkultur. Und fühlte mich wohl im Kreis dieser Menschen.

Narren. Käuze. Außenseiter. Immer hat es mich zu solchen Existenzen am Rand unserer Gesellschaft hingezogen. Sie mochten verwahrlost und verkommen sein, aber sie konnten auch Türen zu Räumen aufstoßen, zu denen andere, »Normale«, so rasch keinen Zugang haben. So öffneten sich neue Perspektiven, die ich zuvor allenfalls geahnt hatte.

Für so was, schmeichle ich mir, habe ich immer schon einen besonderen Sinn gehabt und treffe daher auch, ohne sie lange suchen zu müssen, wie von selbst auf solche Typen. In irgendwelchen Spelunken, auf nächtlich düsteren Straßen. Oder eben im Café Hendrix.

Eine Lady traf ich auch.

Ich weiß nicht mal mehr, wie sie hieß. Namen spielten sowieso keine große Rolle im Hippie-Paradies. Sie war Amerikanerin, hatte eine verkrüppelte Hand, und wir lebten und schliefen zusammen, zogen unter den misstrauischen Blicken der züchtigen Marokkaner mit ihrer strikten Mann-Frau-Trennung durchs Land, wohnten gelegentlich im Zelt am Strand, und hatten wir kein Geld, kochten wir Suppe aus Reis oder Hirse. Echte marokkanische Spezialität. Die verkauften wir an die Touristen. Hübsch schälchenweise. Das war ein gutes Geschäft.

Oft war ich auch allein. Aber nie einsam.

Ich ging dann den endlosen Strand hinunter, auf der einen Seite das melancholisch wogende Meer, auf der anderen die endlose Wüste. Ich überließ mich meinen Visionen und Fantasien, sah plötzlich aus der flirrenden Luft Statuen vor mir aufsteigen. Skulpturen, wie ich sie unbedingt noch modellieren oder schnitzen wollte, nein, musste. Irgendwann.

»The man in the wind«. Den würde ich aus weichem Zedernholz schneiden, in schwingenden, wehenden Formen mit einem langen Feuerschweif hinter sich. Dieser »man in the wind« steckt bis heute in mir, wie in jedem Marmorblock eine Statue verborgen ist, die nur auf den Meißelhieb des Meisters wartet. Höchste Zeit, ihn aus mir herauszuholen.

Was wäre sonst noch aus meiner marokkanischen Zeit zu erzählen? Ich hätte damals Tagebuch führen sollen. Es hätte sich gelohnt. So schieben sich wieder nur Bilder wirr übereinander, in wilder, bunter Reihenfolge, und ich weiß nicht mehr genau, wo und wann was geschehen ist. Doch manche Bilder stehen mir wie gestochen vor meinen Augen.

Die einzelne Fackel, die ein ganzes Haus erwärmte. Der Dattelbaum auf dem Dach. In Deutschland gab es Datteln klebrig-süß zu Weihnachten in schmalen, bunt beklebten Schachteln. Hier stieg man aufs Dach und pflückte sie sich einfach vom Baum.

Einmal haben wir – da waren Reinhard und ich wohl noch zusammen – die Männer mit den weißen Turbanen besucht, eine besondere Klasse in Marokko. Die lugten durch einen winzigen Türspalt den Ankömmlingen entgegen, nur ihre Turbane leuchteten weiß in der Dunkelheit. Dann erst wurde zur Tee-Zeremonie gebeten. Ich hatte einen mörderisch brennenden Durst, musste aber zwei volle Stunden lang warten. So lange dauerte es, bis der Tee, in der einzig richtigen Weise immer wieder hin und her geschöpft, endlich getrunken werden durfte.

Mit Reinhard war ich auch im südlichsten Teil des Landes, schon unmittelbar am Rand der Sahara.

Wie hieß nur die Stadt dort? War es Tartaya? Jedenfalls war sie durch eine riesig hohe Mauer von der Wüste getrennt. Ich wohnte in einem Zimmerchen, und morgens öffnete die Hausdame Ayssa die Tür, servierte frisch gepressten Orangensaft und ließ als Morgengruß eine weiße Taube durchs Zimmer flattern.

Gelebte, erlebte Poesie. Wie in *1001 Nacht*.

Ja, in dieser Zeit fühlte ich mich oftmals in Giskes' Wohnzimmer zurückversetzt, wo er im Halbdunkel seine Märchen vorlas. Nur waren die Märchen hier keine Traumbilder, sondern Wirklichkeit, und ich überließ mich ihnen in schwelgerischer Hingabe. Wobei ich einmal wirklich zu träumen meinte. Als ich mitten in Essaouira einen deutschen Wagen mit dem Kennzeichen LL sah.

Landsberg am Lech. Mein Geburtsort.

Die Karre gehörte einem Bildhauer aus Deutschland, der hier ein Atelier besaß und noch ein Haus in Marrakesch, der aufregendsten marokkanischen Stadt. Dorthin nahm mich der freundliche Mann mit.

Ich staunte nur so, als ich im Innenhof seiner stattlichen Villa stand. Was dieser Mann alles gesammelt hatte! Teppiche vor allem. Erlesenste orientalische Stücke aus uralter Kalifenzeit. Jeder ein Vermögen wert. Die hingen dort neben- und übereinander an der Wand.

Ich stand davor und starrte auf die Muster. War es pure Formspielerei, oder lag ein tieferer Sinn dahinter? Darüber hatte ich mir noch nie zuvor Gedanken gemacht.

Mein Gastgeber ließ mich Platz nehmen. Mit höflichem Lächeln reichte er mir ein Glas Honig sowie einen Teelöffel dazu. Ich lächelte ebenso höflich zurück und wunderte mich nur ein klein wenig. Honig? Was sollte das? In Deutschland bekam man so was aufs Frühstücksbrot. Ein kühles Bier wäre mir, ehrlich, in der marokkanischen Wärme lieber gewesen. Doch brav schluckte ich das übersüße Zeug.

Wir plauderten. Ich fühlte mich sehr entspannt, ganz friedlich. Aber irgendwas Seltsames ging in mir vor. Meine Umwelt schien zu schweben und zu schwanken, nicht wie nach Alkoholgenuss taumelig-wirr, sondern eher duftig, graziös. Alles gewann seine eigene Dimension. Wie das eben so ist, wenn man gerade einen Teelöffel voll feinstem Haschisch pur zu sich genommen hat.

Besonders mit den Teppichen an der Wand geschah etwas. Fast unheimlich. Ihre Muster traten mir wie dreidimensional entgegen. Ich meinte plötzlich Schriftzüge und Buchstaben zu erkennen. Und es waren tatsächlich Schriftzüge, wie mir jetzt mein kundiger Gastgeber erklärte. Gewebte Briefe sozusagen, wie sie sich einst die Kalifen gegenseitig schrieben und sich mit Karawanen zuschickten.

Tage wie im Traum. Und wie aus jedem Traum gab es

auch hier ein kleines Erwachen. Ich musste, wollte wieder nach Berlin zurück. Nur so. Einige aus dem Café Hendrix wollten gleichfalls hinüber nach Europa. Sie nahmen mich mit.

Zwei Ladys waren dabei. Die liebten sich lesbisch, waren aber zu Ausnahmen bereit. Die eine, weiblichere, schon in Marokko. Die andere, der mehr männliche Teil der Verbindung, erst, als wir schon in der französischen Schweiz angekommen waren. Und dort kam die Nacht, wo wir schließlich zu dritt im Bett lagen und jeder dem anderen irgendwie zeigte, wie toll doch Leben und Liebe sein können.

Und dann erreichten wir auch schon die letzte Station unserer Reise. In Konstanz am Bodensee traf ich eine gute alte Bekannte aus Berlin. Die steckte mich nicht ins Bett, sondern in die Badewanne. Dort hockte ich, nackt, und sie säbelte mir – wie in der Bibel die Delila ihrem Simson – mit Wollust meine herrliche, wild sprießende Hippie-Lockenpracht ab.

Aber nicht, um mich zu schwächen, sondern um mich zu stärken. Denn schon Mutter Hedwig hatte mal daheim in Harlingerode gesagt: »Jeder Mann sollte sich irgendwann den Kopf scheren lassen. Das erst macht sein Haar schön und stark...«

Na bitte, Mama! Dein Sohn folgte jetzt deinem Gebot.

Mit frisch erworbenem Glatzkopf stand ich auf dem Bootssteg, sprang kopfüber ins Wasser. Die nackte warme Kopfhaut und das kühle Wasser! Ein herrliches Gefühl! Prustend tauchte ich wieder auf. Und war so stolz auf meine blitzblanke Glatzenpracht, dass ich von Konstanz aus nicht gleich nach Berlin, sondern erst mal zu meinen Eltern in den Harz fuhr, wo sie gerade Urlaub machten.

Wie jedes Jahr zelteten die Eltern im Harz. Ich kannte den Platz. Wusste, welche Richtung die Mutter nimmt, wenn sie morgens Brötchen holt. Dort baute ich mich also am Wegrand auf. Ganz bescheiden.

Ich freute mich auf ihr Gesicht, sah es schon richtig vor mir. Erst ungläubiges Staunen, dann die helle Freude. Vielleicht würden sogar ein paar Tränen der Rührung blinken. Und ich spürte bereits ihre milde Hand voll bewundernder Zärtlichkeit über meinen edel geformten Yul-Brynner-Schädel streicheln...

Mutter kam angewandert. Bedächtig, in Gedanken versunken. Sah mich nicht, erkannte mich nicht. Stapfte wortlos am eigenen Fleisch und Blut vorbei, das so herrlich kahlköpfig dastand und auf ein mütterliches Wort wartete. Also ganz leise: »He, Mama, guck mal her! Ich bin es doch! Dein Heinz...«

Sie fuhr herum. Starrte mich an. Erschrak ganz furchtbar. Und als sie mich dann doch erkannte, gab es ein wahres Donnerwetter. Ich glaubte, nicht richtig zu hören. Nichts von wegen Lob und Komplimenten, sondern das genaue Gegenteil: Was mir einfiele, mich so zu verschandeln. Ob ich nicht ganz dicht sei! Dies sei nicht ihr Sohn, der so grässlich anzuschauen sei mit seinem Kahlkopf, wie ein gerupftes Huhn...

Ich war so enttäuscht, dass ich sie einfach stehen ließ und schnurstracks nach Berlin weiterfuhr.

Dieses Berlin! Ich sah ungläubig auf die Stadt. Warum war sie plötzlich so anders? Hatte sie sich geändert oder ich mich?

Sie wirkte so eng und so laut nach der marokkanischen Weite. Übervoll von hysterischen Menschen, die alle einem ominösen Ziel hinterherzuhetzen schienen, das sie nicht kannten. Hinter dem Geld für Dinge her, die keiner wirklich braucht.

Denn was braucht man wirklich? Was ist Überfluss?

Eigentlich das meiste. Damit stopft man sich voll, um das Nichts dahinter zu verbergen. Andere aber bestimmen, was man sich gefälligst anzuschaffen, wovon man zu träumen, wonach man sich zu sehnen hat.

Haste was, biste was. Aber was biste denn? Auto-Besitzer. Bausparvertrag-Besitzer. Haus-Besitzer.

Was für eine Scheiße, mein Gott!

Nein, diese ganze Welt stieß mich auf einmal ungeheuer ab. Weg wollte ich, zurück nach Marokko, in seine Kargheit und Ärmlichkeit, wo jeder sanfte Grünton wie ein Luxus wirkt. In die kahle Weite des Landes. Die kann man mit Träumen ausfüllen, die nur einem selbst gehören.

Also rasch mal hier in Berlin etwas Geld verdient. So tausend Mark vielleicht. Davon kann man da unten ziemlich lange leben. Und dann schleunigst zurück...

Ich bin nie wieder in Marokko gewesen.

### Satan umarmt alle

Sechzehn Personen sitzen im Kreis. Sie sprechen. Bekennen sich stockend, zögernd, manchmal trotzig zu ihren Süchten. Denn süchtig ist hier jeder. Die hier im Raum. Die anderen dort irgendwo draußen. Alle. Jeder Mensch hat seine ganz persönliche Sucht. Und jeder kann, jeder muss sie überwinden.

Einer setzt an. Aufmunternde Blicke der anderen. Schließlich: Na ja, dreimal pro Woche wäscht er sein Auto. Das ist bei ihm so ein richtiger Zwang. Er fühlt sich sonst irgendwie schuldig. Und außerdem, nun ja...

Ängstliche Pause. Mal weiter! Tiefes Atemholen.

Also, er schlägt seine Frau. So zweimal die Woche. Zwanghaft. Jawohl, eine Sucht auch das. Die anderen sprechen darüber. Dann wenden sie sich dem Nächsten zu. Das bin ich.

Der Heinz. Der Hoenig.

Der in der Mitte sieht mich an. Freundlich. Gelassen. Einer von uns. Kein Über-Guru, kein wandelndes Über-Ich. Das ist nicht seine Art. Eher das kameradschaftliche Augenzwinkern mit ein bisschen List dabei. So führt er jeden von uns an die eigene Wahrheit heran.

Michael Och.

Vor zwei Jahren ist er gestorben. Kurz zuvor habe ich ihn noch einmal gesehen. Er war nun ein alter Mann, aber sonst wie immer: liebenswert, leichthändig. Dahinter steckte aber großer, entschiedener Ernst. Dieser Mann wusste genau, was er wollte. Von anderen, von sich selbst. Kein selbst ernannter Psychiater, die im Dutzend herumlaufen und für ihren Psycho-Scheiß den Leuten das Geld aus der Tasche ziehen.

Nein, so war Michael Och nicht. Kein Scharlatan, sondern ein Seelenkundler, der diesen Namen verdiente.

Ich war ihm zum ersten Mal in der kleinen Kommune begegnet, die sich in einem ehemaligen Ladengeschäft in der Berliner Gustav-Freytag-Straße eingenistet hatte. Ich kellnerte damals nachts in der erwähnten Schöneberger »Kleinen Weltlaterne«. Dort hatte mich Mirko O. von der Kommune eingeführt.

Da wiederum traf ich Michael Och. Er ging mit einem kühnen Plan um.

Er hatte in London einen Verein zur Sucht- und Drogenbekämpfung kennen gelernt, das »Release«. So was wollte er gern auch in Deutschland einrichten. Schon gab es in Hamburg einen »Release e.V.«. Nun also war die Rauschgift-Hochburg West-Berlin an der Reihe.

Och brauchte dafür Geld, er brauchte Räumlichkeiten. Die Berliner gaben sich aufgeschlossen. Der Senat spendierte einige 100000 Mark. Das reichte, um in der Potsdamer Straße ein altes Fabrikgebäude anzumieten und umzubauen. Das »Release«-Zentrum.

Och brauchte ebenso dringend Mitarbeiter.

Es war wohl eine sehr richtige Überlegung, hierfür Typen zu gewinnen, die reichlich mit sich selbst zu tun und Ängste, Süchte, Obsessionen am eigenen Leib erfahren hatten. Solche wie mich. Och sagte sich zugleich, dass diese Typen erst mal mit sich selbst umgehen lernen mussten, bevor man sie auf andere loslassen konnte. So entstand unsere Selbsterfahrungsgruppe.

Sechzehn sitzen im Kreis, Michael Och dazwischen. Und nun bin ich an der Reihe. Michael nickt mir zu.

Was sind meine ganz spezifischen Süchte?

Ich denke nach. Denke mich in meine Kindheit zurück. Immer diese Scheu damals wie später, die Dinge direkt anzugehen. Das könnte meine »Sucht« sein. Diese seltsame Furcht, anderen einfach mal die Wahrheit zu sagen, mittenmang und frisch heraus. Diese Neigung von mir, alles in mich hineinzufressen, getrieben von der Angst vor Strafe.

Komisch eigentlich. So streng bin ich doch gar nicht erzogen worden. Aber irgendwo schien mir immer Vaters Teppichklopfer zu drohen. Und Mutters Schweigen. Ich hatte daher die allergrößten Schwierigkeiten, einem anderen ins Auge zu sehen und aus mir herauszuholen, was ich für oder gegen ihn hatte. Seltsam.

Introvertiert. Das war ich wohl. Fast süchtig auf das eigene Innere konzentriert.

Ich weiß, was jetzt viele denken. Vor allem die, die mich kennen oder wenigstens zu kennen meinen. Dieser Hoenig! Der Heinz! Ausgerechnet der! Trägt doch sein Herz auf der Zunge. Platzt mit allem heraus, was ihm gerade durch den Sinn schießt.

Heute mag das so sein oder zumindest scheinen. Manchmal jedenfalls, obwohl ich damit noch immer grundsätzliche Schwierigkeiten habe. Damals war das anders. Da musste ich erst mal eine massive Selbsterfahrung durchmachen. Und die verdanke ich Michael Och.

Jawohl, ich erfuhr mich nun selbst.

Ich merkte, dass ich ein Geber- und kein Nehmertyp bin. Das hatte mich oft wütend gemacht. Auf andere, auf mich selbst. Ich gab dauernd, aber bekam herzlich wenig zurück. Ich investierte, und andere strichen die Rendite ein. Das schien mein Schicksal zu sein. Ich lernte allmählich, damit umzugehen.

Bis dahin war ich zwar böse geworden, hielt aber still und grummelte allen Ärger in mich hinein. Nun stand ich endlich zu meiner Wut auf all jene, die immer alles bekamen, ohne das Geringste zu geben, mit bestem Gewissen. Auch ich hatte ein Recht auf Forderungen an andere. Auch ich musste mal nehmen dürfen und nicht immer nur geben. Und still verharren, wenn man mir nichts geben wollte. Spätestens dann war Zeit für ein klares Wort.

Über all solche Dinge sprachen wir in unserer Runde. Und über vieles mehr. So wurden wir langsam reif, uns auch der Probleme anderer anzunehmen, die Hilfe noch dringlicher brauchten als wir. Also den »richtig« Süchtigen.

»Release« etablierte sich. Die Erfolgsquote war hoch, lag bei etwa 45 Prozent. Viel höher als bei den herkömmlichen Entzugsmaßnahmen und mit geringerer Rückfallquote. Dort wurde mit Medikamenten gearbeitet, was Michael Och völlig ablehnte. Die eine Sucht, meinte er und hatte völlig Recht, würde dabei nur durch die andere Sucht abgelöst.

»Release« ging einen anderen, härteren Weg.

Kalter Entzug. Total. Die kleine Hölle. Da musste durch, wer wirklich Hilfe wollte. Zweimal habe ich als Helfer einen solchen Entzug in aller Intensität miterlebt; sonst wurde ich mehr bei den kreativen »Nachfolge«-Maßnahmen eingesetzt, wenn für die Betroffenen das Allerschlimmste schon überstanden war. Schon das war manchmal recht hart. Aber der Entzug selbst war einfach fürchterlich!

Ich war dabei, wenn diese Menschen ihre Anfälle bekamen, und habe diese zitternden Bündelchen Elend gestreichelt, massiert, bis sich ihre Verkrampfungen wenigstens etwas wieder lösten.

Wie die Menschen schrien, schwitzten, sich an einen klammerten, um ein ganz kleines bisschen Gift bettelten und winselten. Wie sie es sich mit manchmal ganz unglaublicher krimineller Energie besorgten. Ich glaube, ich habe damals den Menschen von seiner armseligsten, erbarmungswürdigsten Seite kennen gelernt. Und lernte zugleich, ihn dennoch nicht zu verachten.

Ich bin mit ihnen manchmal stundenlang spazieren gegangen, habe sie von dem Punkt, an dem die Sucht übermächtig wurde, wegzuführen versucht. Denn hatte die Sucht erst mal die Herrschaft übernommen, hörten die Süchtigen einfach auf, im Leben noch irgendeinen Sinn zu sehen. Nur das Gift zählte noch.

Sie ließen sich fallen. Ich versuchte sie aufzufangen, sie dorthin zurückzubringen, wo einmal ihre Sucht angefangen hatte. Denn die Zeit danach, ob zwei Monate oder zwei Jahre, das rauschgift-umnebelte Nirwana, war für immer vertan, ein Nichts. Sie konnten nur da wieder anknüpfen, wo sie vor dem Entzug waren. Und manchen hörte ich flehen: Bring mich weg! Rasch! Ich bin zu nah an den Drogen!

In diesen anderen sah ich immer auch mich selbst. Wie diese hatte (und habe) auch ich meine Schatten, die ich bewältigen musste.

So war ich im Grunde einer von ihnen. Nur dass ich keinen Stoff nahm. Aber das war ein physischer, kein psychischer Unterschied. In der Seele waren wir alle gleich und hatten gleichermaßen mit unseren Problemen zu kämpfen, mussten die Abgründe in uns mitsamt allen süß duftenden höllischen Versuchungen überwinden.

Es sollte mir passieren, dass ich mich in eine Drogenabhängige verliebte.

Sie hieß Brigitte und war schon ziemlich clean, als wir uns begegneten. Einmal brach sie nach Amsterdam auf und kam mit einem wunderhübschen runden kleinen Bauch zurück. Irgendein Fixer hatte es ihr angetan, und der hatte sie prompt geschwängert. Um das Kind habe ich mich später gekümmert, eine der schönsten Aufgaben meiner »Release«-Zeit. Und durch Brigitte habe ich viel über das Zusammenspiel von Sucht und Persönlichkeit erfahren.

Sie war immer allein gewesen. Schon als Kind. Immer voll Sehnsucht nach einer Gruppe. Die fand sie erst im Kreis der Fixer. Und fixte schließlich selbst, um dazuzugehören und nicht gleich wieder ausgeschlossen zu werden, nicht erneut allein zu sein.

So beginnt oft genug der Teufelskreis.

Diese Angst vor der Einsamkeit. Diese schlimme Illusion, wenn ich was schlucke oder spritze, bin ich im Verbund mit anderen. Endlich. Und das Gift kreist im Körper, zerstört ihn, löst ihn auf und die längst kaputte Seele gleich dazu. Satan hat gesiegt. Wieder mal.

Bin ich zu pathetisch geworden? Vielleicht. Das nehme ich in Kauf, denn das Thema ist mir wichtig genug.

Ich habe in Brigitte und den anderen immer die Menschen zu erkennen versucht, die sie einmal gewesen waren. Alle. Quietschvergnügte Kinder in der Krabbelkiste. Sie haben gelacht und zum Himmel hinaufgeguckt, die Sterne gezählt und sich am Sonnenschein erfreut. Doch irgendwann war über sie das große Dunkel hereingebrochen.

Vielleicht ging die Familie kaputt. Sie erfuhren nicht mehr Freude und Liebe, sondern Kälte und Grausamkeit. Wärme und Zuneigung schienen für immer verloren. Aber sie wollten das alles zurück. Um nahezu jeden Preis. Und schossen sich bis zur Besinnungslosigkeit. Gerade in der größten Not ist der große Teufel zur Stelle. Er hat viele Namen. Einer lautet »Heroin«.

Dieser Teufel gibt dir scheinbar viel. Und nimmt dir alles.

Ich habe einmal – viel später, in München – eine Nase voll genommen. Thai-Heroin vom Feinsten und Reinsten. Ich musste furchtbar kotzen und fühlte mich zugleich irre gut. Bizarrer Widerspruch, dieses Unwohlsein und zugleich das allumfassende Wohlgefühl. Es war die Umarmung des Teufels.

Den Heinz gab es plötzlich zweimal. Den einen, der irrsinnig lachte und lustig und bestens aufgelegt war. Der andere sah ihm dabei zu, ganz cool, ganz auf Distanz. Diese Erfahrung reichte mir. Der Test war gelaufen. Ich habe nie wieder zu Heroin gegriffen und halte es für das schlimmste aller gängigen Gifte.

Unsere heutige Gesellschaft ist eine Drogengesellschaft, klar. Aber die Sucht nach dem großen Rausch – und nichts anderes steckt dahinter – ist so alt wie die Menschheit selbst. Immer haben die Menschen im totalen Rausch die große Erfüllung all ihrer Sehnsüchte gesucht.

Die Inkas kauten ihre Blätter, um so den Göttern nahe zu kommen. Die ollen Griechen besoffen sich bei den klassischen Gelagen bis zur Besinnungslosigkeit – und sprachen vom heiligen Rausch.

Ich habe viel über Drogen nachgelesen. Ich habe erfahren, dass die viel geschmähte Schickimicki-Mode-Droge Kokain allenfalls so was wie der VW im Angebot ist. Es gibt da noch ganz anderes, und der Entzug ist um einiges qualvoller. Glücklich jeder, der von diesen Versuchungen verschont blieb und Einsamkeit nie so krass erfuhr, dass er sich am Ende Satans Umarmung nur allzu willig hingab.

Noch andere Erkenntnisse sind mir damals gekommen.

Ich habe bei der Begegnung mit Süchtigen im »Release« erst richtig erfahren, welch starke Abwehrkräfte ich in mir selbst gespeichert hatte. Meine Liebe zu Natur und Tieren. Meine seit frühesten Tagen immer vorhandene Bereitschaft, in den nächsten Wald zu laufen, einen Baum zu umarmen, während der Umarmung so lange zu schreien, bis aller Druck nachlässt, alles in einem ganz leise und entspannt wird.

Ich bin dankbar, jawohl, solche Möglichkeiten in mir zu haben. Und immer zu erkennen, wann sich die Welt so sehr um einen schließt, dass es mal wieder Zeit für einen großen Aufbruch wird. Wie später von Berlin in die Schweiz. Wie von der immer engeren, wie zubetonierten Schweiz hierher nach Mallorca.

Auf meiner Ranch fressen die Esel zufrieden ihr Stroh, und die Hängebauchschweine grunzen vor sich hin. Bald werden die Mandelbäume blühen, und alles wird ein weißer Traum sein, ein Paradies.

Eine noch offene Welt ist das hier, die ich für Simone, meine Kinder und mich gefunden habe.

Ich weiß heute nicht, wohin ihr Weg sie einmal führt, die Paula und den Lucas. Aber sie sollten ihrerseits wissen, hier bei uns ist immer ihre Heimat, hierher können sie jederzeit zurückkommen. Ich versuche hier Bojen zu setzen, die ihnen Halt geben können wie mir die Bäume im Wald.

Die Zeit bei »Release« war unglaublich wichtig für mich. Die vielleicht erste richtig »ernste« Zeit in meinem Leben. Denn um den Heinz, der widerwillig Schulzeit und Lehre durchlief, von Harlingerode nach Berlin zog, sich dort in vielen Jobs versuchte, ein bisschen am Theater schnupperte, nach Marokko ging und dort am Strand den Touristen Suppe verkaufte, lag doch immer ein Hauch unbestimmter, unverbindlicher Verspieltheit eines seiner selbst noch ungewissen Knaben.

Bei »Release« bin ich vielleicht »erwachsen« geworden. Oder sagen wir, da ich es mit dem Erwachsensein im üblichen Sinn nicht so habe: Ich wandelte mich vom krassen Einzelgänger zum Gruppentier. Zu einem, der von nun an Teil dieser Gesellschaft war und in ihr mitwirken, auf sie aktiv Einfluss nehmen wollte.

Einfach war das nicht. Die »Release«-Arbeit verlangte manchmal eine persönliche Härte, die schon sehr heftig gegen meine obere Leistungsgrenze stieß.

Ich sehe noch die Nacht, als ich mal ziemlich spät zurückkam. Oben auf dem Fensterbrett stand einer und wollte gerade hinunterspringen. Ich habe ihn mit knapper Not zurückhalten und etwas beruhigen können. Wie den anderen, der plötzlich vor mir stand, die Knarre in der Hand. Sein Zorn brauchte ein Opfer, irgendeines, weil gerade seine Mieze mit einem Dealer durchgebrannt war.

In solchen Augenblicken heißt es, ganz cool zu bleiben, zu lächeln: »Du meinst mich doch gar nicht, Alter! Jetzt setz dich erst mal auf deinen Arsch! Ich habe gerade Linsensuppe gekocht. Du isst jetzt einen Teller davon und erzählst mir, was bei dir los ist. Danach sieht alles gleich ganz anders aus.«

Das waren so spektakuläre Augenblicke. Aber es gab weniger auffällige Momente, die auf Dauer noch viel nervenaufreibender waren.

Dass ich zum Beispiel in der Potsdamer Straße, wo ich inzwischen wohnte, nie eine Ecke, geschweige denn ein Zimmer für mich hatte. Meine verdammte Gutmütigkeit war schuld. Immer war gerade einer eingetroffen: Gibst dem doch dein Bett, Heinz, nicht? Kannst doch auch mal dort drüben schlafen. Ist doch auch ganz schön.

Oder ein Pärchen war mal wieder ganz furchtbar verliebt und brauchte als Kuschelecke genau den Raum, wo ich gerade meine Matratze ausgerollt hatte, um mich mal richtig auszupennen. Aber klar doch, ihr Lieben, ich weiche gern. Der Heinz findet immer einen Platz. Der ist ja so lieb, nicht wahr? Scheiß drauf!

Der Heinz war allmählich gar nicht mehr so richtig lieb.

Der musste endlich lernen, auch mal Egoist zu sein. Nicht immer nur freundlich dazustehen und lächelnd zuzusehen, wie andere von draußen hereinschneiten und ganz selbstverständlich ihr Bett, ihr Zimmer zugeteilt bekamen, na wunderbar!

Nee, gar nicht wunderbar. Nicht für mich. Also Schluss jetzt! Wehr dich endlich!

Man muss gut sein zu den Menschen. Gewiss doch. Aber man selbst gehört schließlich auch dazu. Auch zu sich selbst muss man gut sein. Weil ständige Nächstenliebe sonst zum permanenten Frust wird.

Ich habe lange gebraucht, bis ich das begriffen hatte und mich gegen ein Übermaß leicht vertrottelter Hilfsbereitschaft in mir wirklich zu wehren verstand.

Vielleicht klingt das alles ziemlich düster. Vielleicht glaubt jetzt mancher, ich hätte beim »Release« eine ganz fürchterliche Zeit gehabt. Aber ganz so war es natürlich nicht. Es gab genügend helle Stunden.

Wir machten Musik, hatten unsere Sessions. Wir waren – das war Teil der Therapie – in jeder Weise kreativ, und ich konnte meine handwerklichen Fähigkeiten voll einsetzen.

Dann kam Besuch. Die amerikanische Gruppe Theatre of all Possibilities.

Michael Och hatte sie und ihre beiden Leiter Salty Hoffmann und John Allen nach Berlin eingeladen. Mit Sucht- und Rauschmittelbekämpfung hatten sie im engeren Sinn nichts zu tun. Aber ihre Art von Kreativität kam unserer sehr entgegen.

Wir versammelten uns. Ein Mantra war angesagt. Jeder wählte ein Wort. Ich entschied mich, wohl als Verbeugung vor unserem weiblichen Gast, für »salty«, also »salzig«. Nur dieses Wort musste ich in permanenter Wiederholung und jeder Lautstärke sprechen. Mit ständig wechselnden Gefühlswerten: wütend, traurig, resignativ, gehässig, freundlich, wehmütig. Ich wollte es brüllen und flüstern, wispern und zischen. Nur dieses eine »salty«.

So ging das wohl eine Viertelstunde und länger.

Verrückt? Vielleicht. Aber segensreich. Hinterher war man total erschöpft. Zugleich jedoch befreit und seltsam glücklich. Und wir lernten bei dieser Begegnung gleich auch amerikanische Theaterdisziplin kennen.

Mal eben fünf Minuten zu spät? Macht nichts? Wie? Na warte ...

Die Amerikaner hatten auch eigene Produktionen mitgebracht. Die Dramatisierung einer Episode aus *1001*

*Nacht*, den Titel habe ich vergessen. Und was vom Gott Shakespeare in originalem Shakespeare-Englisch. Wir verstanden kein Wort. Und revanchierten uns mit einer recht freien Adaption von Brecht/Weills *Die sieben Todsünden*. Ein geniales Stück. Immer neu anwendbar. Denn was hätte der Mensch seit Urzeiten für andere Sünden begangen als immer die gleichen? Neid, Habsucht, Völlerei…

Ich war der Geiz. Und ich war der Tod. Meine erste richtige Bühnenrolle. Ich spielte sie mit Hingabe und voller Überzeugung, zeichnete die ersten »Schurken« meiner Schauspielerlaufbahn in den schillerndsten Farben. Sicher ist mir kein späterer Schurke so giftig gut geraten. Von da an datiere ich den Anfang meines künstlerischen Wegs als Schauspieler.

Die Aufführungen unserer Stücke bauten wir zu einem großen Fest aus. Die Hamburger »Release«-Kollegen wurden dazu eingeladen, etwas hanseatisch feiner als wir struppigen Wilden von der Berliner Drogenfront. Brause und selbst gebackenen Kuchen gab es; der Erlös ging an den Verein. Eine Benefiz-Veranstaltung also, die sehr erfolgreich war, ein schönes Fest.

Dann war es aus mit allem Glanz. Der Alltag konnte wieder beginnen.

Unsere neu gewonnenen amerikanischen Freunde zogen zu Gastspielen nach Italien weiter. Wir widmeten uns unseren Schutzbefohlenen, deren Zahl ständig stieg. »Release« war inzwischen eine gesuchte Institution geworden. Selbst Ärzte mussten anerkennen, dass wir mit unserer Entzugs- und Kreativmethode in der Regel weiter kamen als sie mit ihrem Metadon.

»Release«, um das kurz anzumerken, hat sich bis heute gehalten. In der Potsdamer Straße 98. Kürzlich war ich dort mal Gast und wurde mit viel herzlich johlendem Schulterklopfen empfangen. Jetzt sind es User von damals, die Süchtige betreuen. Michael Ochs Erbe lebt also fort. Die Arbeit von damals war nicht umsonst.

Das Theatre of all Possibilities schien eine rasch wieder vergessene Episode gewesen zu sein. Der bunte Fleck im grauen Alltag. Bis ein Brief aus Amerika kam. Sechs »Release«-Mitglieder, egal welche, wurden eingeladen, im Stammquartier der Truppe, einer Ranch bei Santa Fé, Gast zu sein und dort das Theaterhandwerk zu lernen.

# Amerika,
## mein Gott, Amerika!

John Allens Einladung war nicht ganz so großzügig, wie sie schien. Immerhin musste die Überfahrt aus eigener Tasche bezahlt werden, und das Leben auf der Ranch kostete 52 Dollar im Monat. Dennoch stand für mich fest: Ich bin dabei. Ich werde einer von diesen sechsen sein. Geld durfte keine Rolle spielen.

Wozu hat man schließlich reiche Verwandte?

Mein »Sponsor« war der Mann einer Schwester meines Vaters, der in Darmstadt lebte und sein Geld mit Schirmen gemacht hatte. Außerdem war er Erfinder und besaß unter anderem ein Patent für Rückgrat-Streckmaschinen. Mich hat er wohl ganz gern gemocht. Denn schon bei einem früheren Besuch hatte er versprochen, mir dieses Patent einmal zu vererben. Das könnte Millionen bringen.

Ich brauchte keine Millionen. Nur 2000 Mark. Die bekam ich gegen eine Spendenquittung von »Release e.V.«. Onkelchen konnte sie von der Steuer absetzen. Also alles in Butter. Zunächst mal. Was kann es Schöneres geben als nette Verwandte, dazu mit viel Geld?

Doch leider, ach, kam später Gewitter auf. Der Onkel hatte die Quittung verbummelt, ich sollte sie ihm nach meiner Rückkehr aus Amerika ein zweites Mal ausstellen. Das ging aber nicht. Ich war nicht mehr bei »Release«, meine Unterschrift wäre Urkundenfälschung gewesen. Der Onkel sah das nicht ein und war bitterböse auf mich. Aus Wut ließ ich mich von seiner Erbschaftsliste streichen. Doch das Ticket für Amerika hatte ich ohne zu zögern angenommen.

Amerika, mein Gott, Amerika!

Ankunft in New York. Dort das erste T-Bone-Steak meines Lebens. Weiter ging es mit dem Greyhound-Bus hinüber nach New Mexico. Wir sechs aus Berlin hockten da, voll Angst und Spannung. Was würde uns auf der Ranch und überhaupt in Amerika erwarten? Allein der Gedanke daran trieb uns schon den Schweiß in die Handflächen. Mein Nebenmann, der sich in Berlin gerade erst das Rauchen abgewöhnt hatte, fing es gleich wieder an.

Um uns dieses Amerika in seiner ganzen Weite. Rote Erde. Die fiel mir als Erstes auf. Dann hundertmal mehr Jeans, tausendmal mehr Cowboy-Stiefel als bei uns. Und wenigstens zehntausendmal mehr Coolness, Lässigkeit. Die West-Berliner, die doch immer so stolz auf ihre Bindung an Amerika waren und sich oft als die besseren Amerikaner aufführten, kamen da um Welten nicht mit.

In Albuquerque holte uns Salty Hoffmann ab. Weiter ging es zur Ranch. Es dämmerte schon, als wir dort eintrafen. Gerade noch als Silhouetten nahmen wir gegen den Abendhimmel die einzelnen Gebäude wahr: die Domkuppel des Theaterbaus in der Mitte, winzige Häuschen, die unsere Quartiere werden sollten, Wirtschafts- und Verwaltungsgebäude, einen gewaltigen Ziehbrunnen, alles aus Adobe (gebranntem Lehm) errichtet.

Man erwartete uns. Rund 40 Leute standen im Hof zur Begrüßung. Einige der Gesichter erkannten wir. Dennoch gab es kein großes Schulterklopfen mit vielen »Hallos!« und »Wie geht's denn, Alter?« Alles blieb abwartend zurückgenommen, fast reserviert.

Wir schienen in eine völlig fremde Welt mit ganz eigenen Gesetzen geraten zu sein. Etwas unheimlich. John Allen trat vor. Auch er ließ keinerlei Emotionen erkennen. Seine Rede war von biblischer Klarheit: »There are two possibilities! Stay or go! Yes or no! And remember one thing: Travel in your own country!«

Reise in deinem eigenen Land!

Ich kapierte sofort, was er meinte. Was immer geschehen würde, mit uns und in uns – wir sollten bei allem wir selbst bleiben. Sollten nie vergessen, wer wir waren und woher wir kamen. Hier würden zwar unsere kreativen Möglichkeiten zum Ausbruch kommen, wir würden neue Perspektiven gewinnen. Doch immer würden es unsere ganz eigenen Perspektiven, unsere alleinigen Möglichkeiten sein.

Recht so! Das verstand ich – und stimmte zu.

Nichts, wirklich nichts hatte das mit dem preußischen Kasernenhof-Prinzip zu tun, nach dem eine Persönlichkeit erst gebrochen werden muss, um sie dann in angemaßtem Gottesgnadentum willkürlich wieder neu zusammenzusetzen. Ganz im Gegenteil!

John Allen war zwar ein Patriarch, ein Drillmeister, manchmal brutal, immer unerbittlich. Das schon. Aber immer ging es ihm um den anderen. Nie um sich selbst und seine Gottherrlichkeit. Das spürten wir und waren schon deshalb hoch motiviert, so hart uns manches ankam. Aber ich kann mich an keine einzige Phase auf der Ranch erinnern, wo mich das heulende Elend gepackt und ich nur noch weg gewollt hätte. Dazu war alles hier viel zu neu und spannend.

TAP, wie das Theatre of all Possibilities abgekürzt wurde, hatte dabei keine politisch-weltanschauliche oder sektiererisch religiöse Ausrichtung. Hätte ich das gewittert, wäre ich sofort getürmt. Nein, es ging hier einzig darum, konstruktiv und kreativ zu sein. Auf praktisch allen Gebieten. Das Theater war nur eines davon.

TAP baute eine Pferderanch in Australien auf und eine Bücherei in Kathmandu. TAP war dabei, John Allen voran, als acht Leute, die in einem riesigen Biotop eingeschlossen waren, den Biorhythmus einer Mondlandschaft am eigenen Leib erforschten. Ein Segelboot aus Ferro-Beton wurde gebaut, das ich später in Marseille vor Anker habe liegen sehen. Das alles ging von dieser Ranch hier aus.

Sie war autark. Es gab Landwirtschaft, Werkstätten, alles. Wem sie nun eigentlich gehörte, habe ich nie herausgefunden. Mittelpunkt dieses kleinen Kosmos, in dem auch Wissenschaftler aller Sparten als Lehrer arbeiteten, war unangefochten und einzig John Allen.

Ihm am nächsten stand Salty Hoffmann, eine Frau in den Dreißigern. Früher sei sie stark behindert gewesen, und John habe ihr mit seinem Training Körperkraft und Grazie wiedergegeben, hieß es. Jetzt war jedenfalls von einer Behinderung nichts zu merken.

Vielleicht war sie seine Freundin. Das blieb unklar. Er hatte wohl, glaube ich, mehrere. Doch im Grunde brauchte er keine Gefährtin. Er war ganz er selbst, ruhte in sich selbst. Ein Dino und Einzelgänger. Allein.

Ein Mann unbestimmbaren Alters und unbestimmten Berufs. War er nun Schauspieler, Regisseur? Ich weiß es nicht. Ich weiß nur, dass er so umfassend gebildet war wie kein anderer, den ich je getroffen habe.

Ging es um Kunst, wusste er alles darüber. Auch über Physik, Chemie und jede nur erdenkliche andere Wissenschaft. Wären Erdbeeren zu verarbeiten gewesen, hätte mit Sicherheit nur er das beste Rezept für Erdbeerkonfitüre gekannt. Faszinierend war daran aber, wie er die einzelnen Wissensbereiche miteinander zu verknüpfen und einer Gesamtschau der Dinge zu unterstellen wusste.

Er war kein Fachidiot, wie er sonst leider typisch wurde für diese Zeit, sondern ein »uomo universale«, ein Universalmensch, wie die Renaissance das genannt hatte. Und der beste Lehrer, den man sich wünschen konnte.

Er drang auf eisenharte Disziplin. Das schon. Er konnte mangelnde Begabung, aber nie mangelnden Fleiß verzeihen. Hing einer durch, was bei dem harten Training schon mal vorkam, hieß es nur knapp: »Trink einen Kaffee! Erhol dich! In zwei Stunden bist du wieder da! Sonst bleib lieber ganz weg!«

Nach diesem Prinzip fing gleich am ersten Tag nach unserer Ankunft der Unterricht an.

Erst mal Warm-up. Körpertraining. So genanntes Molding. Man steht da, rollt den Kopf, als bewege er sich in einem Kugellager. Man biegt das Rückgrat zurück, bewegt das Becken wie im Bauchtanz, wedelt mit den Händen, als wären die Gelenke unbegrenzt dehnbare Gummibänder. Der ganze Körper muss erfasst sein, bis ins Gesicht.

»Move your small muscles in your face!«, war ein beliebter John-Befehl. Der Körper musste zur weichen Modelliermasse werden, den man bis in jede Faser beherrschen sollte. Irgendwann war ich so weit, und später am GRIPS wurde mein Spitzname »der Gummimensch«. Ergebnis des TAP-Trainings.

Wir lernten Körperbeherrschung bis in die Fingerspitzen hinein. Buchstäblich. Wie mir das später bei den vielen Prügelszenen in meinen Filmen nützen sollte!

Das Publikum staunte: Wie der Hoenig mal wieder zuwuchtet, toll! Aber der Hoenig wuchtete überhaupt nicht zu. Seine Faust schoss auf den anderen zu, hielt in Sekundenbruchteilen wenige Millimeter vor dessen Körper, ohne ihn auch nur zu berühren. Die totale Illusion. Kurz gesagt: Sensitivity Training. Ich verdanke es dem Unterricht auf der Ranch.

Dann Stimmtraining. Atemtechnik. Und Improvisationen. Immer wieder. Fantasie in voller Blüte und dahinter das Eigene, Unverwechselbare. Wir lernten es nicht nur zu begreifen, sondern mit allen Möglichkeiten unseres Körpers umzusetzen und auszudrücken. Alles andere war dafür nur technische Voraussetzung.

Ich will hier nicht groß rechten, ob diese Art von Ausbildung der an unseren Schauspielschulen, den staatlichen zumal, überlegen ist. Ich weiß nur, dass ich mir später am GRIPS Absolventen der Max-Reinhardt-Schule krallen und sie erst mal so zurechtkneten musste, dass sie wenigstens mal einen Furz auf der Bühne zu lassen wagten. Wie verschüchterte kleine Krampfbündel kamen sie mir vor, von irgendwelchen Theatertheoretikern vorn und hinten zugeseift. Mein Glück, dass ich diese Art Schauspielschulung nicht erleben musste.

Mein Lehrer war John, meine Schule das TAP. Obwohl ich – das klingt vielleicht wie ein Widerspruch – nicht einmal so viel grundsätzlich Neues erfahren habe. Es wurde nur freigelegt und mir bewusst gemacht, was ich immer schon dumpf geahnt hatte. Und das nicht nur in Sachen Kunst, Schauspielerei und Theater. Mein ganzes Weltbild erhielt gleichsam den letzten Schliff.

Denn ich sah mich hier in der bisher nur still gehegten Ahnung bestätigt, dass es noch anderes geben muss als die Überlebenskutsche Wirklichkeit, in der es nur ums Überleben, aber nicht ums wirkliche Leben geht. So war denn die Zeit mit Michael Och am »Release« so etwas wie eine Selbst*erfahrung* gewesen, die anderthalb Jahre TAP jedoch eine Zeit der Selbst*befreiung*. Und war das »Release« meine Lebensschule, wurde das TAP eine Art Lebens*hoch*schule.

Auch damals übte ich mich in Handwerk und Landwirtschaft, habe sogar Schweine kastrieren gelernt, was ich in Harlingerode nur bänglich aus sicherer Entfernung beobachtet habe. Überhaupt wurden wir zu jeder Art manueller Arbeit angehalten.

Auf der Ranch sollte es keinen Stillstand geben. Immer musste es weitergehen, und nichts wurde uns geschenkt. Alles wollte verdient sein. Bewohnten wir nicht ein Haus, das andere vor uns gebaut hatten? Na gut, also bauten wir jetzt selbst Häuser, die einmal von anderen bewohnt werden konnten.

Das heißt: nicht Häuser. Hütten. Hüttchen. Groß wie eine Mönchszelle, gerade noch, aber das eigene Reich. Darauf kam es mir besonders nach den »Release«-Erfahrungen an, wo man nie genau wusste, ob auf der eigenen Matratze in der nächsten Nacht nicht schon ein anderer lag.

Wollte hier ein anderer dieses Reich betreten, klopfte er erst mal an. Auch das ein wohltuendes TAP-Gesetz.

Man traf eine bewusste Entscheidung. Mal wollte man den anderen sehen, mal nicht. Der andere musste das respektieren. Also kein endloses Washastdudennseidochkeinfroschhastduproblemequatschdichmalaus-Gefasel.

Bullshit!

Ein No war ein No. Ein Yes ein Yes. Okay? Und wollte man mal was sagen, aber niemand ließ einen zu Wort kommen, oder das Gerede der anderen kostete einen den letzten Nerv, gab es kein langes Lamentieren in der Art »Also, jetzt möchte ich mal, also bitte, ich will nicht unhöflich sein...«, dann *war* man einfach unhöflich. »Shut your mouth«, hieß es knapp. Damit war der Fall geklärt.

Klingt recht barsch, nicht wahr?

Das war es. Vielleicht. Aber etwas stand immer dahinter: der absolute Respekt vor der Persönlichkeit des anderen.

Jeder hatte einen, den er nicht so riechen konnte, klar. Aber man respektierte ihn auch dann. Man wahrte Würde, was ich gerade heute in unserem Beruf sehr oft sehr vermisse. Die eigene wie die des anderen. Nach diesem Prinzip funktionierte die Gemeinschaft am TAP. Und kein Einziger musste sich je durch das Kollektiv der anderen an die Wand gedrückt, vergewaltigt fühlen.

Saure Arbeit, frohe Feste. Beides gehörte zum Leben auf der Ranch. Und Gäste kamen, einmal zwei ziemlich abgerissen wirkende Männer, die aus einer verrosteten Karosse kletterten. Willig ließen wir sie in unserer Mitte am Feuer sitzen, über dem gerade ein Schwein am Spieß gedreht wurde. Sicher hatten die Armen Hunger und konnten etwas Warmes im Magen vertragen. Später stellte sich heraus, dass diesen beiden halb New Mexico gehört.

Ein anderer Gast kam aus LA. Ein schon älterer Herr. Lee Strasberg hieß er. Die Theaterlegende. Uns sagte das damals nicht viel. Aber was er erzählte, war faszinierend. Mit weit offenen Ohren hörten wir zu.

Seine Lehre, eine Art US-amerikanischer Stanislawskij-Verschnitt, hat mich dagegen nie sehr beeindruckt.

Auch heute noch nicht. Und ich bin nur in Maßen ergriffen, wenn sich mir mal wieder jemand als Strasberg-Schüler vorstellt und sich bereits für den neuen James Dean hält, nur weil er muffig um die Ecke guckt. Aber Strasberg selbst war eine imposante Persönlichkeit.

Am Montag hatten wir frei. Oft trampten wir dann hinaus in das unendlich weite Land.

Ich glaube nicht, dass ich für immer in Amerika hätte leben können. Nach der TAP-Zeit war ich auch nur einmal, für die Konsalik-Verfilmung *Mayday – Flug in den Tod*, längere Zeit dort. Doch der besondere amerikanische Geist, der manchmal ein Ungeist ist, hatte mich damals recht heftig gepackt.

An manchen Tagen trampte ich nicht. Blieb am Straßenrand hocken, horchte in die Stille dieser Weiten hinein. Einfach nur so. Das waren Stunden, vielleicht auch nur Minuten, in denen ich die Lieder von Bob Dylan wirklich begriff, einer meiner musikalischen Halbgötter in »The Dee«-Tagen. Diesen Klang hörte ich nun wieder, sah, spürte, atmete das Land, dem solche Klänge entsteigen konnten, wehmütig, sehnsüchtig: »Blowin' in the wind...«

Endlich hob ich dann doch den Daumen. Nicht lange, bis ein Wagen hielt. Selbstverständliche Hilfsbereitschaft, Erbe noch aus Pioniertagen, ist noch immer eine der besten Eigenschaften des American way of life. Der Mann am Steuer grinste mich an. Griffbereit im Handschuhfach die geladene Pistole: »For rattles and rabbits, you know?«

I know.

Der Mann bot was zu rauchen an. Gras. Selbst angebaut. Ich inhalierte ein paarmal. War schon stoned. Starkes Zeug. Zu stark für mich. Das nächste Mal ließ ich es lieber.

Oft sind wir hinüber nach Santa Fé gefahren. Eine Riesenstadt, beherrscht von einigen großen Familien, die sich erbitterte Fehden lieferten. Aber das scherte uns nicht. Wir gingen lieber stracks in unsere Lieblingskneipe, wo es eine bestens bestückte Musikbox gab.

Vor allem sie zog uns dorthin. Denn auf der Farm war so was verboten, dort gab es nicht einmal ein Radio. Alles »Künstliche« war untersagt, alle »Kunst« musste aus einem selbst kommen. Verlangte es einen nach Musik, konnte er sich hinstellen, konnte so lange trällern, singen, summen, wie er wollte. Niemand störte ihn dabei. Auch das gehörte zum Respekt vor der Persönlichkeit des anderen.

Viele Künstler, viel Kunsthandwerk bestimmten das Bild von Santa Fé. Am Stadtrand, zum Gebirge hin, fanden sich auch viele Gießereien. Die habe ich mir recht genau angesehen und wollte mir schließlich selbst einen Gießofen bauen, hatte schon in Gips ein Modell geformt.

Jeden Abend saß ich davor, arbeitete daran. Und eines Nachts überfiel mich dabei eine Vision. So was passiert mir öfter.

Einmal in Berlin hielt ich an einer Ampel. Rot. Sie schaltete auf Gelb und Grün. Ich hielt immer noch. Wieder Gelb Rot Gelb. Wieder Grün. Michael Och saß neben mir, stieß mich an: »Mensch, was träumste? Fahr doch endlich, Yul Brynner!« Das war in meiner Glatzenzeit. Ich schreckte hoch. War aus einem Film gerissen, der in allen Farben in mir ablief.

Dieses Mal lief kein Film. Aber die Wand vor mir schien plötzlich zu wanken, zu bröckeln. Ein Spalt öffnete sich. Eine Höhle dahinter. Ich sah im Dunkel schimmernde Schätze, wollte schon aufspringen, zupacken. Aber da waren dunkle Gestalten. Wächter. Tote. Sie hoben warnend die Hand: Bleib nur weg, Bursche! Der Spalt schloss sich wieder. Der Schatz war verschwunden.

Ich saß wieder am Tisch, vor meinem Modell. Es war eine Botschaft, das wusste ich. Diesen Schatz gab es. Ich musste ihn suchen. Musste die eben visionär geschaute Höhle irgendwo finden. Sie musste in der Nähe sein. Unbedingt.

Beim allerersten Morgenlicht brach ich auf. Die Kamera dabei, ein Bündel kleine Kerzen. Das war meine ganze Ausrüstung. Die Sonne stieg immer höher, ich fotografierte meinen immer länger werdenden Schatten. Gestrüpp und Felsen ringsum. Viel Getier musste es hier geben, Skorpione, Schlangen. Eigentlich Wahnsinn, sich hierher zu wagen. Aber irgendwas trieb mich zielsicher voran.

Und da war dann plötzlich die Höhle. Genau, wie ich sie in dieser Nacht gesehen hatte.

Ich ging hinein. Immer weiter ins Dunkle. Plötzlich hörte ich es. Dieses Zischen, dieses Klappern. Die Wächter. Nein, keine Toten. Klapperschlangen. Ich schrie. Schrie mir alle Angst und Spannung vom Leib, drehte mich um, verließ die Höhle und ging erleichtert zur Ranch zurück, wo die anderen mit ihren Improvisationen schon begonnen hatten.

Gern hätte ich ihnen mein Erlebnis in der Höhle erzählt. Aber sie hörten gar nicht zu. Beschimpften mich nur, weil ich zum Unterricht zu spät gekommen war. Unpünktlichkeit war nun einmal eine der Todsünden auf der Ranch.

Ich wurde an diesem Morgen meine Geschichte nicht los. Schön, sie wenigstens hier mal erzählt zu haben.

Denn die Sache mit dem Schatz, den es irgendwo geben musste, unerreichbar, von Wächtern umstellt, beschäftigt mich immer wieder.

Auch bei der Arbeit auf der Ranch fanden wir Schätze. Die Schätze des Theaters. Immer tiefer drangen wir in seine Geheimnisse ein.

An eine Übung erinnere ich mich besonders gern. Wir nannten sie »heißer Ball«, und anfangs setzten wir dafür einen richtigen Ball ein. Später war er ein Code-Wort für die Frage, was in einem vom Dichter so hingeschriebenen Dialog steckt.

Wer spricht da eigentlich mit wem? Wer ist mit welchem Wort gemeint? Immer der Angesprochene?

Einer sagt zu einem anderen, der Dritte dort drüben sei ein Schuft. Teilt er das wirklich dem anderen mit und nicht eher, indirekt, dem Dritten? Mit wem spricht einer, wenn er sich an eine Gruppe wendet? Vielleicht gar nicht mit der Gruppe, sondern mit einer ganz bestimmten Person. Am Ende mit einer, die nicht anwesend ist. Und so weiter.

Der »heiße Ball« scheint auf einen zu zielen. Plötzlich fliegt er auf einen anderen zu. So erst gewinnt das Stück Spannung und Dramatik.

Ich glaube, es ist klar, worum es geht. Um Text und Subtext in jedem Theaterstück. So muss man ihn entschlüsseln. So werden seine doppelten Böden erst sichtbar. Bei Shakespeare, Schiller, Kleist. Für jede Aufführung müssen sie neu entdeckt werden. Dann sind sie frisch und aufregend. Dann findet lebendiges Theater statt. Nicht so totes, die ewig gleiche Rezeption wiederkäuendes Theater wie das in Wolfenbüttel, vor dem man sich wohl wirklich besser ins nächste »Max und Moritz« flüchtet.

All das lernte ich nun. Und sah am eigenen Leib bestätigt, was mir schon bei den Schaubühnen-Spielern klar geworden war: Theater ist beinharte Arbeit. Sie verlangt Ehrlichkeit und vollen Einsatz des Einzelnen, mit Körper und Seele. Und sie verlangt Liebe. Die vor allem. Fehlt diese tiefe Liebe, dieser Eros, ist jede Theaterei albern.

Wir sechs aus Berlin waren ehrgeizig.

Wir wollten nicht nur lernen. Wir wollten auch zeigen, was wir gelernt hatten. Gern hätten wir noch mal *Die sieben Todsünden* aufgeführt, die uns damals so gut gelungen waren. Aber daran trauten wir uns jetzt nicht heran und entschieden uns für Brechts Frühwerk *Baal*, die Geschichte vom dichtenden Wüstling, der erst die Weiber, dann die Kerle, am Ende nur sich selbst liebt. Baal liebt Baal. Ich war der Baal. Und im Wechsel sein Gegenspieler, der Johannes.

Wir haben das nach unserer Rückkehr auch in Berlin gespielt. Ohne richtigen Erfolg. Die Zuschauer waren verärgert. Sie hatten erwartet, dass nach der Aufführung noch ausgiebig »diskutiert« wird. Das war im damaligen Theater-Deutschland die große Mode, man kann auch sagen: die Seuche.

Diskussionen. Endlos. Ergebnislos. Jeder befriedigte sich nur selbst im ewig gleichen Geschwätz. Wir kannten das aus Amerika nicht: »Do your business! Go!« hieß dort die Losung. Sehr vernünftig.

In Amerika fand unsere Produktion bessere Aufnahme. Erst auf der Ranch unter der Domkuppel, so wenig Besucher sich aus der Stadt auch auf die Ranch verirrten. Dann in Chicago, wohin uns John Allen vermittelt hatte. Wir spielten abwechselnd auf Englisch und Deutsch. In Chicago leben ja sehr viele Deutsche.

Die Stadt mit ihren Hinterhöfen erinnerte mich stark an West-Berlin. Und dann gab es noch den so genannten »black forest«, das Viertel der Farbigen. Ich wurde gewarnt, dort hinzugehen. Weiße seien dort nicht sehr gelitten. Einmal ließ es sich allerdings nicht vermeiden. Die Plakate unseres Gastspiels waren dort in einem Fotostudio hergestellt worden, und ich musste sie abholen. Aber das schien zunächst noch unproblematisch. Der Bus hielt direkt davor.

Als ich aus dem Studio wieder herauskam, regnete es. Es goss geradezu. Hier an der Bushaltestelle zu warten und mich durchregnen zu lassen, war mir zu dämlich. Das Verbotene reizte mich. Ich erinnerte mich an die Worte John Allens, auf keinen Fall zu Fuß durch Chicago-North zu gehen. »Blacks only«, zu gefährlich! Also lief ich zur nächsten Busstation; dazwischen lag eine Bar. Das Bedürfnis, gerade jetzt einen Whiskey zu trinken, beherrschte mich. Also los. Nur Schwarze. Alle Gesichter wandten sich mir zu. Ich folgte einem Rat: »Schau keinem Fremden in die Augen! Erinnere dich, was du wolltest.« Und ich wollte was trinken. Ich bestellte einen Whiskey, leerte das Glas, bezahlte und ging hinaus. Ohne Probleme.

Als ich den anderen im Theater davon erzählte, tobten sie. Ob ich denn verrückt sei, lebensmüde, ob ich denn nicht wüsste, was alles hätte geschehen können…

Ich bin noch einmal im »black forest« gewesen. Auch das war ein Abenteuer.

Ich denke gern zurück. Allein daran, wie ich damals aussah: tiefbraun von der Arbeit auf der Ranch, weißes T-Shirt, bloße Arme! Und die Arme von den Gelenken hinauf bis zu den Schultern voll Silberschmuck.

Jawohl, Silberschmuck. Ich hatte mich auf meine alten

Berliner Fertigkeiten besonnen und Silberschmuck hergestellt. Der sollte mir jetzt ein paar Dollar bringen. Wie damals auf dem Ku'damm. Ich war sozusagen mein eigenes Schaufenster.

Irgendwie muss ich mich in den »black forest« verirrt haben. Stand wieder vor einer Bar. Aber diesmal war es eine von der piekfeinen Sorte. Eine Lady, tiefschwarz – wie aus erlesenstem schwarzem Marmor gemeißelt –, wollte gerade den Club betreten. Alles allererste Klasse. Eine Königin.

Ich starrte und staunte. Und erstarrte völlig, als sie sich mir zuwandte. Sie lächelte. Nicht lockend, nicht verächtlich. Und sie musterte meine Arme mit dem Schmuck. »Very nice!« Schon zeigte sie auf das eine oder andere Stück. Am Ende stand ich mit nackten Armen da.

Erst jetzt bemerkte ich, dass sie nicht allein war. Ihr Begleiter – ein kleiner, mickeriger weißer Mann – musste mich auf ihr Kommando hin entlöhnen. Sie war der Boss! Angenehm, die Rollen zwischen Schwarz und Weiß mal vertauscht.

Auf der Ranch von John Allen hatte ich ein anderes, mir bis heute unvergessliches Erlebnis: Ich beobachtete einen Sonnenuntergang. Atemberaubend immer wieder. Der ganze Himmel ein einziges loderndes Rot und Gelb. Ich kletterte auf das Dach der Holzwerkstatt, um mir das in Ruhe anzusehen.

Da sah ich sie, sie stand ganz ruhig da. Ein Gast der Ranch – eine Indianerin. Nur der Wind bauschte ihr bodenlanges Gewand. Ich stellte mich neben sie. Wortlos. Sie wandte sich mir zu. Ich sah ihr in die Augen. Tiefdunkel, unergründlich, ein Brunnen mit allem Wissen dieser Welt darin.

Wir sahen uns an. Stundenlang. Oder nur wenige Sekunden. Dann wandten wir uns wieder dem Sonnenuntergang zu. Standen nebeneinander, schauten, waren hingerissen voneinander. Ein Gefühl, so groß wie eine Neugeburt der Welt. Und das, obwohl wir uns weder berührten noch miteinander schliefen. In dem Moment fühlte ich, dass es wichtiger und schöner ist, nicht die große Lust auszuleben, sondern sie in der Fantasie zu bewahren.

Immer habe ich solche Erlebnisse gesucht und sie manchmal gefunden. Ich flirte in Lokalen gern über zehn Tische hinweg, nur mit Blicken, Gesten, alles wie nebenbei, ganz unauffällig. Nie käme ich auf den Gedanken, aufzustehen und zu der Dame hinüberzugehen, sie anzuquatschen. So im Stil: »Na, wohin gehen wir denn? Zu dir oder zu mir?«

Zusammensein. Einssein. Jawohl. Einfach so. Sich mit dem anderen eins fühlen. Ohne große Berührung, aber mit aller Intensität. Das ist für mich Erotik.

Es ging, zugegeben, nicht immer so platonisch zu. Auf der Ranch hatte ich einige richtig heiße Affären. Und in Chicago umschwirrten uns bildhübsche, totschicke College-Girls. Reizende Wesen, ganz ohne Zweifel. Wenn sie nur nicht immerzu geschnattert hätten. Wenn nicht eine immer noch »more sophisticated« hätte sein wollen als die andere.

Sie schnatterten sich und ihren Charme praktisch tot. Am Ende blieb nur eine leere Hülle mit perfektem Make-up. Und ich sehnte mich nach einer Heidi, dem schlichten Landkind von der Alm. In Amerika gibt es zwar hohe Berge, aber keine Alpen.

Nicht deshalb musste ich zurück. Es war einfach Zeit, und anderthalb Jahre waren genug. John Allen schüttelte mir kräftig die Hand: »If you stay in America, you will become a great star!«

Vielleicht!

Ich bin dennoch nicht unglücklich, damals nicht geblieben zu sein. Sowenig Angst und falsche Ehrfurcht ich auch vor den wirklich großen Stars hatte. Denn ich weiß nach allen amerikanischen Erfahrungen, das sind keine Monstren und Überwesen. Viele sind tolle Leute, die richtig arbeiten können. Und sie merken, ob ein anderer auch arbeiten kann.

Wäre ich Amerikaner von Geburt, hätte ich mich wohl bei ihnen durchgesetzt. Aber das bin ich nun mal nicht. Nur der Fuzzy aus Germany. Für den wären doch immer nur ein paar Second-Hand-Movies abgefallen.

Kein Bock drauf. Null. Nee danke!

John wollte mir noch ein Zertifikat geben. Ich dankte, denn ich wusste auch so, was ich hatte und war.

Als ich nach anderthalb Jahren zurückkehrte, hatte ich nicht mehr die Family, die ich in dieser Zeit auf der Ranch bei Santa Fé gefunden hatte. Dieser Verlust schmerzte anfangs. Aber dafür hatte ich nun einen Beruf.

Ich war Schauspieler geworden.

## GRIPS, Gummimensch und tausend Kinder

Ich liege auf dem Boden. Irgendwie muss ich wohl eingeschlafen sein. Ich schrecke hoch. Irgendwas Weiches, Warmes fährt mir übers Gesicht. Feucht dazu. Hundeschnauzen.

Wo bin ich, verdammt noch mal?

Richtig. Auf der Bühne des GRIPS-Theaters in Berlin, wo ich für 13 Uhr hinbestellt worden war. Ich war der Erste, Einzige. Niemand sonst ließ sich blicken. Netter Empfang! Da war ich dann einfach hineingegangen, bis zur Bühne, hatte mich dort hingehockt. Und war übers Warten eingenickt.

Rings um mich stehen Leute. Die vom GRIPS. Sie lachen, Gabi Go hat ihre zwei Hunde dabei. Ich reibe mir die Augen, räkele mich hoch. Warmes Arbeitslicht. Stickig-staubige Bühnenluft. Dies hier, ach ja, sollte so was wie ein Vorstellungsgespräch werden.

Am GRIPS, meiner künftigen Heimat.

Brav waren wir sechs nach der Rückkehr aus Amerika in die Potsdamer Straße getrabt und wollten dort am »Release« weitermachen, wo wir 18 Monate zuvor aufgehört hatten. Aber so einfach war das nicht. Michael Och, der Seelenkenner, spürte das als Erster.

Wir waren so overpowered, so strotzend von kreativer Energie, dass wir jeden Augenblick zu explodieren drohten. Keine gute Voraussetzung für die Arbeit mit Menschen, die erst mal wieder daran gewöhnt werden mussten, ein Essbesteck hochzuheben, einen Wasserhahn zu benutzen und noch was anderes in dieser Welt zu tun, als nur ihre Spritze zu putzen. Das verlangte Geduld. Wir hatten alles, nur das nicht.

Also Rausschmiss! In Freundschaft. Ich habe das Och nie verübelt. Es war eher ein Liebesbeweis.

Ich habe trotzdem noch eine Weile fürs »Release« gearbeitet, habe Bauernhöfe im Westen ausfindig gemacht, die vielleicht zu Therapiezentren umgebaut werden konnten. Aber meine eigentliche »Release«-Zeit war vorbei. Das wusste ich.

War es nur Zufall, dass ich in dieser Zeit Helma Sanders-Brahms traf, eine gute Bekannte von Heinrich Giskes?

Damals hieß sie nur Helma Sanders, war Regisseurin, und ich hatte vor Amerika in einem ihrer Filme mitgewirkt. In einer winzigen Rolle, mehr die bessere Komparsenaufgabe. Wir hatten es beide nicht sehr ernst genommen. Jetzt aber wurde es schon ernster.

Filmdame Helma, gern im bodenlangen Pelz mit Riesensonnenbrille, sollte am GRIPS ihre erste Theaterarbeit machen. *Mensch, Mädchen* hieß das Stück, eine witzige Attacke gegen alle Mädchen/Jungen-Klischees: Mädels sind blöd, Jungs clever und so weiter. Quatsch! Jeder kann, was er kann. Mädel oder Junge ist da ganz egal. Weshalb hier das Mädel auch mal zum Jungen wird und der Junge, Bruno, ein Mädel.

Ein gutes, ein treffendes Stück. Und zugleich sehr typisch fürs damalige GRIPS.

Ich wusste von dieser Bühne ebenso wenig wie seinerzeit von der Truppe um Peter Stein. Wusste nicht, dass das GRIPS früher mal »Reichskabarett« hieß und von

Volker Ludwig geleitet wurde, der später dann mit seinem Musical *Linie 1* einen Welterfolg haben sollte.

Im »Reichskabarett« wurde zunächst mal – der Name sagt's – Kabarett gemacht. Frech, links, aufmüpfig. Der rechte Publizist Hans Habe hatte mal eine Aufführung mit dem Kampfruf »Rettet Berlin!« verlassen (und prompt hieß das nächste »Reichskabarett«-Programm *Rettet Berlin*). Und auch sonst ging dort ziemlich viel Kleinkunst-Geschichte über die Bretter.

Die Diseuse Ortrud Beginnen zelebrierte dort ihre schön geschnörkelten Salongesänge der Jahrhundertwende. Einige junge Blödler, darunter Karl Dall, formierten sich im »Reichskabarett« zur Quatsch- und Sangestruppe Insterburg & Co. Vor allem aber hatte Volker Ludwig mit seinen Kinderstücken Erfolg. *Stokkerlok und Millipilli*, *Maximilian Pfeiferling* oder *Balle, Malle, Hupe und Artur* fegten wie ein kleiner Sturmwind durch die Theaterlandschaft und schossen alle Peterchen mitsamt dem ganzen Weihnachtsmärchen-Klimbim auf den Mond. Vorübergehend wenigstens.

Antiautoritäre Erziehung war damals Mode. Entsprechend die Stücke: Die Kinder waren immer unglaublich stark und klug, die Erwachsenen (insbesondere Polizisten, Hausbesitzer) über die Maßen doof oder böse. Aber mit der Zeit mauserte sich das.

Das kess gegen jede Autorität Anmaulende, die Rotzigkeit um der Rotzigkeit willen, legte sich. Die Stücke wurden konkreter, packten nun realistisch Probleme an. Ausländerhass, neuen Rechtsdrall, Sexualaufklärung. Als mich Helma aufforderte, bei *Mensch, Mädchen* die Rolle des Bruno zu übernehmen, hieß das »Reichskabarett« bereits GRIPS und residierte im neuen Haus am Hansaplatz.

Dort also lag ich auf der Bühne.

Nicht lange. Ich sprang auf, fing wie in Ranch-Tagen mit dem Improvisieren an. Erst mal Molding, dann alle Rollen des Stücks, wirklich alle, bis zur im Sand verbuddelten Taschenuhr. Zwei Stunden ging das so. Endlich war ich bei einer Katze angelangt: Miau!

Aus dem Hintergrund miaute es zurück. Helma, die Regisseurin. Ich klopfte mir den Staub von den Jeans: »Okay! Ich bleibe!« Die anderen nickten. Mancher mag das später heftig bedauert haben. Denn meine an John Allen geschulten Ansprüche waren hoch und am Ende zu hoch für einen normalen Theaterbetrieb. Ich muss wohl wie ein kleiner Taifun aufs GRIPS niedergegangen sein.

An eine Probe erinnere ich mich noch besonders gut.

Irgendeine Szene stimmte einfach nicht. Der Text war schlichtweg doof. Die anderen knobelten darum: »Wie spielen wir das bloß?« Diskussion. Palaver. »Improvisieren wir doch mal!« Das war ich. »Ich spiele jetzt mal die Göre und du die Mutter und du ...«

Das Entsetzen hätte nicht größer sein können, wenn ich von allen verlangt hätte, sich auf der Stelle nackend auszuziehen und zu onanieren.

»Improvisieren? Was soll denn das?«

»Sind wir etwa noch Schauspielschüler, oder wo sind wir hier ...«

»Ich war schon in Bochum am Schauspielhaus und am Rendsburger Landestheater, und in Wunsiedel habe ich bei den Festspielen mitgewirkt. So was habe ich nun wirklich nicht nötig ...«

»Und ich habe sowieso keine Zeit mehr. Muss zum Funk, die Wasserstandsmeldungen lesen ...«

Ich explodierte. Heftig. Gründlich.

»Wer hat das nicht nötig? Sag die Wahrheit, sag: Ich bin zu feige dazu. Dann stimmt das wenigstens. Aber hört auf zu quatschen! Immer nur talkie talkie. Schluss damit!« Denn: »Machen! Spielen! Rausfinden! Darauf kommt es an. Nicht auf euer intellektuelles Scheißgehabe. Wenn ihr wirklich alles schon wisst, hättet ihr es längst besser gemacht...«

Dennoch bin ich nicht rausgeflogen.

Wer leider gehen musste, war Helma. Sie war vielen in dieser demonstrativ »unautoritären« Umgebung zu autoritär, zu sehr Regie-Dompteuse. Helma hatte durchaus ihre Qualitäten, war bei uns aber einfach am falschen Platz. Irma Paulis und Werner Rehm übernahmen die Gemeinschaftsregie. *Mensch, Mädchen* wurde ein beliebtes Stück.

Ich aber war nun GRIPS-Schauspieler.

Wohl 210 Mal wurde *Mensch, Mädchen* gegeben. Zweihundertzehn Mal war ich der Bruno und setzte im freien Sprung über den meterhohen Zaun. Das brachte mir den Ehrennamen »Gummimensch« ein, leider aber auch ein für immer zerschundenes Knie, an dem bis heute immer wieder herumoperiert werden muss. Denn meine Knochen sind leider nicht aus Gummi, und der GRIPS-Bühnenboden war es auch nicht.

Also 210 Vorstellungen. Und jeden Abend neu die zwei Minuten vor dem Auftritt, wo man sich überallhin wünscht, an den Marterpfahl der Indianer oder sonst wohin, nur nicht auf die Bühne. Und dann steht man doch da, und alle Angst fällt von einem ab, die Magennerven zucken plötzlich nicht mehr.

Man ist nun – ich habe kein anderes Bild – wie in eine riesige Blase eingeschlossen. Kraft wird freigesetzt, Prozesse werden ausgelöst, die das Stück, die Rolle ausmachen. Alles andere darf vergessen werden. Man ist wie angeschlossen an die Batterien einer anderen Welt. Das Spiel nimmt seinen Lauf. Jeden Morgen neu (schließlich ist das GRIPS ein Kindertheater). Jede Vorstellung anders.

Schwer, sehr schwer, daraus wieder in die Realität zurückzukehren. Jeder hat da so seine eigene Methode. Ich selbst brauche jedenfalls Zeit dazu. Mal mehr, mal weniger. Es können fünf oder zehn Minuten sein, manchmal auch zwei Stunden. Niemand – wirklich niemand – darf mich dabei stören.

Nicht einmal eine sehr attraktive Dame, die zu mir mal in die Vorstellung kam, als ich in Zürich Sam Shepards *Fool for love* spielte.

Die Vorstellung war aus. Ich saß vor meinem Schminkspiegel. Hinter den Kulissen – sie war irgendwie in der Nähe. Kein Wort, keine Bewegung eine ganze Stunde lang. Sie spürte wohl, obgleich selbst keine Schauspielerin, in welcher Verfassung ich gerade war. Und diese feinfühlige Geduld ließ mich zum ersten Mal ahnen: Das könnte am Ende eine Frau fürs Leben sein!

Sie heißt Simone. Wir sind verheiratet.

Seit damals in Zürich habe ich nicht mehr Theater gespielt, nur noch gefilmt. Aber beim Film ist das gar nicht so anders. Dort gibt es nicht den Auftritt, nur die Klappe: Hoenig zum Ersten! Und schon ist man wieder in dieser Blase drin, steht unter Strom. Es ist immer wieder spannend, dann Partner mit gleicher Wellenlänge zu haben.

Mir fällt da Maja Maranow ein. Sie ist nicht die Einzige. Aber gerade mit ihr hatte ich besonders heikle Szenen zu spielen. Da ist dieser Einklang im Gefühl besonders wichtig.

Ich denke an den *König von St. Pauli* zurück. Speziell an die Szene, in der sich die Mizzi (Maja) und Sugar (ich) am Grab vom »Blaue Banane«-Wirt Rudi Kranzow finden. Heikel hoch drei. Kitsch droht oder unfreiwillige Komik. Auf dem ganz schmalen Grat dazwischen müssen wir uns bewegen. Cool, präzise und zugleich hoch emotional, mit einem ganz kleinen bisschen Ironie dabei, als würde Kranzow uns von oben oder unten zulächeln und aus dem Grab flüstern: »Werdet man glücklich, ihr beiden! Ich gönne es euch. Das Leben geht weiter...«

So etwas kann man nur mit einer Partnerin wie der Maja spielen.

Sie ist ähnlich verrückt wie ich. Ver-rückt. Schon voll auf Batterie, wenn sie morgens zum Set kommt. Das wirkt dann – wie bei mir – manchmal etwas »schwierig«. Aber wir müssen so sein, um spielen zu können. Mit aller Kraft, allem Gefühl, allem...

Danke! Stopp!

Himmel Herrgott, wer unterbricht mich da, verdammt noch mal? Gerade jetzt, wo ich voll in Fahrt bin, den richtigen Ton, endlich die richtigen Gesten für diese Szene habe, vor der ich von Anfang an Bammel...

Ach so, der Kameramann!

»Der Heinz hat da einen Tropfen trockenen Schweiß an der linken Wange. Also, wenn das bleibt...«

Haltung! Puder! Stillhalten!

Natürlich hätte ich aus der Haut fahren mögen. Aber das geht nicht. Wenn ich mich jetzt aufbäume, bin ich aus der Szene raus. Dann also lieber warten, bis der Tropfen weggepudert ist. Danach dann neuer Strom, wieder eintauchen in die Blase.

Das nichtchronologische Arbeiten beim Film stört

mich weniger. Selbst wenn – wie in zwei Filmen mit Diethard Klante – ausgerechnet die allerletzte Szene ganz zuerst gedreht wird. Weil in mir schon während der Vorbereitungen der ganze Film abgelaufen ist.

Ich weiß, in welcher Szene wir gerade sind und welche dann kommt. Und ich kenne auch den Typen, den ich gerade spiele, kenne sein Leid, seine Liebe, sein ganzes Kräftepotenzial. Das kann ich immer dort einsetzen, wo es gerade gebraucht wird.

Der eigentliche Unterschied zum Theater ist das Publikum. Live. Unberechenbar.

Ich habe auch damit umzugehen gelernt. Schon auf der Ranch in Amerika, wo bei unseren Aufführungen manchmal gerade noch ein klägliches Dutzend Leute auf den Bänken saß. Verdammt schwer, gegen die Leere dort unten anzuspielen. Aber es galt John Allens Wort: »Ob sechs dort sitzen oder 600, ihr spielt so intensiv wie immer!«

Ich weiß nicht mehr, wie viele Plätze wir im GRIPS hatten. Keine sechs, keine 600. Wohl so um die 400, schätze ich. Aber voll war es eigentlich immer. Und mir kam es so vor, als säßen dort tausend Kinder. Mindestens. Schreiend, trampelnd, ohne den geringsten Respekt vor dem hehren Theater da oben. Im Gegenteil. Ging oben mal was nicht richtig, stürmten sie die Bühne und zeigten, wie es richtig geht. Gut so.

Ein tolles Publikum. Unbestechlich. Wir wussten immer, ob das, was wir gerade machten, gut war oder nicht. Das ehrlichste Publikum, das es gibt. Für kein anderes habe ich so gern gespielt wie für die Kinder im GRIPS.

Das GRIPS galt als Links-Bühne und deshalb als gefährlich. Besonders in den späten Siebzigern, als durch RAF, Baader/Meinhof und all die Entführungen und Mordanschläge von Peter Lorenz bis Hanns-Martin Schleyer die Anti-Links-Haltung so hysterische Züge annahm wie seit den frühen Fünfzigern nicht mehr. Auch das GRIPS, obgleich bundesweit reputiert und eine der West-Berliner Vorzeigebühnen, bekam das zu spüren. In CDU-regierten Stadtbezirken durften wir schon keine Gastspiele mehr geben.

Das alles wusste ich. Aber es konnte mich am GRIPS nichts irremachen. Obgleich ich selbst kein Linker war, identifizierte ich mich doch mit seiner weltanschaulichen Grundhaltung, weil ich mich mit dem GRIPS identifizierte. Denn ich hielt es nun mal für das richtigste, das gesündeste Theater überhaupt.

Man wusste dort, was man wollte. Auf der Bühne und davor. Wurde geklatscht, dann nicht nur, weil andere klatschten. Und uns oben auf der Bühne zeigte dieser Beifall wiederum, wir hatten die da unten erreicht. Wir waren im Wortsinn »angekommen«.

Hier wurden Dinge und Probleme angepackt und künstlerisch umgesetzt, die uns alle betrafen, und das ist für mich Sinn jeden Theaters überhaupt. Danach suche ich. Das will ich finden. Ob im *Faust*, im *Peer Gynt* oder bei *Mensch, Mädchen*.

Der Zuschauer soll sich selbst gespiegelt sehen, und genau das hat das GRIPS erreicht. Nicht nur bei Kindern. Als wir das Stück *Das hältste ja im Kopf nicht aus* spielten – Peter Seum war der Charlie, ich der Schnulli (und für die Kinder bald schon nicht mehr der Heinz, sondern nur noch der Schnulli) –, hatten wir echte Rocker im Haus.

Das ging ziemlich schwierig los.

Die Burschen hockten da, Bierflaschen zwischen den Fäusten. Der eine rülpste hörbar. Ein anderer quatschte drauflos. Ziemlich unflätig und sehr lautstark. Auch wir auf der Bühne konnten es hören. Unruhe kam auf. Der eine oder andere mochte schon überlegen, ob man die Vorstellung nicht besser abbrechen sollte.

Da trat ich nach vorn. Als Schnulli. Ich blieb ganz in meiner Rolle und hörte meinen Schnulli im Rüpeljargon des Stücks sagen: »He, Alter! Wenn du was zu sagen hast, komm rauf und rede hier! Wenn nicht, dann halt den Mund, klar?!«

Die in ihren muffigen Lederjacken mit dem Bierdunst um sich herum waren ziemlich still geworden. Ich legte noch einen Zahn an Lautstärke zu: »Komm her, Alter – oder bleib da! Aber eines rate ich dir: Bleib ruhig!«

Er blieb ruhig. Aber die anderen wurden laut: »Recht hat der da oben! Finden wir auch! Sind hier im Theater, wollen die da oben und nicht dich quatschen hören. Hältst die Schnauze nächstes Mal, sonst kriegste eins drauf...«

Nach der Vorstellung haben wir noch den mitgebrachten Bierkasten leer gemacht, und es war ein richtig gemütlicher Abend geworden.

Leibhaftige Rocker im Theater! Welche andere Bühne hätte das schon geschafft?

Das alles waren so Dinge, die mich ans GRIPS banden, obwohl ich dort nie einen Festvertrag, sondern immer nur Stückverträge hatte. Und nach jedem Stück wollte ich eigentlich wieder ungebunden sein. Aber schon kam die nächste interessante Produktion.

Deshalb blieb ich. Und habe es nicht bereut.

Ebenso wenig bereue ich, den Lockungen anderer Bühnen nicht gefolgt zu sein. Denn ich war schon etwas bekannter geworden, immer wieder trafen Angebote ein.

Aus Bochum, Hannover, von anderen Berliner Bühnen. Ich stellte mich taub, auch wenn ich am GRIPS anfangs gerade mal 800 Mark im Monat, später stolze 1300 Mark Gage kassierte. Zum Leben zu wenig, zum Lebensglück genug.

Wenn ich Ausschau nach einer GRIPS-Alternative hielt, so lag sie im ganz anderen Bereich.

Marokko lockte noch immer. Einmal wieder dorthin und noch weiter, in die Sahara. Das wollte ich unbedingt. Eine selbst zusammengebastelte Harley stand schon bei mir vor dem Bett in der Fabriketage in der Skalitzer Straße, die ich für 700 Mark gemietet hatte.

Etwas teuer für mich. Aber ich hatte einen ehrgeizigen Plan. Ich wollte dort – es spukte in mir bereits sehr heftig die Ranch-Vision – eine Art Arbeitsgemeinschaft aufmachen. Jeder nach seinem Können und seinen Neigungen. Sieben Leute kamen rasch zusammen. Nach drei Wochen waren es nur noch drei. Am Ende blieb nur ich übrig.

Nicht ganz. Wolfgang kam hinzu und blieb. Wolfgang Siegel, Steinmetz, Student. Geradlinig, ruhig. Mit der Zeit ein richtiger Freund. Mit ihm ließ sich zusammenarbeiten.

Holz, Stein, Leder. Das waren unsere Materialien. So was braucht man einfach. Das Stück Holz in der Hand als Gegengewicht zu aller hochgerissenen, oft hoch künstlichen Theaterarbeit.

Am Theater war ich im Getriebe ein Rädchen und bestenfalls der Motor. In der Werkstatt war ich mein eigener Herr und mit einem Stück Materie allein. Dies hat seine eigene Persönlichkeit und seine eigenen Gesetze. Es besitzt seine ganz eigene Disziplin. Auch sie gehört zum Handwerk. Dass man seine Emotionen immer im Griff behält.

Hat man etwa eine kolossale Wut im Bauch, sollte man damit nicht gerade an einen Amboss treten. Denn schlägst du zu gewaltig zu, springt das Stück Metall zurück und schlägt dir die Zähne aus.

Also sachte! Ganz ruhig…

Ein Teil meines Wesens ist wohl immer Handwerker geblieben. Als Schlosser einer mit Diplom, sonst strikter Autodidakt. Aber einer mit Ehrgeiz!

Noch mal zu meinen Marokko-Plänen: Dahin bin ich damals nicht erneut aufgebrochen. Obwohl ich noch einen Hanomag AL 28 erstand, mit Riesenreifen und 16000 Kilometern drauf. Den habe ich nur einmal benutzt, als ich mit GRIPS-Kollegin Gabi Go nach Marl zu einem Gastspiel gefahren bin, hinten die Kulissen drauf.

Danach habe ich das Ding verkauft. Für die 1000 Mark, die es mich selbst gekostet hatte. An einen, der damit wirklich nach Afrika wollte. Und beim Abschied tätschelte ich das Blech: »Du willst nach Afrika! Du sollst nach Afrika!«

Ich blieb.

Das GRIPS hielt mich zurück. Mit dem Schnulli, den es mir gerade angeboten hatte. Ich konnte nicht nein sagen. Spielte morgens und abends das Jugendstück *Das hältste ja im Kopf nicht aus*. Stand tagsüber in meiner Werkstatt.

Der Heinz auf der Bühne. Der Heinz an der Hobelbank. Zwei Welten. Eigentlich fühlte ich mich ganz wohl dabei. Doch bald schon sollte alles ziemlich anders werden.

Denn irgendwo stand schon eine Kamera. Ihr Auge richtete sich auch auf mich. Die Filmzeit fing an.

# Teil 3

»Ich bin Kriegsteilnehmer.
Ich bin es geworden.
Durchs ›Boot‹.«

## Nur die Kamera
## darf mich fressen

Die Tür geht auf. Der Heinz kommt rein. Großaufnahme. Fröhlich strahlt er in die Runde: »Will einer Tee?« Das war's schon. Der allererste Hoenig-Satz, den ich je im Film gesprochen habe, die erste und einzige Szene in meinem allerersten Film.

Das war in Helma Sanders' *Unter dem Pflaster ist der Strand*, und niemand, wirklich niemand hätte mir um diese Zeit irgendeine Karriere beim Film prophezeit. Ich selbst auch nicht.

Der Hoenig? Ausgerechnet dieser Körperling, der immer mit seiner ganzen Leiblichkeit zu spielen gewohnt ist? Wie soll der je den mimischen Mikro-Feinschliff vor der Kamera hinkriegen? All die entscheidenden Momente, wo der Filmdarsteller – anders als der Bühnenschauspieler – ganz still, in sich zurückgenommen, nur er selbst sein muss?

Einfach nur da sein. Schon ein Lidzucken wird zur Übertreibung. So ist das nun mal beim Film. Das schafft der Hoenig nie. Also Bühne, GRIPS, alles klar.

Aber Filme bitte nicht!

Wir GRIPS-Leute gerieten in dieser Hinsicht sowieso nicht in große Versuchung. Denn für viele, selbst für einen so klugen und kundigen Mann wie den damaligen Starkritiker Friedrich Luft, waren wir keine richtigen Schauspieler. Nur die nicht ganz ernst zu nehmenden Kasper, die sich vor Kindern abstrampelten und ihre Faxen machten. War irgendwo ein Film zu besetzen, dachte man zuallerletzt an uns.

Ich war darüber gar nicht unglücklich.

Zwar hatte ich mich in Amerika einmal selbst an einem Drehbuch versucht. Aber das war mehr ein Stück Selbsterfahrung gewesen, keine professionell gemeinte Arbeit. Sonst war ich alles andere als ein Kinomensch oder gar, wie sagt man doch, ein »Cineast«.

Woher auch?

Unsere Kinobildung auf dem Dorf war zunächst auf »Fuzzy«, »Zorro« und Co. beschränkt. Die Sechziger waren dann schon etwas anspruchsvoller. Die Beatles schrien nun in Richard Lesters Film *Help!*, James Bond bretterte über die Leinwand, und bei *Easy Rider* saßen auch Hendrik und ich im roten Plüsch, träumten uns mit Dennis Hopper in amerikanische Weiten hinein und schmeckten der ganz großen Freiheit hinterher.

Aber erst Berlin war fürs Kino meine erste Schule.

Mit Heinrich Giskes, der sich besonders in Ostfilmen auskannte, saß ich im »Arsenal« und anderen Filmkunsttempeln. Ich war auch mal in der *Rocky Horror Picture Show* – ohne Reis und Strapse. Oder in einem anderen Kultstreifen der Siebziger, dem aus den Vierzigern ausgebuddelten *In der Hölle ist der Teufel los*. Der deutsche Film jener Zeit, heftigst gebeutelt, ohne Glanz und echte Könner, konnte mich dagegen wenig begeistern. Kein einziger Titel fällt mir ein.

Die Ära GRIPS fing an.

Allabendlich stand ich als Schnulli auf der Bühne, und in der Garderobe stieß mich Partner Charlie, Peter Seum, an: »Lies mal, was hier in der Zeitung steht!« Dass nämlich der Münchner Regisseur Hartmut Griesmayr nach

Berlin kommen und eine Serie im Rockermilieu drehen wolle: *Pfarrer in Kreuzberg*.

Peter und ich sahen uns an.

»Kann ja eine schöne Scheiße werden.«

»Hat doch keine Ahnung von der Wirklichkeit hier, der Typ...«

»Man sollte ihm helfen, irgendwie...«

»Helfen?«

»Na ja, mal hingehen zu ihm. Mal paar Tipps geben.«

Ganz schön frech und überheblich wir beide. Aber wir kannten nun mal auf alle Fälle Menschen aus der Rockerszene besser als dieser Mann aus München. Der würde uns noch dankbar sein.

Er war es. Und verpflichtete uns gleich als Rocker. Beim Rocker blieb es auch in der nächsten Rolle. Die spielte ich im Krimi *Ein Mord am Lietzensee* nach einem Roman des Berliner Autors Richard Hey, und zweierlei war daran bemerkenswert.

Einmal durfte dieser durchaus beachtliche Film gerade ein einziges Mal über den Bildschirm laufen. Denn dort rotten sich Rentner zu einer Gang zusammen und begehen einen Mord. So was in der Rentnerstadt Berlin! Es hagelte Proteste. Der Sender gab klein bei. Zum anderen führte Jörg Grünler Regie, mit dem ich viele Jahre später einen meiner Lieblingsfilme machen sollte: *Krücke*.

War's das? Nein, noch ein Drittes ist wichtig.

Ich denke an meine ersten »richtigen« Filmrollen zurück. Rocker also. Die Typen waren mir vertraut. Da blieb mir kaum anderes als eine »natürliche« Haltung übrig. Ich wusste ja, wie sie redeten und sich bewegten, und wäre mir furchtbar lächerlich vorgekommen, hätte ich Sätze wie »Jetzt halt mal die Schnauze! Sonst kriegste eine drauf« mit Hamlet-Pathos bühnenreif geflötet und dazu irgendwelche Theatergesten gemacht. So fand ich gleich in meinen ersten Filmen die Kurve zur richtigen Filmsprache.

Irgendwo steht die Kamera. Sie ist nicht mein Feind. Sie ist auch kein Partner. Die Kamera ist so etwas wie eine Übermutter. Sie starrt dich an. Sie will zu fressen haben. Ich gebe ihr zu fressen. Mich selbst. Okay! Am Ende nehme ich sie in ihrer Allgegenwart kaum noch wahr. So wie man im Theater irgendwann das Publikum dort unten nicht mehr wahrnimmt, obwohl es immerzu präsent ist. Obwohl man Kamera wie Publikum immerzu spürt.

Aber beides wird so selbstverständlich wie ein Teil des eigenen Körpers. So weiß ich zwar immer genau, wo die Kamera steht. Aber sie stört mich nicht.

Andere Objektive, etwa die von den am Set herumlungernden Pressefotografen, stören mich dagegen gewaltig. Besonders die Kameras jener Teams, die einen arbeitenden Schauspieler am liebsten 24 Stunden am Tag ablichten, um daraus irgendwann mal ein Fünf-Minuten-Making-off herauszuschnippeln. Die werfe ich unerbittlich raus. Nur die eine, die »richtige« Kamera, darf mich fressen. Die mich in meiner Rolle einfängt und nicht irgendwie privat.

Ich bin auch nicht immer gut Freund mit den Männern hinter der Kamera.

Ich weiß, viele mögen es nicht, wenn zwischen zwei Takes der Schauspieler durchs Objektiv zu sehen wünscht. Und richtig böse können sie werden, wenn er dann auch noch zu mosern wagt: »Was soll denn das? Ich spiele mir einen Wolf, und du packst mich ganz nach hinten, zeigst vorne groß einen Rhododendron und rechts auch noch die

Gedächtniskirche, damit der Blödeste mitkriegt, das Ganze spielt in Berlin. Und ich selbst bin ein Püppchen irgendwo im Hintergrund...«

So was kann mich wirklich wütend machen. Nicht aus Eitelkeit, sondern weil es einfachster filmischer Regel widerspricht. Der Zuschauer will nun mal den Darsteller sehen und nicht die Vase links hinten.

Ich habe immer sehr präzise optische Vorstellungen von einem Film und erwähnte ja schon, dass er während der Vorbereitungszeit bis in jede kleinste Szene hinein in mir abläuft. Manchmal setzte ich mich auch hin und kritzele eine Art Storyboard vom Ablauf, wie ich ihn in mir sehe.

Ganz lustig ist es dann, später dieses Storyboard mit dem fertigen Film zu vergleichen. Nicht ohne ein bisschen Stolz habe ich dann gerade bei guten Regisseuren festgestellt, dass sich ihre Vorstellungen mit den meinen recht genau gedeckt haben.

Ich erwähnte, wie schwer es mir gefallen war, geradeheraus meine Meinung zu sagen. Das hatte ich inzwischen dank Michael Och einigermaßen gelernt. Ich habe mir damit nicht immer Freunde gemacht. So nicht beim zweiten (oder auch dem ersten »richtigen«) Film, den ich 1977 mit Helma Sanders drehte.

*Heinrich.* Eigentlich ein ganz interessantes Projekt. Das Schicksal des Dichters Heinrich von Kleist, dieses zu Lebzeiten so verkannten Genies, der schließlich mit einer Kugel im Schädel freiwillig aus dem Leben schied. Einer der ganz Schwierigen, ganz Großen. Heinrich Giskes spielte Kleist. Ich war der Baron von Pfuhl. Mit großen Hoffnungen auf einen wirklich guten Film starteten wir in die Dreharbeit.

Irgendwas lief aber von Anfang an schief.

Helma, die sich nun Sanders-Brahms nannte, um nicht mit ihrer älteren Regiekollegin Helke Sander verwechselt zu werden, hatte sich verändert. Sie nahm alles so »wichtig«. Alles sollte »schön« sein. Altvertraute Schaubühnen-Terminologie! Ich schüttelte mich.

Der Kleist war ein armer Hund. So musste man ihn zeigen. In Dreck und Schmutz. Dann erkennt man erst, was für ein Genie da aufblüht. Helma schwelgte aber in Ästhetik. Giskes folgte ihr darin nur allzu willig, suhlte sich nahezu in dekorativen Sehnsuchtsgesten ohne viel Wirklichkeitsgehalt. Der Augenblick etwa, da er sich vor dem Freund total entblättert, um sich ins Wasser eines Sees gleiten zu lassen, war nicht einfach eine Szene, wo zwei junge Burschen zusammen nackt baden gehen, sondern wurde zu einem Stück homophil abgehobener Kinolyrik.

Kunst um der Kunst willen. Ästhetik, die nur ästhetisch ist. Das habe ich immer gehasst. Ich brüllte los: »Verdammt noch mal! Tut doch nicht so viel Speck auf den Arsch! Setzt euch doch nicht so fett drauf auf den Stoff!« Zu spät. Es nützte nichts.

Für mich war *Heinrich* ein Flop in jeder Hinsicht. Von Helma, meiner »Film-Entdeckerin«, habe ich nie wieder etwas gehört. Ich weiß nicht, was sie heute macht.

Dennoch brachte mir der Film etwas Gutes.

Dort spielte einer mit, der eigentlich Autor war, Peter Schneider. Der schrieb gerade an einem Drehbuch, das später *Messer im Kopf* betitelt wurde. Beim *Heinrich* sah er mich einmal als Baron von Pfuhl einen Salto machen. Darauf entschied er: »Du wärst genau der richtige Darsteller für den Volker!«

Der Volker ist in *Messer im Kopf* Freund und Gegenspieler der von Bruno Ganz gespielten Hauptfigur, eines sensiblen, introvertierten Wissenschaftlers. Der Film war seinerzeit ein großer Erfolg im Kino; es dürften sich also noch etliche daran erinnern: Den Wissenschaftler trifft versehentlich die Kugel eines jungen Polizeibeamten. Als Rekonvaleszent muss er praktisch neu leben lernen. Das schärft auch seinen Blick für diese Wirklichkeit und ihre Widersprüche.

Am Ende begegnet er dem jungen Polizisten noch einmal. Keinem Schläger- und Killertypen, sondern einem ähnlich sensiblen, verstörten Menschen, Spiegel der eigenen Ängste und Selbstzweifel, wie sie wiederum seinem Freund Volker völlig fremd sind. Der ist, anders als der unpolitische Wissenschaftler, der stramme, allzeit kampfbereite Linksgenosse. Der Extrovertierte neben dem Introvertierten.

Der also war nun ich.

Ich habe *Messer im Kopf* länger nicht gesehen und könnte mir denken, dass er heute recht harmlos wirkt. Wenigstens auf alle, die die aufgeheizten Spät-Siebziger mit ihrer Terroristenhysterie nicht mehr bewusst erlebt haben.

Doch vor dem damaligen Hintergrund, als im »deutschen Herbst« eine ganze Republik vor den Pistolenschüssen einiger durchgeknallter Radikaltypen in die Knie zu gehen drohte, war eine solche Geschichte ungeheuer waghalsig und der Verdacht immer präsent, hier sollte am Ende ein Plädoyer für die Terroristen gehalten und Polizisten als die eigentlichen Mordgesellen abgestempelt werden.

Das hatte Peter Schneider natürlich nicht im Sinn.

Aber er musste das Manuskript gewaltig umschreiben, bis es einigermaßen »political correct« war.

Seltsamerweise verlor der Film dadurch nichts von seiner Schärfe und Genauigkeit. Eher im Gegenteil, er gewann an bösem Witz und Ironie. Es ist wie mit dem Mann im Bäckerladen, der am Tresen verlangt: »Ein großes Stück Butter bitte! Und etwas Kuchen dazu!« Jeder weiß, es geht ihm um den Kuchen, nicht um die Butter. Mit ähnlich verdeckten Mitteln arbeitete unser Film.

Das Publikum bemerkte das durchaus. Immer wieder erlebte ich bei Kinovorstellungen – kaum einen anderen meiner Filme habe ich mir so oft »ganz normal« angesehen, einfach um seine Wirkung zu testen –, dass die Zuschauer an genau den richtigen Stellen lachten oder sich vielsagend anstießen. Die Signale des Films waren angekommen.

Vor allem das eine: dass man doch, bitte, über allem begreiflichen Entsetzen nicht jede Differenzierung vergessen sollte. Es gab auch damals nicht nur die ganz schlimmen Terroristen auf der einen Seite und die ganz braven Ordnungsengel auf der anderen. Dies deutlich gemacht zu haben ist das größte Verdienst von *Messer im Kopf*.

So sehe ich das jedenfalls heute und manch anderer sicher auch. Damals meinten allerdings einige Kritiker, der Film sei zu sehr ein »Eiertanz« rund um die eigentliche Problematik gewesen. »Ach, Herrschaften«, möchte ich diesen kritischen Gesellen zurufen, »dann schreibt mal ein Buch, das hart und direkt und ganz und gar wahrhaftig ist und für dessen Förderung einer euch nur 1,50 Mark zahlt! Dann sehen wir weiter!«

*Messer im Kopf* war auch finanziell ein Erfolg, damals

Die Erinnerung an...
    zieht mir glatt die Schuhe aus.

Knutschen lernen nur bei Papa. Gelle!

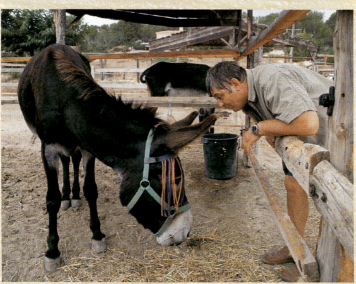

Ein wirklich wichtiges Gespräch mit Lisa.

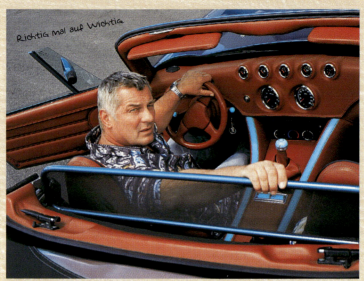

Richtig mal auf Wichtig.

Kleine Bubens haben geiles Spielzeug!

die absolute Seltenheit im deutschen Kino. Und er war einer der erfolgreichsten Filme von Reinhard Hauff.

Ein glänzender Regisseur. Gelassen, genau. Einer, der Ruhe ausstrahlte und selbst ganz ruhig blieb. Gleichfalls einer von denen, die Gebrüll und herrisches Dompteur-Gehabe nicht nötig hatten. Auch so, mit Feingefühl und Intelligenz, leuchtete er Charaktere und Situationen bis in die hintersten Winkel aus. Ich habe leider nie wieder mit ihm gearbeitet.

Das scheint überhaupt mein Schicksal zu sein. Gerade besonders wichtigen Regisseuren begegne ich oft kein zweites Mal. Keinem Hauff, keinem Wolfgang Petersen nach dem *Boot*. Und viele Jahre lang schien das auch bei Uwe Friessner so zu werden, mit dem ich *Drücker* machte.

Das war nun schon Mitte der Achtziger, und wenn man mich nach meinem Lieblingsfilm aus diesen frühen Jahren fragt, nenne ich allem Erfolg zum Trotz nicht *Messer im Kopf* und nicht einmal *Das Boot*. Nein, ich sage *Drücker*. Und weiß, dass viele andere der gleichen Meinung sind. Auf kaum einen meiner Filme werde ich so oft angesprochen wie gerade auf *Drücker*.

Der Titel umreißt eigentlich schon das Thema. Es geht um Drücker, jene jungen Kerle, die von Tür zu Tür ziehen und überall ihr Sprüchlein aufsagen, um Zeitschriften-Abos loszuwerden: »Bin Student / arbeitslos / gerade aus der Strafanstalt entlassen usw.…« Und dann geht es los: »Wenn Sie nicht selbst die Zeitschrift beziehen, könnten Sie doch fürs städtische Altersheim…«

Zum Kotzen! In jeder Hinsicht.

Ganz arme Hunde sind das: gedrillt, erpresst, gedemütigt. Wehe, sie bringen den Chefs im Hintergrund nicht die nötige Zahl Abo-Scheine! Und ganz schlimm, einer versucht dem Drücker-Gruppenterror zu entkommen! Tommi, Hauptfigur in unserem Film, musste am Ende zum richtiggehenden Spießrutenlauf antreten. Die anderen schlugen, boxten, traten ihn. Am Ende lag er da und war tot.

Nein. Nicht in unserem Film. So endete die wahre Geschichte, der unsere Story ziemlich genau nachempfunden war. Aber gerade das Ende hatte man nicht übernommen. Weil das niemand geglaubt und als »typische Fernseh-Übertreibung« abgetan hätte. Aber die Wirklichkeit übertreibt nun mal gern. Viel mehr als das Kino oder das Fernsehen.

Bei uns scheint sich Tommi gerade noch mal gerettet zu haben. Er atmet auf und wir mit ihm. Dann hält neben ihm am Straßenrand ein BMW. Der Boss sitzt am Steuer, freundlich lächelnd: »Na, willste nicht einsteigen, Junge?« Der Kreis schließt sich. Die Hölle geht wieder los.

Ich spielte den Boss. Schön doppelgesichtig. Der Ehrenmann, der ein Gangster ist. Von allen Filmen ist *Drücker* derjenige, den ich am ehesten mit meinen Arbeiten am GRIPS vergleiche – ähnlich unverkitscht, wirklichkeitsnah.

Viele Jahre sah es so aus, als würde es mir mit Uwe Friessner wie mit Reinhard Hauff und Wolfgang Petersen gehen und dieser erste gemeinsame Film unser einziger bleiben. Aber nun liegt ein Stoff vor, der im nächsten Jahr ein großes Kinoerlebnis werden könnte.

Ein schöner Stoff. Eine herrliche Rolle, über die ich an dieser Stelle aber noch nichts sagen kann. Denn bis jetzt ist noch nicht ganz klar, ob der Film auch wirklich gedreht werden kann. Das leidige Geld, was sonst? Aber ich setze mich mit aller Kraft für dieses Projekt ein. Und spiele dabei voll und schamlos aus, ein so genannter Star zu sein.

Bin ich das?

Ich bin da skeptisch. Ich bin Preisen und Auszeichnungen gegenüber auch misstrauisch. Ich freue mich über sie und kann doch nicht immer ein leichtes Unbehagen unterdrücken. Weil mir dann jedes Mal ein geniales Wort des italienischen Dramatikers Dario Fo durchs Hirn schießt: »Schafe mit aufgemaltem Kreuz auf der Weide sind immer besonders stolz. Sie halten sich für was Besonderes. Dabei sind sie nur diejenigen, die zuerst geschlachtet werden...«

Bravissimo! Ins Schwarze getroffen!

Der Starstatus, wie er einem von Film zu Film fast zwangsläufig zuwächst, hilft mir herzlich wenig, wenn die Kinder krank sind oder ich Zahnweh habe. Und er kann ausgesprochen hinderlich sein. Wenn zum Status gleich noch das Image kommt.

Ein Star hat ein Image. Das ist nun mal so. Und das meine wurde – nach den Rockerrollen meiner Frühzeit, nach dem Volker in *Messer im Kopf* – der Hau-drauf-Heinz. Das Raubein Hoenig. Wenn ich das schon höre!

Aber die Medien scheinen vernarrt darin zu sein. Selbst altgediente Schreiber, die mich seit 25 Jahren kennen und eigentlich mitbekommen haben müssten, wie viel ich inzwischen gemacht habe, auf das das Klischee vom Raubein garantiert nicht passt, kramen es immer wieder hervor.

Käut nicht immer wieder das Gleiche nach! Es langweilt. Und stimmt sowieso nicht mehr.

Es gab Zeiten, als es mir schon mehr als lästig war.

Und schon deshalb wollte ich so um 1980 eine ganz bestimmte Rolle in einem ganz bestimmten Film um nahezu jeden Preis spielen.

Dieser Film hieß *Das Boot*.

# Mensch,
## das wird richtig Kino!

*Das Boot.* Mehr als ein Film. Ein Welterfolg. Der größte deutsche der gesamten Nachkriegszeit. Selbst die drei *Sissi*-Filme kamen da nicht mit. Inzwischen der Klassiker und Dauerbrenner sowohl in der Kino- wie in der sechsteiligen, öfter wiederholten Fernsehfassung.

Aber schwer, sehr schwer, davon zu erzählen. Besonders dann, wenn man selbst dringesteckt hat in diesem Boot.

Ich horche in mich hinein. Und denke zurück an die Zeit 1980/81. An damals, als ich den Funker Hinrich – anfangs gegen den Willen von Regie und Produktion – spielte.

Zu jener Zeit lebte ich in Niederbayern und baute gerade einen Bauernhof auf. Ich werkelte gerade am Dach, das unbedingt vor Einbruch des Winters fertig werden musste. Eines Tages kam ein Freund mit einem dicken Buch in der Hand angewandert, einem Kriegsroman, *Das Boot* von Lothar-Günther Buchheim.

»Du, ich höre gerade, das wollen die jetzt verfilmen. Wäre das nicht was für dich?«

»Gib mal her! Mal sehen!«

Ich machte mich in meiner kargen Freizeit an die Lektüre des 630-Seiten-Wälzers.

*Das Boot* war damals der Bestseller schlechthin. Ein gewaltiges Schreibabenteuer des bis dahin als Verleger, Maler und Sammler bekannten Buchheim, der im Krieg als

Fotograf und Marine-Berichterstatter auf einem U-Boot eingesetzt gewesen war.

Ein Rabauke und Großmaul, von manchen in seinem Wohnort Feldafing auch »das Ungeheuer vom Starnberger See« genannt. Später sollte er sich recht penetrant in die Filmarbeit einmischen und dem schon genug geplagten Regisseur mit allerlei kindischen Einfällen wie Mundharmonika-Klang als Begleitmusik das Leben zusätzlich schwer machen. Beim eigentlichen Dreh ließ Buchheim sich nie blicken, und so bin ich ihm persönlich auch nie begegnet. Ich kann nicht sagen, darüber übermäßig traurig zu sein.

Aber erzählen konnte der Mann. Einzigartig.

Auf Tausenden von Manuskriptseiten hatte er seine Kriegserlebnisse festgehalten. Unglaublich intensiv und genau bis in jede Kleinigkeit. Daraus wurde dann *Das Boot*. »Ein Buch wie ein Orkan«, brüllte die Verlagswerbung. Das war gar nicht nötig. Das Publikum horchte auch so auf. Im In- und Ausland griffen Hunderttausende nach diesem Buch. Obwohl Kriegsbücher zu dieser Zeit eigentlich die garantierten Ladenhüter waren.

*Das Boot* wurde die erste große Ausnahme und zog viele andere nach. Aber kein anderes Buch wurde ein ähnlicher Erfolg.

Was machte es nun so besonders?

Ich glaube, es traf in seiner Sachlichkeit, aber auch in seiner menschlichen Wärme genau die Stimmungslage vieler bei ihrer eigenen Rückerinnerung an den Krieg. Man wollte keine Heldenepen lesen, aber auch nicht die ewig gleichen Jeremiaden über die schrecklichen Deutschen hören, die an allem schuld gewesen waren.

*Das Boot* war nicht so pazifistisch wie das nach dem Ersten Weltkrieg erschienene *Im Westen nichts Neues* von Erich Maria Remarque, aber auch keine solche Blut- und-Hoden-Orgie wie Norman Mailers *Die Nackten und die Toten* oder James Jones' *Verdammt in alle Ewigkeit* mit ihrem kleinen Kitzel erotischer Wollust bei allen Schrecken des Geschehens.

Hier wurde nicht mit den Unglaublichkeiten des Kriegs kokettiert. Hier wurde er abgebildet. Authentisch, unpolemisch, nachvollziehbar. Selbst für den, der ein U-Boot nie gesehen hatte. Die Todesfurcht der Männer unten im Boot war bald auch unsere eigene Furcht. Und wir meinten das Boot bis in jede Niete vor uns zu sehen. So unerhört plastisch-minutiös war es abgebildet.

Das war es denn auch, was mich bei der Lektüre vor allem fesselte. Mit heißen Wangen saß ich da, verschlang Seite um Seite. Diese atemberaubende Genauigkeit im Detail! Und die gleiche Genauigkeit im Gefühl!

Man schien in diese Männer geradezu hineinzukriechen. Man roch, schmeckte, fühlte das Gleiche wie sie. Man lebte mit ihnen. Man atmete auf, wenn sie wieder einmal Gefahr und Todesnähe überstanden hatten. Man konnte den kleinen Stolz nachvollziehen, der dann trotz allem in ihnen aufkam. Und durchlitt die lähmende Langeweile zwischen den Einsätzen, wo aller Heldenmut zum großen Gähnen wird.

Wer dies las, schien plötzlich selbst auf einem U-Boot zu sein.

Schon bei der Lektüre lief ein Film in mir ab. Ich wusste genau, wie dies alles aussehen musste. Nicht filmisch-protzig. Nicht klinisch cool in geschlecktem Technicolor. Nicht so, als würden die Darsteller unentwegt an die nächste Großaufnahme denken und Schlachten nach dem Prinzip von Totale und Halbtotale geschlagen.

Das musste ein Film sein, den man praktisch riechen konnte. Den Dreck. Das Öl. Den Angstschweiß der in ihren stählernen Sarg eingeschlossenen Männer. Dann konnte es ein großer, ein ganz großer Film werden.

Doch. Ja. Dann wäre ich schon ganz gern dabei.

»Hast 'nen Schimmer, wer da Regie führen soll?«

»Der Wolfgang Petersen, heißt es.«

Gott sei Dank nicht die Amerikaner, die lange im Gespräch gewesen waren! Die hätten garantiert ein Heldenepos daraus gemacht, die übliche filmische Materialschlacht mit edlen Recken und etlichen fiesen Nazis.

Es war schon ein Verdienst des Bavaria-Chefs und früheren Leiters des WDR-Fernsehspiels Günter Rohrbach, das Buchheim-Opus davor bewahrt und den Händen von Wolfgang Petersen anvertraut zu haben. Denn bei ihm drohte diese Gefahr nun sicher nicht.

Ich kannte ihn nicht. Aber ich kannte einige seiner Filme. *Reifezeugnis* mit Nastassja Kinski, Christian Quadflieg und Judy Winter, den erfolgreichsten aller *Tatort*-Filme bis heute. Oder *Die Konsequenz* mit Jürgen Prochnow. Wegen seiner homosexuellen Thematik durfte der Film in Bayern nicht gezeigt werden. Mir fiel er durch seine bestechend schöne Schwarz-Weiß-Fotografie und die exzellente Schauspielerführung auf.

Wolfgang Petersen war ein Mann, mit dem ich unbedingt zusammenarbeiten wollte. Zumal bei einem Superstoff wie dem *Boot*.

Ich hatte damals einen Drei-Wochen-Bart und trug bei der Arbeit eine alte, abgewetzte Feuerwehrjacke. Eigentlich sah ich schon so aus wie die Männer auf dem

U-Boot. Und so ließ ich mich jetzt auch ablichten. Die Fotos schickte ich an Petersen. Die Antwort kam rasch und freundlich. Ich möchte mich bald mal in München einfinden. Erst mal nur so zum Kennenlernen. Petersen und ich verstanden uns auf Anhieb. Ich fragte: »Nun erzähl mir mal, was du so denkst.«

Petersen erzählte. Es war exakt die Vision, die auch ich von diesem Film gehabt hatte. Kein Glamourstreifen, keine Schlachtenshow. Ein Film voll vom Dreck und der Angst dieser Zeit. Ich stand auf: »Kannst mich anrufen, sobald du mich brauchst.« Es blieb nur die Frage, welche Rolle ich spielen sollte.

Petersen räusperte sich: »Na ja, da kommt wohl nur die eine infrage...«

Ich: »Klar. Eine einzige.«

»Wir sind uns also einig?«

»Absolut.«

»Also abgemacht. Du spielst den Kaleu.«

»Wen bitte?«

»Na, die Hauptrolle.«

»Nee. Ich spiele den Hinrich.«

»Den Wurzen? Spinnste? Du bist mein Hauptdarsteller, der Kaleu, Kapitänleutnant, der U-Boot-Kommandant.«

»Nein, ich spiele den Funker Hinrich.«

Der zum »Kaleu« gängig verkürzte Kapitänleutnant, den seine Leute nur den »Alten« nannten, obwohl er gerade erst 30 sein musste, war ohne Zweifel eine faszinierende Gestalt. Eine, die um die Dinge weiß und dennoch weitermacht. Die Figur hatte mich total gefesselt. Als Mensch.

Doch als Rolle interessierte mich der Funker Hinrich viel mehr. Ihn und nur ihn wollte ich spielen, so hatte ich es mir schon bei der Lektüre vorgestellt. Wobei, das sage ich gleich, mein wachsendes Unbehagen am ewigen Haudrauf-Heinz-Klischee kräftig mitspielte. Ich habe um diese Rolle auch deshalb so heiß gekämpft, um davon endlich loszukommen.

Denn der Hinrich haut nirgends drauf. Der ist ein ganz leiser Typ. Einer, der hinhört, mit den Ohren zu sehen scheint. So horcht er in die Stille tief unter dem Meeresspiegel hinein. Genau das wollte ich spielen. Ohne viel zu machen. Ich wollte einfach der Hinrich sein.

Ich war in die Figur vernarrt. Petersen und die Bavaria waren gleichzeitig in mich als mögliche Kaleu-Besetzung vernarrt. Für sie gab es zunächst keine andere Möglichkeit, und ich wurde von den Bavaria-Leuten mit ihrem Angebot geradezu verfolgt. Bis ins Fichtelgebirge, wohin ich mich mit einer Freundin zu einem Kurzurlaub geflüchtet hatte.

Es schien kein Entrinnen zu geben. Mein immer neu beschwörendes, schließlich flehendes »Ich will nicht die Socken vom Alten anziehen. Schenkt mir, bitte, bitte, die Suppe vom Hinrich« nützte nichts. Bis ich Probeaufnahmen vorschlug. Hinterher schlenderte ich zu Petersen hinüber: »Na? Kapierste endlich?«

Er nickte nur. Okay!

Ich war nun der Hinrich. Der Alte wurde Jürgen Prochnow. Dadurch ergab sich für die gesamte Besetzung eine neue Konstellation. Ich glaube, nicht zum Nachteil des Films. Auch wenn die Herren von der Bavaria zunächst recht heftig geknurrt haben sollen.

Ich war damals keine 30 und sah eher jünger aus. Als Kaleu wäre ich schon optisch einer jener jungen Spunte gewesen, die der Großadmiral Dönitz seinem Führer und Reichskanzler zum Opfer gebracht hatte. Einer der »Quexe«, wie es einmal im Film in Anspielung auf den NS-Propagandastreifen *Hitlerjunge Quex* hieß, und schon von seiner ganzen Ausstrahlung her so ahnungslos wie die meisten seiner Generationsgenossen, die unter seinem Kommando auf dem U-Boot fuhren.

Prochnow hingegen war ungefähr zehn Jahre älter als ich. Er wirkte reifer, wie jemand, der die Dinge durchschaut, der abgeklärt ist und sich keine Illusionen macht. Umso erschütternder war dann die fast fanatische Liebe, mit der er an »seinem« Boot hing und an »seinen« Männern auch. Er wusste (und Prochnow spielte dieses Wissen mit): Das hier sind alles Todgeweihte wie er selbst! Aber es heißt aushalten, weitermachen. Auch wenn keiner entkommt.

Schon dieser Schatten um ihn, diese Ahnung von Vergänglichkeit und unmittelbarer Todesnähe, die er mit seiner ganzen Erscheinung einbrachte, machte Jürgen Prochnow zur Idealbesetzung für die Rolle des Kaleu.

Der Hinrich war ganz anders. In den Monaten vor Drehbeginn beschäftigte ich mich ausführlich mit ihm und allem, was dazu gehört. Ich las nun nicht bergeweise Literatur, machte mich nicht über U-Boote, Weltkrieg und NS-Zeit schlau. Nein! So etwas ist Aufgabe des Regisseurs, der Autoren, des Ausstatters. Die müssen wissen, wann welche Zigaretten geraucht wurden und wo welches Knopfloch saß. Meine Vorbereitung sah anders aus. Ich musste Hinrichs Seele zu fassen bekommen.

So saß ich denn da und schrieb seine Biografie. Jawohl! Kein Detail ließ ich aus. Ich sah ihn vor mir. Einer, der gar nicht aufs Boot gewollt hatte. Der U-Boote hasste. Ein

Sportflieger und Hobby-Funker. Mit einer Ärztin verheiratet. Daher besitzt er einige medizinische Kenntnisse und kann später als Sanitäter aktiv werden.

Seine Frau liebt er über alles, will auch auf dem Boot mit ihr irgendwie verbunden sein. Vielleicht über eine Pflanze, bei deren Anblick er immer an sie denkt. Aber was sprießt schon am U-Boot-Deck? Sicher nicht Rosen oder Vergissmeinnicht.

Höchstens eine Zwiebel. Das ist es. In einem Blumentopf hält er eine Zwiebel. Der kleine Doppelsinn darin erschloss sich allerdings nur mir. Die Erinnerung an Bruno Ganz als Peer Gynt in Peter Steins unvergleichlicher Inszenierung, wie er da die Zwiebel schält, auf der Suche nach Unendlichkeit.

Die Aufnahme kann beginnen.

Es war egal, ob wir in den kommenden Monaten viel oder weniger zu tun hatten, groß und im Vordergrund oder irgendwo hinten ganz klein eingesetzt wurden. Wir waren einfach eine Crew. Hoch motiviert vom Gedanken, hier würde mit unserer Hilfe ein wirklich großer Film entstehen. Jeder von uns fühlte so. Jeder setzte sich entsprechend ein. Weshalb ich denn auch ziemlich heftig wurde, wenn einer in meiner Gegenwart von »den Statisten dort« zu sprechen wagte.

»Statisten« gab es auf diesem Boot nicht. Keine »Schatten«, wie manche Regisseure oder Aufnahmeleiter gern sagen und damit gleich einen verräterischen Einblick in ihr Welt- und Menschenbild geben: »Ich brauche da drüben noch ein paar Schatten...«

Das sind Menschen, verdammt noch mal! Tolle Jungs, die ihr Letztes geben, genau wie der größte Star! Und hier auf dem Boot gab es überhaupt nur Kumpel, Kameraden, Kollegen. Neun Monate lang waren wir tagtäglich auf Gedeih und Verderb aufeinander angewiesen. Und keiner, wirklich keiner fiel in dieser Zeit aus oder erwies sich auf die Dauer als Charakterschwein vom Dienst, wie es sonst bei größeren Ensembles fast schon selbstverständlich ist.

Noch vor den Aufnahmen war ich einmal zu den Bavaria-Studios gefahren und hatte in den Hallen das riesige U-Boot-Modell gesehen, aufgebaut mitsamt der Wippe, die das Boot bewegen würde. In den Werkstätten liefen die Vorbereitungen bereits auf Hochtouren, und 25 Millionen Mark sollte der gesamte Film unterm Strich kosten. Für damalige und zumal deutsche Verhältnisse eine gigantische Summe.

Ich stand da und staunte nur so. Ich dachte immerzu, Mensch, hier wird mal nicht wie sonst an fünf Mark gespart! Hier wird ja Kino gemacht! Richtiges Kino! Keines jener wild gewordenen »Kleinen Fernsehspiele«, die damals als Kinofilme aufs Publikum losgelassen wurden und gnädig im Bermuda-Dreieck leerer Säle versickerten, um irgendwann zu sehr später Stunde im Nachtprogramm wieder aufzutauchen und einige wenige Zuschauer um den gesunden Schlaf vor Mitternacht zu bringen.

*Das Boot* war wieder richtig Film!

Ich hätte gern während der Aufnahmen mein eigenes mobiles Quartier gehabt. Aber dann zog ich doch ins Hotel wie die meisten anderen, wenn sie nicht sowieso – wie Jürgen Prochnow oder Uwe Ochsenknecht – in München lebten.

In diesem Hotel, das nur wenige Schritte von den Bavaria-Hallen entfernt lag, sodass ich jeden Morgen zu

Fuß oder per Fahrrad zum Dreh kommen konnte, wohnte auch Jan Fedder.

Ich kannte Jan von Hamburg her, wo er längere Zeit am »Klecks« engagiert gewesen war, einem heute leider nicht mehr bestehenden Kindertheater in der progressiven GRIPS-Art. Die meisten GRIPS-Stücke liefen auch dort, und Jan spielte so gut wie alles, was ich zuvor in Berlin gespielt hatte. Auch den Schnulli. Das hatte mich neugierig gemacht. Den Typen, der sich an meinem Schnulli zu vergreifen wagte, musste ich unbedingt mal näher unter die Lupe nehmen.

Jan kam herein, Lederjacke, langes Haar: »Na, Altär...?« Waschecht kam das bei ihm, beneidenswert für mich, der ich zwar gern mal in den nöligen Hamburger Slang verfalle, aber ihn doch nie so naturtrüb beherrsche wie er.

Der Junge hier atmete aus praktisch jeder Pore Kiez, wo er – das erfuhr ich später – als Sohn einer Tänzerin aufgewachsen war und beinahe selbst Tänzer geworden wäre. Der Junge war richtig. Der durfte der Schnulli sein. Einer vom Hamburger Kiez eben und mal keiner aus Berlin-Kreuzberg. Ist ja kein Gesetz, oder?

Wir wurden damals für einige Zeit so enge Freunde, dass liebe Kollegen schon stichelten: »Na, wohl bald die Verlobung fällig?« Jetzt freute ich mich einfach darauf, ihn wiederzusehen und mit ihm zum ersten Mal zusammenzuarbeiten.

Jan war nicht allein. Seine Freundin hieß Angie.

Ich habe ein ehernes Prinzip: Finger weg von den Bräuten meiner Kumpel! So wie ich mich immer auch an das andere eiserne Gesetz der Branche gehalten habe: nie intim im Team! Ich habe mich tatsächlich nie in eine Kollegin verliebt. Und nie in eines jener willigen Girls, die später darüber nur plappern wollen. Mir geht der Jagdinstinkt verloren, wenn ich nur mit dem Finger schnippen muss, um eine in die nächste Koje zu bekommen.

Angie war hübsch und in jeder Hinsicht reizvoll. Aber Jans Freundin – er hatte sie zu Beginn der Dreharbeiten kennen gelernt – und damit ein Tabu für mich. Eigentlich.

Die Liebe. Die richtige. Ist dagegen etwas auszurichten? Wohl kaum. Und sie packte nun Angie und mich. Ein »Coup de foudre«, vor dem es kein Entrinnen gibt. Dagegen half auch kein Tabu. Bei allen flossen reichlich Tränen. Aber am Ende war Angie dann doch bei mir und nicht mehr bei Jan. Unsere Freundschaft ist seitdem nie wieder das geworden, was sie zuvor mal war.

Die Verbindung mit Angie – am Ende eine gerechte Strafe – wurde meine wohl schmerzlichste Beziehung überhaupt. Himmel und Hölle. Wunderschön und entsetzlich. Oft beides zur gleichen Zeit.

Angie hatte noch einen Ehemann irgendwo in Mexiko, Felix genannt. Der saß dort im Gefängnis. Außerdem sollte er angeblich fantastisch Backgammon spielen, und vor allem deshalb wurde ich in diesem Spiel nie wirklich gut. Immerzu musste ich an den anderen denken, der hierin besser war als ich.

Felix war wie ein Flaschengeist aus *1001 Nacht*. Er war riesengroß und in der Beziehung zwischen Angie und mir allgegenwärtig. Als der Größere, Bessere, Vollkommenere, überlegen in allem. Und die beiden müssen wirklich mal so was wie ein Traumpaar gewesen sein. In Angies Erzählungen nahm aber beider Beziehung eine Dimension an, neben der sich Romeo und Julia oder Tristan und Isolde wie ein verdrossenes älteres Rentnerpaar ausnahmen.

Was blieb da für mich, der ich nun mal kein solches Ideal war wie der ferne Felix?

Mir wurde klar, ich war die Nummer zwei auf ewig. Und kein Trost blieb, dass vermutlich jeder, wirklich jeder bei Angie die Nummer zwei nach Felix gewesen wäre, selbst Don Juan persönlich.

Die Liebe glühte auf, loderte heftig und zerfiel wieder zu Asche. Doch die Trennung fiel schwer, ein Schlussstrich konnte so rasch nicht gezogen werden: »Unsere Liebe durfte nicht leben und konnte nicht sterben. So ist sie etwas Böses geworden.« So heißt es, glaube ich, in Friedrich Dürrenmatts Tragikomödie *Besuch der alten Dame*. Meine Beziehung zu Angie hätte nicht genauer beschrieben werden können.

Schließlich trennten wir uns. Angie bekam später ein Kind, den kleinen Donni. Er war nicht von mir, aber ich liebte ihn wie einen eigenen Sohn.

Ich investiere viel in Beziehungen. Oft zu viel. Nicht nur Geld. Alles. Gefühle, Energien. Das ist mein Schicksal, meine Natur. Ich kann nicht dagegen an.

Ich liebe, gebe – und merke nicht, dass ich dabei auch manchmal nehme. Ich raube dem anderen die Selbstständigkeit, seine Freiheit, über sich selbst zu bestimmen. Ich denke, fühle, handle für ihn. Sicher oft ein Fehler. »Du gibst mir deine Hände. Aber ich habe selbst welche.« Das sollte mir später mal Ella sagen, die Griechin, von der ich noch erzählen werde.

So war das wohl auch bei Angie.

Doch nun mal stopp! Was hat das alles denn noch mit

dem *Boot* zu tun, von dem ich ursprünglich erzählen wollte?

Viel. Sehr viel. Aber ich habe plötzlich Zweifel, ob ich das jetzt und hier verraten soll. Weil es zu den Geheimnissen meines Berufs gehört. Und an Geheimnisse rührt man, wenn man kann, besser nicht.

## Tief unten, wo alles ganz still ist

Ich denke nach. Über *Das Boot*. Vielleicht auch über Angie.

Wir hatten nur wenige Außenaufnahmen. Nur die am Anfang und Ende in La Rochelle. Alles andere spielte sich in den Bavaria-Hallen 4/5 ab. Dort tobte unser Seekrieg. Dort trieb unser Boot, von der Riesenwippe in Bewegung gehalten, 280 Meter tief unter dem Meeresspiegel.

Extrem. Eine Situation voll Angst und Spannung. Schweißtreibend. Nervenzerrend. All das musste sich später in seiner Dramatik auf die Zuschauer übertragen, wenn die Story an ihnen nicht als pure Actionshow vorübergleiten sollte. Ganz unterhaltsam vielleicht, aber spurenlos. Und dazu mussten erst mal wir, die Darsteller, all diese Angst und Spannung in uns selbst fühlen.

Authentisch. Hautnah.

Ich bin in meinem Leben nie auf einem U-Boot gewesen. Ich trieb nie 280 Meter tief über dem Meeresboden dahin. Ich weiß nicht und kann nicht wissen, wie das ist. Sicher reicht meine Fantasie, mir das vorzustellen. Aber selbst die stärkste Fantasie hat ihre Grenzen. Sie allein schafft noch nicht das authentische Gefühl, das sich an den Zuschauer weitergeben lässt.

Die Arbeit des Schauspielers beginnt.

Alte Weisheit: Er muss keinen Mord begangen haben, um einen Mörder zu spielen, muss daheim kein Othello sein, um auf der Bühne seine Frau zu erwürgen. Das alles sicher nicht. Schwule können bezwingend Hetero-Liebesszenen spielen, Heteros überzeugende Schwule sein. Und der Alkoholiker auf der Leinwand rührt privat keinen Tropfen an.

Verstellung?

Das auch. Nicht grundlos heißt im Jiddischen der Schauspieler »Versteller«. Aber auch die genialste Verstellung muss ihr tief innerlich durchlebtes Stück Wahrheit haben. Dazu muss der Schauspieler in sich hinabsteigen, muss eine Situation ausgraben, die der seiner Figur entspricht. Das ist ein oft sehr schmerzhafter Vorgang. Aber nur so dringt der Schauspieler zum Kern einer Rolle, zu ihrer inneren Wahrheit vor.

Ich brauchte so tief damals nicht zu graben. Worauf ich stieß, war diese vertrackte, verzweifelte, ausweglose Liebe zu Angie. Was aber hat sie mit der Einsamkeit des Funkers Hinrich zu tun, der tief unten, wo alles ganz still ist, ins Meer hinauslauscht?

Funker Hinrich liebt nichts so wie seine Frau, die Ärztin. Niemand ist ihm näher, niemand ihm unten im Meer ferner. Er sehnt sie mit allen Fasern herbei. Und weiß zugleich, wie unendlich weit sie von ihm fort ist. Unerreichbar. Ein Schmerz, der ihm das Herz verbrennt.

Niemand war mir damals näher als Angie, niemand ferner. Wir waren noch zusammen und wussten doch: Diese Liebe zwischen uns ist ausweglos, ohne Zukunft. Ich sehnte mich nach ihr zurück. So stark, so schön, wie sie am Anfang gewesen war. Und wusste zugleich: vergeblich, aus. Angie, auch wenn noch physisch zugegen, entschwindet irgendwohin. Ebenso gut könnte ich 280 Meter unter dem Meeresspiegel sein.

Meine verzweifelte Sehnsucht nach Angie wurde Hinrichs ebenso verzweifelte Sehnsucht nach seiner Frau. Meine Trauer wurde seine Trauer. Ein seltsamer, für manche sicher beklemmender Prozess. Aber er gehört zur Schauspielerei.

Man wirft uns Darstellern manchmal vor, wir verwechselten Schein mit Wirklichkeit. Richtig. Es muss so sein. Das Spiel schiebt sich in unsere Wirklichkeit, die Wirklichkeit wird Teil vom Spiel. Wo ist die Grenze? Sie fließt. Wer sind wir selbst? Die Rolle? Oder das, was wir von uns selbst hineinstecken und verstecken? Es zählt am Ende einzig, was der Zuschauer von uns sieht und was er dabei empfindet. Dafür leben und arbeiten wir.

Wir haben wohl einen ziemlich unheimlichen Beruf.

Ich spreche nicht gern von seinen Geheimnissen und will es in diesem Buch auch nur dieses eine Mal tun. Immer mit ein wenig Furcht, nicht wirklich verstanden zu werden. Denn oft genug – ich erlebe es häufig – versteht der andere manches, nur das nicht, was man ihm eben noch ganz deutlich erklärt hat. Da lasse ich es lieber. Und denke an John Allens Lehre: Fang nie an zu erklären! Das wird nur eine »never ending story«! Oder an die Variante eines Ausspruchs vom großen alten Regisseur Jürgen Fehling: Es geht das verehrte Publikum gar nichts an, wie Schauspielerei gemacht wird.

In ihrer Hexenküche hat der Fremde nichts zu suchen. Sonst weiß am Ende der Koch selbst nicht mehr so genau, welche Mixtur wofür denn noch gut war. Und deshalb verlasse ich nach diesem kurzen Ausflug die Küche auch gleich wieder und trotte hinüber in die Hallen 4/5, wo wir zwölf Stunden und mehr am Tag vor der *Boot*-Kamera standen. Neun Monate lang mit winzigen Pausen dazwischen.

Das Boot ist in drei Teile geteilt, in Bug, Mittelteil, Heck, und jeder Teil zur einen Seite hin aufgeschnitten. Dort also sitzen, stehen, spielen wir.

Die Kamera beäugt mich, wie ich da in meinem winzigen Funkerstand hocke. Dramatik. Sturm. Das Boot in höchster Gefahr. Achthundert Liter Wasser werden von oben auf uns geschüttet. Wirbelnd, reißend. Körper fliegen gegen die Wand. Im Team gibt es immer wieder Rippenbrüche. Aber weitermachen! Weiterdrehen!

Nur Film? Gewiss nur Film! Aber der soll ganz groß, ganz toll, ganz spannend werden. Nun zeigt mal, ob wir Deutsche auch so was können oder immer nur über grüne Kinoheide wandern!

Am Ende eines solchen Drehtags hat man nur eines im Sinn: zurück ins Hotel, unter die Dusche und sich für den nächsten Tag präparieren. Dann schlafen. Nichts als schlafen. Der Wecker rasselt früh genug. Dennoch haben wir *Boot*-People, lauter junge Kerle schließlich, die eine und andere Schwabing-Sause gemacht. Besonders in den Tagen, wo wir die »Gammelfahrt« filmten.

Keine Dramatik. Null Action. Nur Langeweile. Tote Gesichter. Gammelei.

An solchen Tagen kamen wir zur Aufnahme unausgeschlafen, unrasiert, die Augen verquollen, die Gesichter gedunsen. Unser Gähnen kam ganz echt, unsere Müdigkeit brauchte nicht gespielt zu werden. Aber keiner schimpfte mit uns. Im Gegenteil. Vor allem der Visagist war entzückt: »Huch, Kinderchen, euch braucht man ja gar nicht zu schminken! Bleibt einfach so, wie ihr seid!« Und einer neben mir, der Martin Semmelrogge mit seiner frechen Krähstimme, murmelte: »Dann hätte ja der Abend gestern eigentlich auf Betriebskosten gehen müssen.«

Wir alle waren ein Team. Aber wir sind deshalb nicht dicke Freunde geworden, die unentwegt im intimen Plausch zusammenhockten und letzte Geheimnisse miteinander austauschten. Eher schotteten wir uns mit unseren Problemen voneinander ab. Es war die Zeit, in der Kopfhörer Mode wurden. Praktisch jeden sah man in den Drehpausen mit diesen Dingern auf den Ohren herumlaufen. Das deutliche Signal für: Sprecht mich bitte nicht an!

Es war wohl auch so, dass sich jeder irgendwann mal ein bisschen danebenbenahm oder den Kotzbrocken vom Tag heraushängen ließ. Das war dann rasch wieder verflogen. Mit der Arbeit ging es weiter wie vorher. Sie bestimmte ganz und gar unser Verhalten.

*Das Boot* war unser Boot. Und als wir später in La Rochelle dabei waren, als dieses Boot langsam versank, wussten wir genau, dass das dort draußen nur Attrappe war. Doch war uns in diesem Augenblick, als würde dort ein Teil von uns selbst im atlantischen Grau versinken. Den Schmerz in Prochnows Blick haben wir damals alle empfunden.

Mit Prochnow verstand ich mich ausgezeichnet und war bei seinen großen Szenen sein begeistertster Beobachter. Und ein guter Freund wurde Uwe Ochsenknecht. Er war es, der von allen Kollegen meine Kämpfe und Qualen mit Angie am intensivsten mitbekam und mich mit großherziger Freundschaftlichkeit zu sich nach Hause einlud, damit ich in eine andere Umgebung und damit auch mal wieder auf andere Gedanken kam.

Wurde alle Seelenpein aber zu groß, habe ich mich ans Steuer gesetzt, bin aus München hinausgefahren und habe geschrien. Jawohl! Nichts als dagesessen und geschrien.

Wie früher im Harz. Wie in Berliner »Release«-Zeiten, wenn der Stress mal wieder zu heftig wurde. Das half. Der eminente Druck im Brustkorb ließ langsam nach. Der Schmerz blieb. Aber nun war er wenigstens erträglich.

Nicht jeder wird das verstehen, ich weiß. In unserer Welt hat man leise zu sein und sich zusammenzureißen, nicht wahr? Wer schreit, hat Unrecht.

Wirklich?

»Können Sie das nicht etwas leiser sagen?«, wurde ich später vor allem in der Schweiz immer wieder aufgefordert, und auch das hat mir das schöne Alpenland zunehmend verleidet. Diese ewige Rücksichtnahme. Diese immer geputzten Schuhe, auf dass nur ja keiner auf den Gedanken kommt, man könne ein Problemchen haben und deshalb in dreckigen Latschen herumlaufen.

Nein, ich kann nicht leise sein. Ich will es nicht! Ich schreie, wenn mir danach ist. Der Schrei ist wie Lachen und Weinen. Etwas will aus dir heraus.

Auf dem Boot wurde natürlich nicht geschrien. Dort ging es leise zu, fast atemlos. Wie überhaupt für ein Kriegsdrama ein erstaunlich »stiller« Film entstand. Mit einer Spannung, die ganz aus der Ruhe kam. Eine der intensivsten Szenen fällt mir ein.

Es ist der Augenblick, in dem sich ein Kreuzer und zwei Zerstörer dem U-Boot nähern. Unten bleiche Gesichter, angehaltener Atem, Todesfurcht. Jeder schließt auf seine Weise mit dem Leben ab. Dann scheint alles noch einmal überstanden. Kurzes Aufatmen. Doch unmittelbar darauf der nächste Alarm. Ein anderer Zerstörer nähert sich. Gleich noch einmal die Situation wie eben.

Wieder Hochspannung. Todesangst.

Wir hocken zusammen, Prochnow und ich. Wolfgang

Petersen sitzt uns gegenüber, so konzentriert wie wir. Aber geduldig. Wartet, bis wir so weit sind. Ganz drin in der Stimmung dieser Szene. Ein fragender Blick zu mir hin. Ein Nicken. Bin so weit. Der Prochnow auch. Und Wolfgang flüstert, nein, er wispert es: Action!

Kamera auf Prochnow. Der hebt ganz leicht die Lippen, deutet ein listiges Lächeln an, mehr in den Augen als um den Mund. Auch er flüstert nur: »Wir werden wohl ein Häkchen schlagen!« Das ist schon alles. Dieser eine Satz. Ohne Pathos und ohne Dramatik. Eher scherzhaft-schelmisch. Aber alles ist drin. Die ganze vor innerer Spannung nahezu weiß glühende Situation. Drama, das ganz aus der Stille kommt.

Das, glaube ich, ist die wesentliche Qualität vom *Boot*. Und dafür waren hier genau die richtigen Leute zusammengekommen. Fanden im Zusammenspiel unter Petersens Leitung den genau richtigen Ton.

In solchen Szenen, aber auch insgesamt, war er ein schlicht fantastischer Regisseur. Einfühlsam, mit besonderem Spürsinn für die innere Befindlichkeit seiner Darsteller. Er mischte sich nicht ein, ließ uns voll in unserer Intensität.

Petersen verwirrt Schauspieler nicht. Reißt keine Witzchen, um die anderen zu »entspannen«, was ich ohnehin nicht leiden kann. Denn sorry, ich brauche diese Art Entspannung nicht. Nicht immer noch einen Kantinenscherz und noch mal die Anekdote, wie einer mal fast von Ingmar Bergman engagiert worden wäre. Ich will ganz intensiv bei der Sache sein. Dabei hilft ein Regisseur wie Petersen.

Er hat auch seine Schwächen.

Zum Beispiel spielt er leidenschaftlich gern vor. Und

leidenschaftlich schlecht. Normalerweise kann ich das auf den Tod nicht ausstehen.

Bei Petersen war ich nachsichtig. Denn er spielte vor, weil es ihm selbst so furchtbar viel Spaß machte. Und es war in gewisser Hinsicht auch hilfreich. Nicht, dass man das zu spielen versuchte, was er vorgemacht hatte. Um Himmels willen, nur das nicht! Aber man wusste, worauf er hinauswollte. Das konnte man dann umsetzen. Auf die ganz eigene Art. Darin bevormundete er einen nicht.

Die Zeit flog dahin. Man vergaß Stunden, Tage. Die Wirklichkeit schien stillzustehen, wenn man den Tag lang da gehockt hatte als Funker Hinrich. Als dieses Bündelchen Mensch tief unten im Ozean, das doch viel lieber an hellen Sonnentagen sein kleines Sportflugzeug über den blauen Himmel gesteuert hätte und nun hier unten so viel Entsetzliches und manch Herzzerreißendes erlebt. Einer, der sich schließlich hintastet zum kleinen Blumentopf, wo die Zwiebel sprießt, das Band zu seiner Frau.

Er nimmt sie wie die größte Kostbarkeit zwischen seine Finger, betrachtet sie mit leichtem, zartem Lächeln. Er denkt an seine Frau, weiß sich ihr nahe – und doch so weit, irgendwo viele tausend Kilometer fern.

Manchmal schwer, nach solchen Drehtagen wieder in die andere, die »richtige« Wirklichkeit zurückzufinden.

Ich kann mich erinnern, dass ich am Ende jenes Tages, als wir die Szene mit den Zerstörern gedreht und dabei gar nicht so viel »gemacht« hatten, total erschöpft war. Ausgepumpt bis zur völligen Leere. Und noch voll drin in jener imaginären Blase, die uns abschirmt gegen alle Oberflächenrealität. Fürs Erste jedenfalls.

Das Spiel war aus. Die Rolle lebte in mir weiter. Ich wankte zum Hallenrand, stand dort neben einem Kaffeeautomaten. Irgendein freundlicher Mensch reichte mir einen Becher. Ich muss ihn wohl angestarrt haben wie einen Außerirdischen: Kaffee? Was ist das?

Mechanisch langte ich nach dem Becher. Schrie auf, ließ ihn fallen. Zu heiß. Auch daran hatte ich nicht gedacht, war immer noch nicht ganz von dieser Welt. Erst allmählich teilten sich wieder die Nebel vor meinen Augen.

Das also war die Halle 4/5, aha!

Es wurde abgebaut, die Hydraulikmaschine abgestellt. Irgendwer trug gerade die Kamera hinaus. Feierabend. In der Halle wurde es immer leiser. Und in die Stille hinein fragte ich mich: Wo warst du eben noch? Wo bist du jetzt? Und wer bist du eigentlich? Der Heinz? Der Hinrich?

Eine Stimme plötzlich, keine Ahnung, woher sie kam: Nanu! Bist ja noch im Kostüm! Nun zieh dich endlich um! Aber ich konnte mich nicht umziehen, hätte wohl noch die ganze Nacht so dagestanden, wenn man mich in der immer dunkler werdenden Halle hätte stehen lassen, hätte stumpf vor mich hingestarrt. Regungslos.

Erst ganz allmählich taute ich auf. Und der erste klare Gedanke, den Heinz hatte und nicht Hinrich, war: Diesen Drehtag also – den vergisst du nimmermehr!

Ich vermute, jeder aus der *Boot*-Crew wird in sich solche Erinnerungen aufbewahrt haben. Aber wir tauschten uns nicht aus. Nicht damals, nicht heute. Dieser große innere Zusammenhalt, diese wie selbstverständliche Übereinstimmung blieben auf die neun Arbeitsmonate beschränkt. Jeder brachte in dieser Zeit sein eigenes Baby zur Welt. Wir waren die Family. Das war dann vorbei. Okay und gut so!

Wir schreiben uns nicht, sehen uns selten. Begegnen wir uns mal, strahlen wir uns an: Wie geht's, Alter? Gut? Fein! Das kann es dann gewesen sein. Kommt einer in die Stadt des anderen, spürt er nicht unbedingt den Zwang, sich schleunigst bei ihm zu melden. Es gibt keinen Stammtisch, keinen festen Treff. Vom anderen legendären Nachkriegsteam, den sieben Jungs aus Bernhard Wickis *Brücke*-Film, weiß ich, dass es zwischen ihnen nicht anders zugeht.

Wahrscheinlich ein Naturgesetz. Man spielt eine Rolle. Spielt sie mit aller Hingabe, eingebettet in den Gemeinschaftsgeist des Teams. Jeder gibt. Jeder nimmt. Das Ziel zählt. Nicht der Weg dorthin. Danach sucht sich jeder seinen weiteren Weg allein.

Das Ziel für alle war, einen guten Film zu machen. Keinen Welterfolg um jeden Preis. Den kann sowieso niemand erzwingen. Dass *Das Boot* dennoch einer wurde, bis nach Japan hin, hat uns alle überrascht. Große Auswirkungen hat es zunächst nicht gehabt.

Der Film lief selbst in Amerika, und das mit größtem Erfolg. Angebote kamen von dort nicht. Aber Fan-Post, und die reichlich. Mit Einladungen dabei, in alle Gegenden der Welt. Ich musste manchmal grinsen: Wenn bei mir mal alle Stricke reißen und ich völlig ohne Kohle bin, könnte ich immer noch auf der Spur dieser Einladungen rund um die Welt reisen und würde überall durchgefüttert werden. Ein ziemlich tröstlicher Gedanke!

Meine ganz persönliche *Boot*-Bilanz sieht aber etwas anders aus.

Als mein Sohn Lucas den Film bei seiner zigsten Bildschirm-Wiederholung zum ersten Mal sah, war er ein bisschen enttäuscht. »Och, bist ja gar nicht so furchtbar oft zu sehen, Papa!«

Stimmt, mein Junge. Der Hinrich ist nun mal eine ziemlich kleine Rolle. Doch darauf kommt es gar nicht an. Ich habe Riesenrollen gespielt und erinnere mich an die dazugehörenden Filme nur äußerst ungern. Diese Rolle aber, so klein sie sein mag, hat mir zweierlei gebracht.

Einmal hatte ich mich im »leisen« Fach bewährt.

Das andere ist etwas schwerer zu erklären.

Ich bin Jahrgang 51, war nie im Krieg, und damals in den Fünfzigern schien er für viele schon so fern zu sein wie die Schlachten von Waterloo und Leuthen.

Natürlich hatte er noch überdeutlich seine Spuren hinterlassen. In fast jeder Familie. Auch bei uns. Mein Vater war in russischer Gefangenschaft gewesen, hatte dort Schlimmes erlebt. Er sprach nur selten und ungern davon. Überhaupt wurde nur selten über die NS-Zeit und den Krieg gesprochen. Das war damals so, als man an das unmittelbar Vergangene wie an einen fernen, bösen Traum dachte.

Auch die Bundeswehr blieb mir erspart. Zwar wurde ich gemustert. Aber als die Einberufung kam, war ich schon in Berlin. Ich hatte dennoch die Frechheit, hinzufahren, und das sogar in wehrwilliger Absicht. Denn ich hätte mich in dieser Zeit ganz gern zum Fotografen ausbilden lassen. Als aber die Herrschaften dort hörten, ich würde beim »Release« mit Süchtigen zusammenarbeiten, winkten sie schleunigst ab. Bloß keine Drogen in der schönen sauberen Bundeswehr!

Also kein Soldat Hoenig. Aber ich begriff in diesen neun Monaten, in denen *Das Boot* gedreht wurde, wer die Jungs gewesen waren, die in jenen Jahren zum Militär eingezogen wurden, begeistert zum Teil und in ihrer Begeisterung missbraucht. Wäre ich, begeisterungsfähig, wie ich bin, gleichfalls für Krieg und Zerstörung zu bewegen gewesen, immer im Bewusstsein, einer großen Sache zu dienen? Wahrscheinlich.

Ich lernte auch, was Krieg zunächst mal bedeutet. Kein Heldentum. Kein Abenteuer. Stumpfsinn. Langeweile. Das endlose Warten auf etwas, wovor man zugleich zittert. Graue Wölfe da unten in der Tiefe? Dass ich nicht lache!

In einer der wenigen etwas komödiantisch-lockeren Szenen im *Boot* – ich selbst war leider nicht drin – wird dieser falsche Kult, diese Verkitschung der wahren Leistung glänzend ironisiert.

Beim Stopp in Vigo, wo die vom Boot am Weihnachtsabend Gäste sind auf einem geschniegelten Handelsdampfer bei Christstollen, »Ihr Kinderlein kommet« und Heringssalat. Wie Prochnow und die anderen auf die hohlen Komplimente der »Kameraden« in blanker Uniform reagieren, abweisend, wortlos, entlarvt alles hohle Schlagwortgetue. »Diese Operetten-Seeleute«, knurrt Prochnow einmal. Das waren die auf dem Boot ganz sicher nicht.

Arme Bengel waren das. Der Schluck Suppe, ein Teller nicht ganz so matschiger Nudeln waren für sie Kostbarkeiten, einmal Händewaschen zusätzlich oder gar eine Dusche der größte Luxus. So ändern sich dort unten in der Tiefe die Werte und Maßstäbe.

Vierzigtausend sind damals hinausgefahren. Nur 10000 kehrten zurück. Ich glaube, diesen allen hat unser Film ein schönes, würdiges Denkmal gesetzt. Und ich, der Heinz Hoenig, war dabei.

## Schauspieler Hoenig, nein, bin ich nicht

Und noch mal *Das Boot*. Der letzte Drehtag. Wir waren in La Rochelle, und auf dem Drehplan stand die tatsächlich letzte Szene. Niemand, der sie gesehen hat, dürfte sie vergessen haben.

Wie da an einem strahlend blauen Sonnentag bei schmetternder Musik das U-Boot nach endlos langer Feindfahrt und jeder nur erdenklichen Gefahr in den Hafen einläuft, heil trotz allem. Unendliche Erleichterung in allen Gesichtern. Selbst der meist ernste Kaleu lächelt und hebt grüßend die Hand an die Mütze.

Die Jungs freuen sich. Aufs erste Bier. Aufs Leben. Der Zuschauer freut sich auch. Wenigstens auf das Bier hinterher. Und dabei wird er meinen, das sei ja endlich mal ein wirklich schöner Film gewesen und für einen Kriegsfilm gar nicht so blutig, zumindest nicht am Schluss.

Alles atmet auf. Dann bricht das Inferno los.

Englische Jagdflieger zischen heran. Sturzflug. Bomben. Knatternde Salven. Geschrei, Blut. Alles flieht. Keiner kommt davon. Nur der Marine-Berichterstatter, aus dessen Perspektive der Film erzählt worden ist. Starr kniet er neben der Leiche des »Alten«, dessen letzter Blick dem versinkenden Boot gefolgt war.

Auch für uns war dies noch einmal ein Großkampftag.

Original englische Flugzeuge aus dem letzten Krieg waren herangeschafft worden. Sie sausten so tief über unsere Köpfe hinweg, dass wir uns schon allein vor dem

Lärm der Motoren flach auf den Boden warfen. Und Charlie, nur unser »Dyna-Mitautor« oder schlicht »Charlie Bumm Bumm« genannt und als Sprengmeister einer der echten Stars bei solchen Unternehmungen, hatte seine größte Stunde.

Der ganze Hafen von La Rochelle spielte mit. Schienen wurden gelegt, Güterwaggons herbeigeschafft, Benzinbomben hineingelegt. In aufgestapelten Zementsäcken steckten gleichfalls Bomben. An diesen sollte Claude-Oliver Rudolph als Maschinist Arno den schon tödlich getroffenen Hinrich vorbeitragen. Vorher nahm ich mir Charlie noch kurz zur Brust: »Hör mal, Alter, dass mir das da erst in die Luft fliegt, wenn wir heil und sicher vorbeigekommen sind! Meinen Kopf würde ich nämlich noch ganz gern eine Weile behalten. Vielleicht brauche ich ihn ja noch mal irgendwann...«

Charlie nickte nur. Überflüssiges Gerede! Mit einem »Waffenmeister« wie ihm würde schon nichts passieren. Also dann: Action!

Alles lief glatt. Die Zementbomben gingen hoch. Ich glitt sterbend aus Claude-Olivers Armen, lag am Boden, die Augen weit aufgerissen. Irgendwo in der Nähe ging noch eine Wasserbombe hoch. In meinem Gesicht zuckte kein Muskel. Ich war tot.

Danke, gestorben! Im wahrsten Sinn des Wortes.

Sekunden später war ich wieder springlebendig. Und keineswegs stumm. Im Gegenteil. Ich schrie. Schrie vor Schmerz. Denn das aufspritzende Wasser hatte sich mit den in der Luft umherschwirrenden Zementflocken vermischt und spritzte mir ins Gesicht. Immer voll in die Augen.

Aber die Aufnahme war ganz toll gelungen.

Abends saßen alle zusammen und feierten diesen letzten Drehtag. Nur ich nicht. Ich war im Krankenhaus und musste versorgt werden. Dreimal wurden mir die Augen ausgewaschen, immer wieder, und hinter meinen Lidern kratzte und knirschte es wie von tausend Sandkörnern. Ein scheußliches Gefühl.

Das war meine Abschlussfeier von *Das Boot*.

Als am nächsten Tag ein Privatflugzeug der Firma uns alle von La Rochelle abholte, trug ich noch eine dicke Binde vor den Augen. In München konnte ich glücklicherweise schon wieder genug sehen, um zum Bavaria-Gelände zu fahren, wo ich meinen Wagen abgestellt hatte. Mit ihm fuhr ich zu dem kleinen Haus bei München, das ich für Angie und mich gemietet hatte.

Auf der Türschwelle erstarrte ich. Denn aus dem Wohnzimmer hörte ich ganz deutlich Wolfgang Petersens unverkennbare Stimme »Action!« rufen. Dann Bombengedröhn, Geschrei, Kampflärm. War ich am Ende schon so *Boot*-fixiert, dass ich dieser Welt nirgends mehr entkommen konnte?

Nein, es lief nur zufällig eine kleine Dokumentation über unsere letzten Drehtage im Fernsehen. So konnte ich alles gleich noch einmal erleben, und es wehte mich wie ein letzter Gruß aus diesen vergangenen neun tollen, großartigen, einzigartigen Monaten meines Lebens an. Sie waren vorbei. Endgültig.

Neun Monate hatte mich *Das Boot* fest im Klammergriff gehalten. Die andere Welt dort draußen, ihre Menschen – was hatte das alles in dieser Zeit gezählt? Gab es das überhaupt noch?

Jetzt musste ich mich aus diesem Zugriff wieder lösen. Gar nicht so einfach. Jeder hatte dafür seine eigene Methode. Von Jürgen Prochnow weiß ich, dass er nach Südafrika fuhr. Nur nicht mehr eingesperrt sein in ein paar Quadratmeter nachgebautes U-Boot. Endlich wieder Weite, Freiheit spüren bis hin zum unendlich fernen Horizont.

Mir ging es nicht ganz so. Und ich bin damals auch nicht in irgendein tiefes Loch gefallen. Was ich an Abschiedsgefühlen durchstehen musste, hatte ich schon vorher in den letzten Drehtagen mit mir abgemacht. Und im Übrigen bin ich meiner ganzen Mentalität nach zu sehr Pirat. Die Beute interessiert mich, nicht der Kampfplatz. Oder Zigeuner: die Wagen beladen, die Pferdchen vorgespannt! Weiter geht es zur nächsten Feuerstelle. Nur nicht Kraft auf Nostalgie und Heimatgefühle verschwenden!

Es gab allerdings noch den allerletzten Akt zum *Boot*. Die Synchronisation. Denn die unter Kampfgetöse und Wasserrauschen entstandenen Originalaufnahmen konnten natürlich nicht verwendet werden. Wir versammelten uns also alle noch mal im Tonstudio. Die ganze Crew. Auch Wolfgang Petersen.

Es war schon recht seltsam.

Wir alle waren schon nicht mehr so ganz im Film und in unserer Rolle. Die andere Welt hatte uns längst wieder. Doch jetzt kehrten wir in diese »Boot«-Welt zurück. Ohne Maske und Kostüm. Wir mussten die ganze Spannung von damals wieder aus uns herausholen und in jede gesprochene Silbe, jedes geschriene Wort hineinlegen. Ein nahezu surrealistischer Vorgang, und ich kann mich an wiederholte hysterische Lachanfälle erinnern. Sie befreiten uns etwas von der immer stärker werdenden Anspannung.

Wolfgang Petersen lachte nicht.

Im Gegenteil. Immer wieder hörte ich ihn laut aufseufzen, und die eine oder andere Träne hat er wohl auch geweint. Denn er wusste, wie wenig von allem Material, das wir da synchronisierten, in die Kinofassung eingehen würde. Nach dem auch im Film geltenden Gesetz »Gemeinnutz geht vor Eigennutz« mussten gerade einige der schönsten Szenen wie etwa der wunderbar locker und komödiantisch geratene Bananentanz dem großen dramaturgischen Bogen geopfert werden. Am Ende kam ein Fragment heraus, das die eigentliche Geschichte von *Das Boot* nur ahnen ließ.

Autor Lothar-Günther Buchheim – hier waren wir mal ausnahmsweise seiner Meinung – war so empört über diese Verstümmelung, dass er aus Protest der als Supergala aufgezogenen Münchner Premiere fern blieb. Ich dagegen ging hin. Als sich aber nach dem Ende des Films die Reporter auf mich stürzten und ich ihnen meine Meinung in die Mikrofone flüstern sollte, sagte ich nur mit einem Achselzucken: »Der alte Mann und das Boot«.

Genau das war in meinen Augen aus dem *Boot* geworden. Passable Kinokost. Kaum mehr. Das Eigentliche – die unglaublichen Längen, aus denen Petersen mit schon genialem Gespür die unglaubliche Spannung bezogen hatte, die leise Trauer über allem, ihre Melancholie und Poesie selbst noch in den härtesten, schrecklichsten Momenten – hatte in die Kurzfassung allenfalls im Ansatz hinübergerettet werden können. Deshalb war unser aller Enttäuschung bei der Kinopremiere so groß und die vom Regisseur sicher am größten.

Heute, nach recht genau 20 Jahren, sehe ich die Dinge nicht wesentlich anders.

Der Film ist respektables Kino. Wer aber das Epos *Das*

*Boot* in allen Facetten kennen lernen will, muss einen langen Atem haben und sich auf die sechsstündige Fernsehfassung einlassen. Video macht's möglich.

Dennoch war auch der Kinofilm wichtig. Er gab für einige Zeit dem Publikum das Vertrauen in den deutschen Film wieder. »Man« ging nun wieder ins Kino wie seit den Fünfzigerjahren nicht mehr. Das brachte unter anderem viel Geld ein. Die Bavaria schrieb fürs Erste wieder schwarze Zahlen. Unsere eigenen »schwarzen Zahlen« nahmen sich dagegen recht bescheiden aus.

Die höchste Gage bekam, glaube ich, Jürgen Prochnow. Ich selbst hatte zunächst über 60 000 Mark abgeschlossen. Später, bei der immer längeren Drehzeit, stiegen sie auf 80 000. Wirklich keine berauschenden Summen bei der Unzahl von Drehtagen, zumal damit sowohl die Film- als auch die Fernsehfassung abgedeckt waren. Und alle Wiederholungen, wie wir mehr zufällig zu Drehbeginn erfuhren.

Das war nun doch etwas happig. Dagegen liefen wir Sturm. Prochnow konnte man etliche Tage über seine Agentin fluchen hören, der das wohl entgangen war. Wir anderen fluchten auf die ZBF (Zentrale für Bühne und Film beim Arbeitsamt), die sich gleichfalls nicht darum gekümmert hatte. Dann drohten wir mit Streik, und das ließ etliche Herren in der Bavaria-Chefetage erbleichen. Schließlich war mit dem Film gerade erst begonnen worden.

Wir einigten uns am Ende auf einen Zuschlag, der nach der Grundgage des Einzelnen gestaffelt war. Das brachte über die Jahre bei den zig Wiederholungen gutes Geld.

Mein persönliches *Boot*-Fazit bleibt: Wir alle können stolz auf diesen Film sein. Stolz darauf, ihn mit aller Kraft, aller Liebe in dieser Form möglich gemacht zu haben. Dieser Stolz wird bleiben. Denn selbst wenn nach vielen Jahren die Namen der einzelnen *Boot*-People allmählich in Vergessenheit geraten, wird man den Film noch immer zeigen, wird das Publikum immer wieder neu begeistert und beeindruckt sein.

Bei den Synchronarbeiten sollte es noch zu zwei ganz amüsanten Coming-outs kommen.

Einmal kam Uwe Ochsenknecht zu mir und gestand mit verschämtem Unterton, er würde sich so schrecklich gern mal als Sänger versuchen. Warum auch nicht? Auch ich hatte seit »The Dee«-Tagen und den vielen schmissigen Songs in den GRIPS-Stücken nie ganz die Hoffnung aufgegeben, irgendwann mal als singender Schauspieler hervorzutreten.

Nur ließen sich Uwe und ich Zeit. Einige Jahre mussten vergehen, bevor wir uns mit eigenen CDs hervorwagten und, wie ich finde, ganz passabel abschnitten: Uwe mit *Ochsenknecht*, *Girls Crossing*, *O-Ton* und *Singer*, ich mit *Familienbande*. Der Dritte im musikalischen Bund war schneller als wir.

Auch Herbert Grönemeyer zog mich einmal beiseite.

Im *Boot* war er der Marine-Berichterstatter und Fotograf gewesen und hatte diese Rolle glänzend bewältigt. Allein die Szene, in der die entnervten anderen dem übergeschäftig einherwieselnden Störenfried einen dreckigen Öllappen ins Gesicht klatschen! Oder der Augenblick, in dem er in der Tiefe des Meeres seine ganze erbärmliche Todesangst, all die verlorenen Illusionen von der süßen Ehre, fürs Vaterland zu sterben, hervortrotzt und -stottert. Das hatte zu den unvergesslichen *Boot*-Momenten gehört.

Salut, Herbie! Bist ein großer Schauspieler. Das bestätige ich ihm gern. Aber damals wollte er von mir wissen, ob er am Ende auch ein großer Sänger sei.

Er spielte mir im Auto eine Kassette von sich mit eigenen Liedern vor. Was Selbstgeschriebenes. Ich hörte zu. Ich nickte. Die Musik war nicht so ganz mein Fall, aber der Text hatte was und Herbies Stimme auch. Das sagte ich ihm: Doch, Junge! Versuch's mal!

Später dann hat er mir seine erste LP zugeschickt. »Männer brauchen Zärtlichkeit« und »Alkohol«, der Titel vor allem. Das ging unter die Haut, ich war fasziniert. Spontan griff ich zum Telefonhörer. Herbie war nicht da. Ich sprach ihm meine Begeisterung aufs Band. Später habe ich seine große Gesangskarriere mit ehrlicher Bewunderung verfolgt. Ich glaube, dass er sich seinen Aufstieg zu einem der interessantesten deutschen Popsänger mit ganz eigener Linie redlich verdient hat.

Wie er haben einige vom *Boot* ihren Weg gemacht. Andere nicht. Mit dem Erfolg dieses Films hatte das gar nicht so viel zu tun. Dieter Wedel zum Beispiel wurde auf mich nicht über *Das Boot* aufmerksam, sondern durch einen Drei-Minuten-Auftritt in einem Film von Hark Bohm. Es lässt sich nun mal in unserem Job nichts erzwingen, auch nicht der Erfolg durch einen anderen vorausgegangenen, und hinter Karrieren steht immer auch der Zufall.

Ich hasse das Wort »Karriere« ohnehin und bin ihrem vermeintlichen Gesetz stets nur äußerst zögernd gefolgt, habe mich nie an einen Erfolg gekrallt und ihn um jeden Preis festhalten wollen. Ich habe in der Regel das gemacht, wonach mir der Sinn stand, und schere mich nicht viel um die Unkenrufe der anderen.

Wie schlugen beispielsweise manche die Hände über dem Kopf zusammen, als ich damals von Berlin für einige Zeit nach Niederbayern ging, um beim Hausbau zu helfen. Gerade jetzt wollte ich die Stadt verlassen, wo ich eine so bombensichere Position am GRIPS hatte und auch recht gut im Filmgeschäft war!

Ich zuckte nur mit den Schultern: Ich bin nur gut, wenn ich mich gut fühle, und in Berlin fühle ich mich nicht mehr wohl. Ich brauchte grünes Land statt Asphalt und Straßenstaub. Es hat mir dann ja auch nicht geschadet. Im Gegenteil, es brachte mir die Rolle des Hinrich im *Boot*.

Etwas Selbstvertrauen und innere Gelassenheit gehören natürlich zu dieser Haltung.

Ich gebe zu, so dachte ich vor allem in Zeiten, als ich noch keine Familie zu versorgen hatte. Aber im Prinzip hat sich an dieser Haltung nicht viel geändert. Und ich blieb auch in der ersten Zeit nach dem *Boot* recht cool, machte erst mal eine Weile gar nichts, um wieder zu Atem zu kommen. Schließlich kehrte ich nach Berlin zurück. Hatte sich irgendetwas verändert? In mir? Um mich herum? Eigentlich nicht.

Das Honorar für *Das Boot* war rasch ausgegeben, vor allem für die Tilgung früherer Schulden. Also nichts mit Star-Existenz!

Ich bewohnte kein Penthouse am Ku'damm, mein Kleiderschrank hing nicht voll Armani, vor der Tür stand kein Luxusschlitten, und nicht mal zu einer anständigen Wannsee-Villa mit Swimmingpool reichte es. Von Ländereien in Spanien oder Kalifornien ganz zu schweigen.

Ich war nicht schlecht im Geschäft, bekam viele Angebote, lehnte viele ab, machte aber so meine drei, vier

Filme im Jahr. Mal kleine, mal große Rollen, mal gute, mal nicht so gute Filme. Davon ließ sich einigermaßen leben. Was wollte ich mehr?

Es war also im Vergleich zu Vor-*Boot*-Zeiten nichts so sehr anders geworden. Ich war der gleiche Heinz Hoenig wie vorher ...

Nein, ich war es nicht. Irgendwas änderte sich schon. *Das Boot* hatte sich inzwischen als internationaler Erfolg durchgesetzt. Den Film umgab ein erster früher Nimbus. Und alte Freunde begannen mich plötzlich mit einer gewissen Scheu, fast Ehrfurcht zu behandeln. Ich hatte auch den Eindruck, als rückten sie sachte von mir ab. Bist du noch der Alte?, schienen ihre Blicke zu fragen. Und mancher fragte mich das tatsächlich.

Ja, ich bin der Alte. Glaubt mir das doch, verdammt noch mal! Aber sie glaubten mir wohl nicht.

Dafür drängten jetzt neue Freunde heran. Solche, die immer schon gewusst hatten, dass ich mal ein ganz Großer werden würde. Jawohl, das hatten sie früher schon gesagt. Wo aber waren diese neuen Freunde nur gewesen, als mir solche Prophezeiungen wirklich gut getan hätten? Ich konnte mich nicht erinnern, damals einen von ihnen gesehen zu haben.

Ich wurde meiner Umwelt gegenüber immer skeptischer, schminkte mir viel von meiner früheren Vertrauensseligkeit ab, suchte mir meine Freunde immer genauer aus.

Ich bekam Einladungen zu irgendwelchen Schickimicki-Events – und ging nicht hin. Hatte keine Lust auf Gastgeber, die anderen zuflüstern wollten, »der Hoenig« sei auch hier.

Aber alldem konnte ich mich auch nicht so ganz entziehen.

Erschien ich irgendwo, wurde ich mehr beachtet. Hatte ich früher mal einen Witz erzählt, was ich sowieso nie besonders gut konnte, wurde damals gelacht oder auch mal nicht. Es kam darauf an, ob die Pointe gut war oder ob ich sie mal wieder vermasselt hatte. Jetzt lachte alles. Weil es »der Hoenig« war, der diesen Witz gerissen hatte. Wie einst beim Lehrer in der Schule.

Ich war nicht mehr der Heinz. Ich war nun, na ja, der Schauspieler Hoenig. Und genau das wollte ich nicht sein. Da spürte ich, es wurde Zeit für einen Break.

Ich war die Produzenten leid mit ihren dicken Krokodilstränen in den Augen, wenn ich meine Gagenforderungen nannte: »Ja, lieber Herr Hoenig, wer soll Sie denn noch bezahlen?« Das hatten sie schon gefragt, als ich noch die Hälfte forderte, und sie hätten das Gleiche auch schon bei fünf Mark gesagt.

Schäbig. Blamabel. Als ob nicht wir leidlich bekannten Schauspieler es sind, die das Publikum ins Kino oder vor den Bildschirm locken und es damit den Herren in der Chefetage überhaupt erst möglich machen, mit uns ihre dicke Marie zu verdienen.

Ich hatte auch die Show satt, mit der irgendwelche Pseudo-Ami-Größen samt familiärem Anhang inklusive eigenem Psychotherapeuten über den Großen Teich gelockt wurden, um dem deutschen Film »Internationalität« zu geben. Die durften sich dann jede Freiheit nehmen, während es bei mir schon bei jeder Taxiquittung hieß: »Hätte der Fahrer denn wirklich bis dahin fahren müssen, und hätte er Sie nicht schon eine Straßenecke früher absetzen können?«

Der Film war bis dahin mit dem Hoenig so schlecht nicht gefahren. Die meisten meiner Filme, ob im Kino oder auf dem Bildschirm, liefen ganz ordentlich. Aber der Hoenig fuhr immer schlechter mit dem deutschen Film. Damals meinte irgendjemand mal, Film und Fernsehen seien die zweitgrößte kriminelle Vereinigung in ganz Deutschland, und ich brüte seitdem über der Frage, was wohl die größte sein könnte.

Kurz: Ich brauchte ein neues Terrain. Meinethalben in Berlin. Aber nicht mehr in den vertrauten Kreisen.

Ich wollte nicht mehr so drauflos filmen wie bisher. Zu Bedingungen, die andere mir diktierten. Ich wollte auch privat Umgang mit neuen Leuten, die mir anders, wieder selbstverständlich und kameradschaftlich begegneten. Für die ich wieder der Heinz und nicht der Schauspieler Hoenig war. Ich wollte und musste abtauchen. Irgendwohin.

Ich tauchte ab.

## Jeder muss mal
## in den Knast

Nur ein paar Stunden noch. Dann ist Paul da. Irgendwann werde ich ihm von diesen Zeiten damals im Berlin der Achtziger erzählen. Und von all den bösen Buben, die zu meinen Freunden gehörten. Von Freddy, von »Benny«, von den anderen aus der Berliner Kiez-Szene.

Ich bin gespannt, wie er reagieren wird. Verblüfft? Amüsiert? Schockiert? Was für Vorstellungen hat er von solchen Jungs? Welche Vorstellungen hatte ich selbst gehabt, bevor ich sie näher kennen lernte?

Schwarze Gestalten, die aus schwarzen Limousinen stiegen, schwarze Gläser vor den Augen. Und irgendwo drohte eine MP...

Mit Ella fing es an.

Griechin, sehr schön, sehr selbstbewusst. Jeder hätte sie gern gehabt. Einer hatte sie. Ich. Wir waren das erklärte Dream-Paar.

Über Ella lernte ich viele Griechen kennen und diesen herzlichen, direkten Menschenschlag sehr schätzen. Mit ihr fuhr ich ein zweites Mal in meinem Leben nach Griechenland und habe da erst dieses Land so richtig begriffen. Es war zwischen uns eine große, nahezu vollkommene Beziehung.

Zu vollkommen vielleicht.

Wieder machte ich den großen Fehler, den ich mir wohl bis zu meinem letzten Atemzug nicht mehr abgewöhnen werde. Ich investierte auch dieses Mal zu viel in diese Verbindung. An Gefühl und auch sonst.

Ella bekam von mir einen funkelnagelneuen Goggo hingestellt. Blitzend weiß, mit prächtig roten Ledersitzen. Eine Wonne, ein Juwel. Ella schien sich zu freuen. Doch bald darauf sah ich das Gefährt irgendwo am Straßenrand. Verdreckt, verkommen. Ella hatte es wohl weiterverschenkt oder -verkauft. Mein Schmerz war groß und bitter.

Anderes tat jedoch noch mehr weh. Die Eifersucht vor allem. Da schwang wohl auch die Erinnerung an Angie mit.

Es wären ja so viele gern an meiner Stelle gewesen. Sie sparten nicht mit dreckigen Bemerkungen und tückischen Anspielungen. Einige nahm ich mir zur Brust. »Noch ein Wort über Ella und mich, und du...« Aber dann ging das Gerücht, sie hätte was mit Freddy.

Ich will ihn hier mal Freddy nennen. Eigentlich hieß er anders, aber das geht keinen was an. Eine Kiez-Größe. Dazu ein sehr attraktiver Mann. Wohl möglich, dass er auch der schönen Ella gefiel. Das Gift fraß sich in mir fest.

Ich kochte. Ich schwor: »Der Kerl kriegt von mir einen toten Fisch auf die Schwelle gelegt.« Das muss er irgendwie mitbekommen haben. Und tat etwas sehr Vernünftiges. Er schlug mir ein Gespräch vor. So richtig von Mann zu Mann unter vier Augen. Irgendwo in einer kleinen Kneipe.

Es wurde ein sehr langer Abend und eine ziemlich lange Nacht. Ein guter Abend, ein gutes Gespräch. Ich ließ voll meine Fantasien ab, und Freddy, sieh an!, der eben noch so gehasste Rivale, erwies sich als ausgesprochen netter Kerl und sensibler, kluger Zuhörer. Auch was er zu sagen hatte, war gescheit und handfest. Am Ende stand nun nicht gleich dicke Freundschaft, aber wir befanden uns immerhin auf dem Weg dahin.

Über Freddy lernte ich dann »Benny« kennen, und der wurde nun wirklich ein Freund. Er lebt nicht mehr. Damals, als ich diesem Mann zum ersten Mal begegnete, war er noch quicklebendig. Oder sagen wir mal: ziemlich quicklebendig. »Benny« hatte es am Rücken und hatte sich für einige Wochen zur Kur nach, ich glaube, Teneriffa zurückgezogen. Sein Lokal überließ er für diese Zeit seinem besten Freund, und das war Freddy.

Schon stellten sich andere »beste Freunde« ein, die »Benny« zuzischten, der Freddy wolle ihn ausbooten. Ich übernahm dabei zum ersten Mal in diesen Kreisen eine Art Vermittlerrolle und stellte zwischen beiden klar, dass hiervon keine Rede sein konnte. So war dann nicht nur Freddy, sondern bald auch »Benny« ein Freund. Andere kamen noch hinzu. Ich fühlte mich wohl in ihrem Kreis.

Viel wohler als drüben in der Schickimicki-Bar, den Treffpunkten der Berliner Edel-Boheme. Da saßen dann die vom Schiller-Theater und die von der Schaubühne und noch andere von sonst woher. Die eine Clique giftete dezent gegen die andere, und innerhalb der Cliquen lobte jeder den anderen in den Himmel, um ihn hinter seinem Rücken in die tiefste Hölle zu wünschen.

Jeder war der Größte. Nur der eigene Erfolg zählte. Misserfolge hatten – ach, die Armen! – immer nur die anderen. O Eitelkeit der Eitelkeiten! Allein darum ging es dort. Bald schon unerträglich. Ober, zahlen bitte! Ich wechselte lieber zu Benny & Co.

Wie soll ich diese Männer beschreiben?

Ganoven. Klar. Das waren sie wahrscheinlich. Obwohl ich mit diesem Wort auch da vorsichtig bin. Ist einer, der ein oder zwei Lokale kontrolliert, gleich ein Ganove? Man ist zu rasch mit Klassifizierungen bei der Hand.

Ein Wort war ein Wort, ein Händedruck ein Vertrag. Ich bin selten so wenig belogen worden wie in diesen Kreisen. Schon gar nicht emotional. Das Verhalten der Männer mochte nicht immer redlich sein. Ihre Gefühle waren es immer.

Ich singe hier nicht das Hohelied von der Verbrecherehre. Ich bin in diesen Kreisen genug Typen begegnet, mit denen ich mich so rasch an keinen Tisch gesetzt hätte. Aber ich lernte zu differenzieren. Auch wenn einer etwas Mieses getan hat, verdient er die Chance zur Läuterung. Das war so eine Lektion, die ich aus diesen Kontakten mitbrachte. Und ich habe auch ganz konkret für meinen Beruf gelernt.

Zum Beispiel, als ich den Chef in *Drücker* spielte.

Ein schwieriger Charakter. Doppelgleisig. Fies und brutal. Und zugleich von großem Charme. Die zwei Seelen, ach, in der gleichen Gangsterbrust musste ich in den Griff bekommen, um einen mehrdimensionalen Charakter und nicht nur einen Filmschurken aus der Retorte hinzustellen.

Ich sah mir »Benny« an. Wie der lachte, wie der ging. Sein prächtiges Lachen! Dieses herrlich verschmitzte Lächeln so von unten herauf, mit einem kleinen Augenzwinkern darin: Wir beide, nicht wahr, wissen doch wohl, woran wir sind. Und dann sein Gang. Seine ganze Körpersprache. Immer fängt für mich die Arbeit an einer Figur bei ihren Bewegungen an. Hier übernahm ich das leicht

Wiegende, den Kopf dabei leicht zwischen die Schultern gezogen.

So ging, so lachte, so war mein *Drücker*-Boss.

Ich habe »Benny« erzählt, dass ich ihn als Modell gebraucht hatte. Er sah sich den fertigen Film an, sagte nichts. Wenn er irgendwie gekränkt war – der Chef ist schließlich nicht gerade ein Sympathieträger, sondern eine ziemlich fiese Nummer –, hat er sich das nicht anmerken lassen. Vielleicht spürte er genauer als mancher Schauspielprofi, dass von einem anderen die Hülle zu übernehmen nicht gleich bedeutet, man bildet den ganzen Charakter eins zu eins ab.

Das waren schon recht spannende Lektionen im Kreis dieser mittelschweren Jungs, von denen die meisten Familie hatten. Frau und Kind, an denen sie in Liebe hingen und mit denen sie vermutlich viel bürgerlich-friedvoller zusammenlebten als mancher Schauspielkollege.

Es war damals eine seltsame, eine schwierige, eine in vielem sehr einsame Zeit, den »neuen« Freunden zum Trotz.

Und ich ging an die Grenzen extremer und gefährlicher Selbsterfahrung. Ich probierte sogar Kokain. Ich hatte mich lange dagegen gesträubt, eine Dame wollte mich dazu immerfort überreden. Es dauerte Wochen, bis sie mich so weit hatte.

Heute sage ich ehrlich: Ich bin froh, dort wieder rausgekommen zu sein.

Mir kam in dieser Zeit eine Filmidee. Eine gute Idee, wie ich noch heute finde. Sehr ernst und zugleich sehr komisch. Rund um Rio, einen Dealer. Den hatte ich, wie ich gestehe, mit mir selbst besetzt.

Ich ging an die Arbeit. Ein Regisseur aus München, von der Idee ebenso entzückt wie ich, stellte sich als eifriger Mitautor ein. Manchmal schon zu eifrig. Wenn ich tagsüber nicht arbeitete, sondern schlief, fuhr er mich an: »Was machst du eigentlich nachts, dass du tagsüber so müde bist?«

Meine Antwort: »Ich arbeite an unserem Film. Nicht an der Schreibmaschine, sondern in den Kneipen und Straßen. Dort finde ich nämlich die Ideen.«

Das sollte sich schon bald als nur zu wahr erweisen.

Gerüchte gingen plötzlich um. Von zwei Typen war die Rede, die in den Kneipen herumhockten und ganz fantastische Summen für Stoff boten. Ein Riesendeal schien in der Luft zu liegen. Ich wurde neugierig. Diese beiden Typen hätte ich mir gern mal angesehen.

An diesem Abend stellte ich mich also in der bewussten Kneipe ein. Dort saßen die beiden. Nett, wohlerzogen, kleine Gier im Blick. Ich steuerte auf sie zu, grinste sie an und kam mit ihnen ins Gespräch. Stellte dumme Fragen, die ich schon vorher für eine Szene aufgeschrieben hatte. Versuchte sie aus der Reserve zu locken: »Was wollt ihr, hä? Ein Kilo? Zwei Kilo? Einen Zentner? Liegt doch auf der Straße...«

Bei der übergierigen Reaktion der beiden witterte ich sofort Lunte. Die hier konnten vielleicht einen biederen Ganoven täuschen, aber niemals einen »Versteller«, der sich im Rollenspiel auskennt. So ahnte ich denn Arges und sah zu, dass ich das Gespräch bald wieder abbrach und mich verkrümeln konnte.

Als ich draußen vor dem Lokal noch einen betont unauffälligen grauen VW entdeckte, in dem sich der Mann am Steuer betont unauffällig eine Zeitung vors Gesicht zog, wusste ich endgültig Bescheid. Die da drinnen waren niemals auf der Suche nach Käufern von Drogen. Es waren verkleidete Bullen.

Damit hätte diese Geschichte eigentlich erledigt sein können. Ich habe erst später wieder daran gedacht, als Stefan Kurt und ich in Dieter Wedels *Schattenmann* Undercover-Agenten darzustellen hatten.

Doch das eigentlich Spannende kam noch.

Zeit verging. Mein Mitautor und ich hatten fleißig weiter am Filmskript gearbeitet. Die Sache nahm allmählich Form an. Und dann läutete es bei mir eines Morgens so gegen fünf Uhr früh. Ein ganzes Rudel Polizisten stand vor meiner Tür. Hausdurchsuchung.

Kino-erfahren, wie ich in solchen Dingen bin, hob ich warnend meine Stimme: »Immer schön Vorsicht, die Herren! Sie bleiben schön dicht in meiner Augennähe und lassen nicht ganz unauffällig plötzlich ein Tütchen fallen, um mich dann zu ›überführen‹. Diese Tricks sind mir bekannt...«

Sie nahmen mich gleich mit.

Ich kam also in Untersuchungshaft. Nicht irgendwo, sondern in Moabit. Sechs Wochen saß ich schließlich dort. Denn der zuständige Staatsanwalt (oder Untersuchungsrichter) war gerade im Urlaub.

Die Wärter, die mich zum Teil aus meinen Filmen kannten, erkundigten sich fürsorglich: »Wofür sitzen Sie eigentlich ein, Herr Hoenig?« Ich hob die Schultern. Keine Ahnung, meine Herren! Sie führten mich zum Rundgang in den Hof hinunter. Immer schön linksrum ging der allgemeine Trott. Ich trottete mit. Erst mal. Schließlich wurde es mir zu blöd.

Ich machte kehrt. Marschierte in die entgegengesetzte

Richtung. Der reinste Ku'damm-Effekt. Passanten strömen einem entgegen. Man entdeckt das eine und andere bekannte Gesicht: »Hallo, Georg! – Wie geht's, Herr Meier?« Der Unterhaltungswert stieg enorm. Dann saß ich wieder in meiner Zelle. Ich hatte auch dort keine Langeweile.

Ich zeichnete. Irgendwas. Möbelstücke. Ganze Inneneinrichtungen. Besonders schöne offene Kamine fielen mir ein. Oder ich las. Einfach alles. Machte mich zum ersten Mal in meinem Leben über englische und französische Geschichte schlau. Der Knastaufenthalt wurde zum Bildungsurlaub. Er schärfte zugleich den Sinn für Ästhetik.

Als ich später *Alles nur Tarnung* drehte, die Knast-Komödie mit Mario Adorf und Ben Becker, war ich dort der Verrückte, der in seiner Zelle blanke Blechdosen so dreht, dass sich an den Wänden bizarre goldene Muster abzeichnen. Tapeten. Der Kerl macht es sich eben schön in seiner Zelle, richtet sich trotz allem behaglich ein in dieser stinkenden, scheußlichen Welt.

Endlich saß ich dem Staatsanwalt (oder Untersuchungsrichter) gegenüber. Zwischen uns meine Akte. Dort war fein säuberlich protokolliert, was ich damals den beiden Undercover-Jungs gesagt hatte. »Was wollt ihr? Ein Kilo, zwei...« Das galt schon als Geständnis.

Der Heinz Hoenig ein Drogen-Dealer. Toll.

Zum Glück hatte ich noch meinen Mitautor. Der war inzwischen nach München zu seiner Freundin abgeschwirrt. Jetzt kam er eilends zurück. Unser Drehbuch unterm Arm. Dort aber, im Dialog, stand genau der Text, den ich in der Kneipe gesprochen hatte. Nachweislich schon Wochen vorher geschrieben.

Der Staatsanwalt (oder Untersuchungsrichter) seufzte

leicht, nickte dann: »Verstehe. Sie haben sozusagen den eigenen Text mal in der Wirklichkeit ausprobieren wollen. Haben quasi bewusst eine Rolle gespielt...«

Genau.

Das Skript schien den Herrn zu faszinieren. Er blätterte darin, las sich fest. Schließlich nickte er wieder: »Ein gutes Buch.« Ich versprach ihm eine Premierenkarte, wenn der Film tatsächlich ins Kino kommen sollte.

Ich war frei.

Und glücklich, dass die Sache so glimpflich ausgegangen war. Die Lektion hatte ich kapiert: nie wieder eine so dämliche Recherche in meinem Leben!

Zur Premiere des Films ist es nie gekommen. Unverfilmt lagert das Buch immer noch in irgendeiner Ecke. Aber vielleicht findet es ja noch mal einen Produzenten. Ich halte mich für den Rio bereit.

Vor dem Gefängnistor erwarteten mich Freunde, Sabine vom GRIPS voran. Und ich erlebte, wie es ist, wenn man aus einer kleinen, stillen Zelle hinaustritt ins Weite und Laute. Der Geräuschpegel steigt schrill an, bis ins Unerträgliche. Ich musste mir die Ohren zupressen. Und mich erst wieder daran gewöhnen, dass es nicht nur ein paar Schritte bis zur nächsten Mauer waren.

Die anderen umarmten, küssten mich, waren alle sehr lieb zu mir. Das tat wohl. Dennoch: »Entschuldigt bitte! Ich muss jetzt allein sein...«

Allein und zu Fuß bin ich durch Berlin gegangen und habe Schritt um Schritt die zurückgewonnene Freiheit genossen. In einer stickigen, stinkenden Eckkneipe irgendwo trank ich ein erstes, herrliches Bier. Hatte ich je zuvor gewusst, wie gut ein solches Bierchen schmecken kann? Der wahre Göttertrank.

Ich wundere mich noch heute, wie ich bei meiner fast zwanghaften Abneigung gegen jedes Eingesperrtsein diese sechs Wochen so gut und seelisch unbeschadet verkraftet habe. Ich kann mir nur denken, dass ich in dieser Zeit wie in einer Rolle lebte. Schauspieler Hoenig spielt Häftling Heinz. Immer im Bewusstsein meiner Unschuld und im Gefühl, dies alles würde ja bald wieder überstanden sein. Vielleicht, weil ich es als Realität nicht ganz an mich heranließ und den »Gefangenen« Heinz wie eine Rolle spielte.

Der Knast war vorbei. Mein Alltag fing wieder an. Filmerei, die mir immer weniger Freude machte, bis ich sie für eine Weile ganz aufgab. Und privat?

Mein Fazit sah eher trübe aus. Wohin gehörte ich schließlich? Nicht hierhin, nicht dorthin. Heimat, die innere, eigentliche, fand ich damals nirgends. Ich ging also wieder auf die Suche. Machte mich auf den Weg.

An seinem Ende sollte ein Mensch stehen. Eine Frau. Meine Simone. Über sie will ich nun erzählen. Nur nicht so ausführlich, weil ein ganzes Buch ohnehin nicht ausreichen würde, um zu beschreiben, was ich für diese Frau empfinde.

# Teil 4

»Ich hatte meine
Familie gefunden.
Tatsächlich.
Auf dem ältesten,
natürlichsten Weg
der Welt.«

## Simone oder:
## Endlich die Richtige

Fünfzehn Jahre ist das nun her, dass ich Simone kennen lernte. Es kommt mir vor wie vorgestern.

Berlin lag damals für eine Weile hinter mir. Die Welt dort war immer grauer und kälter geworden, die Beziehung zu Ella endgültig »on the rocks«. Es passte zu allem Übrigen, dass ich gerade zu dieser Zeit von Hendriks Tod erfuhr. Ich war sofort zu seiner Schwester nach Goslar gefahren.

Auch sie konnte mir nichts wirklich Genaues sagen. Nur dass man Hendrik in Marbella an einem Baum gefunden hatte, aufgehängt und mit sieben Messerstichen im Leib. Die Polizei erklärte seiner Schwester, man solle dem Ganzen besser nicht weiter nachgehen.

Was war klar? Nichts. Gar nichts.

Nicht nur, dass sein angeblicher Freitod so gar nicht zu dem lebensfrohen Hendrik passte. Aber da können ihn vielleicht noch irgendwelche Depressionsschübe überkommen haben. Doch klettert man dann auf einen Baum, hängt sich auf und verletzt sich zuvor noch schwer mit einem Messer? Und wie war Hendrik überhaupt nach Marbella gekommen? Offene Fragen, auf die ich bis heute noch immer keine Antworten habe.

Damals war ich gar nicht erst an sein Grab gegangen, denn ich brauche kein Grab, um jemandem nahe zu sein. Ich habe mich wie versteinert in meinen Wagen gesetzt, bin losgefahren. Irgendwann, irgendwo musste ich halten.

An irgendeiner Kreuzung schaute ich zum Himmel hoch: Ich wollte mit ihm reden, hab geschrien. Und Hendrik hat mich, ich weiß es, gehört. Hört und sieht mich noch heute.

Ich war wieder in Berlin, und eines Morgens läutet das Telefon.

Herrgott im Himmel, wer ruft denn da so gegen neun bei mir an? Draußen ist ja noch stockfinstere Nacht.

Eine vertraute Stimme am Apparat, mit leicht Schweizer Kehllauten: Regisseur Johannes Flütsch aus Zürich, bekannt durch seinen gemeinsam mit Manfred Stelzer gedrehten Dokumentarfilm *Monarch*, die Geschichte eines Spielers. Ich hatte schon einmal mit ihm zusammengearbeitet, bei einem Film über ein Model. *Mit starrem Blick aufs Geld* hieß der, glaube ich. Keine schlechte Erinnerung.

»Grüß dich, Heinz! Ich habe eine gute Sache für dich. In Zürich inszeniere ich *Fool for love* von Sam Shepard. Manchmal heißt es auch *Liebestoll*. Ein absoluter Renner mit einer Bombenrolle für dich drin. Machst du da eventuell mit? Spielst du den Eddi?«

»Bin schon unterwegs.«

Ein typischer Hoenig-Plot. Aufbruch. Ortswechsel. Mitten drin in einem Wahnsinnsprojekt mit völlig ungewissem Ausgang, und nicht mal eine feste Gage gab es. Denn dies war eine freie Produktion ohne einen Franken staatlicher Rückversicherung. Dann aber wurde es ein solcher Erfolg mit einem Publikumsandrang, dass wir von der ursprünglichen Spielstätte, der so genannten Roten Fabrik, ins größere Tramdepot überwechseln konnten.

Daneben lief aber noch ein anderes Stück.

Ich hatte bei den Proben Babette kennen gelernt. Liebe

auf den ersten Blick. Eine wüste Liebe, der auf der Bühne durchaus vergleichbar. Kein lauschiges Zürcher Plätzchen blieb davon verschont.

Johannes am Regiepult wurde nervös.

Babette sollte sich um die ohnehin schon komplizierte Produktion, ich mich um meine sehr schwierige Rolle kümmern. Und *Fool for love* sollte möglichst nur auf der Bühne stattfinden, nicht gleich noch einmal in der Wirklichkeit. Sehr vernünftige Überlegungen, doch kaum ein Dämpfer für eine in allen Farben und Feuern blühende Leidenschaft.

Flütsch entließ Babette schließlich. Sie, tieftraurig, aber einsichtig, wechselte nach London.

Verzweifelt irrte ich durch Zürich und konnte keine der Stätten mehr sehen, wo Babette und ich so glücklich gewesen waren. Das alles war nun wieder aus? Sollte das in Herzensdingen mein Schicksal auf immer sein? Immer erst höchstes Glück, dann tiefes Leid? Bei Angie, Ella, nun bei Babette? Gab es denn keine Frau, mit der auf die erste heiß kochende Leidenschaft die ruhigere, wärmende Liebe folgen konnte?

Nein, die gab es für mich wohl wirklich nicht. Und auf Jahre hin, so schwor ich mir damals, würde ich gewiss keine, aber gar keine Frau auch nur auf Schrittnähe an mich heranlassen. Feierlicher Eid darauf!

Ziemlich genau acht Wochen vergingen.

*Fool for love* war der große Zürcher Theaterrenner geworden. Ich war nach der Vorstellung wie so oft in der Disco »Roxy«. Und dort sah ich Simone. Zum allerersten Mal.

Ich lud sie in eine *Fool-for-love*-Vorstellung ein. Das war der Abend, an dem sie so geduldig gewartet hatte, bis

233

ich nach der Vorstellung aus der Blase meiner Rolle herausgetreten war. Hinterher schlenderten wir noch durch die Stadt, wollten schließlich wieder ins »Roxy«. Doch, o Schreck, keiner von uns hatte Geld dabei. Kein wirkliches Problem. Simone wohnte nicht weit. Also gingen wir in ihre Wohnung, um Kohle zu holen. Ich fühlte mich bei ihr zu Hause. Viel mehr noch: Ich war verzaubert. Klar, dass wir nicht mehr ins »Roxy« zurückgingen. Manchmal gibt es keine Erklärung für Gefühle. Gott sei Dank! Ein Gefühl ganz tief in mir sagte, das ist die Frau, mit der ich mir vorstellen kann, Kinder zu haben. Ich nahm diese Magie an. Simone anscheinend auch. Wir wußten, wir gehören zusammen.

Einige Zeit später wurde Simone schwanger. Wir waren total aus dem Häuschen. Sie hatte es mir am Telefon gesagt. Ich war zu dieser Zeit gerade aus irgendeinem Grund in Berlin. Stürmte sofort los zu meinen Buben in ihrer Stammkneipe: Alle mal herhören! Euer Heinz – also der wird Vater!

Mensch, geil! Großes Schulterklopfen, Umarmung, Lokalrunde. Die Freude der anderen war ehrlich. Geburt heißt Leben. Darauf kann man nur anstoßen. Prost denn, Gemeinde!

Paula meldete sich an. Ein absolutes Wunschkind.

Simone gab ihre Stellung als Reiseleiterin auf und kam zu mir nach Berlin. Der Schicksalstag rückte näher. Zuvor leisteten wir uns, nur so, einen Urlaub auf Mykonos, lebten in einem Ein-Raum-Häuschen am Meer, das uns der Freund Vassilij überlassen hatte.

Dort kochte ich nach Mutterns Rezept kräftige Gemüsesuppen mit viel Knochenmark darin. Das Beste, was es gibt! Kein Fünf-Sterne-Restaurant kommt da mit. Das schmeckte nicht nur Simone, sondern auch mir selbst, und mit der Zeit wurden wir beide so dick, dass Paula später beim Anblick eines Fotos aus diesen Tagen ernsthaft hätte fragen können: »Nun seid mal ehrlich! In wessen Bauch habe ich damals eigentlich gesteckt? In deinem, Papa, oder in dem von der Mama?«

Der Tag der Geburt war da. Die Wehen setzten ein. Simone lag im Krankenhauszimmer, angeschnallt an alle Messgeräte. Kein Arzt, keine Schwester konnten zur Stelle sein, hatten mit anderen Geburten zu tun. Ich war allein mit meinem Schatz, beobachtete den Wehenschreiber, wischte ihr den Schweiß von der Stirn, atmete mit ihr. Über zehn Stunden ging das so. Eine Ärztin kam, sah kurz zu Simone hin, nickte: Jetzt darf sie pressen. Und Simone presste mit aller Kraft. Bis Paula herausschoss.

Hinein ins Leben!

Ich sah nur einen Kopf, zwei Beinchen, zwei Ärmchen. Alles war da. Der Rest war mir egal. Gerade noch konnte ich der jungen Mutter einen ersten Kuss geben. Und dann vor ihr, ihrem Mut, ihrer Kraft alle Hüte ziehen, die ich je in meinem Leben auf dem Kopf getragen habe.

»Wollen Sie denn gar nicht wissen, was es geworden ist?«, fragte mich mit leisem Tadel die Krankenschwester.

»Na, was ist es denn?«

»Ein Mädchen!«

Ich hatte nun Paula, und ich hatte Simone, meine Family. Endlich.

Im Film hatte ich schon Väter gespielt. Jetzt war ich zum ersten Mal einer im Leben. Schon sah man Papa Hoenig in der angemieteten Wohnung in der Schnackenburgstraße über den Boden kriechen und nach jeglicher gefährlichen Zugluft aus irgendeiner Ecke fahnden. Immer rings um die prächtige, mit Fell ausgelegte Wiege, die uns der Freund Leo Penn, der Regisseur von *Jugdement in Berlin*, geschenkt hatte. Ganz schön erfinderisch war der Papa Hoenig auch.

So erfand er ein Wasserbad, in dem das Milchfläschchen vorgewärmt war, sobald Paula auch nur den ersten Schrei tat. Mutter Simone sollte in Ruhe weiterschlafen dürfen. Sie hatte genug geschuftet. Für den Rest war der Papa da.

Der Papa war da. Das schon. Etwas anderes leider nicht. Geld. Die Gage für den Film *Die Katze*, den ich während Simones Schwangerschaft gedreht hatte, war gleich wieder verbraucht worden. Simone blieb ruhig und pragmatisch. Es gibt da ein ganz köstliches Foto, wie wir beide zusammensitzen und die Rabattbüchlein der berühmten Berliner Molkerei Butter-Lindner voll kleben. Bis dahin hatten wir die Marken achtlos beiseite getan. Jetzt kauften wir davon für Paula Milch und Windeln.

Ich hatte meine Frau. Bald auch offiziell. Aber das Aufgebot machte ungeheure Schwierigkeiten, wie in der deutschen Bürokratie alles ungeheure Schwierigkeiten macht. Der Mann ein Deutscher, die Frau aus der Schweiz, aber in Frankreich geboren. Na, wenn so was nicht jeden wackeren deutschen Beamten vor kaum erklimmbare Problemgebirge stellt!

Aber dann, ein Wunder! Alles an Papieren war beisammen, und ich konnte zu dem Beamten sagen: »Das Einzige, was jetzt noch fehlt, ist mein Totenschein! Aber den, verehrter Freund, bekommen Sie so rasch nicht!«

Ein weiteres Wunder: Der Beamte schmunzelte. Und hielt dann bei der Trauung im Schöneberger Rathaus eine wirklich gute, gar nicht beamtenhafte Rede. Ich aber wurde bei der Zeremonie wieder mal von einer meiner seltsamen Visionen heimgesucht.

Ich meinte plötzlich, den deutschen Adler durch die Luft schweben zu sehen. Er ließ sich auf einer meiner Schultern nieder. Ganz sachte, fast zärtlich. Wärmend. Ein gutes Gefühl. Fast wie Vaters Hand damals auf dem Feld bei den Amis. Ich war geborgen.

Als das Ja-Wort gesprochen war, hielt mich nichts mehr. Ich sprang auf, raste durch die Flure, muss ziemlich laut gewesen sein. Türen sprangen auf, neugierige Beamtengesichter schauten heraus. Endlich mal was los in diesem Laden! Ich schrie: »Ich bin verheiratet!« Na schön, Junge! Weiter so! Die Türen klappten wieder zu.

Ich war verheiratet.

Françoise und Gerd, unsere Trauzeugen, hatten uns einen wunderschönen Blumenstrauß geschenkt. Drei Schluck Champagner, ein lautes Klingeln an der Tür. Und ich wieder zum Dreh. Arme Simone! Unseren Hochzeitstag haben wir uns beide sicherlich anders vorgestellt. Aber viele gute Tage zusammen sind mehr als ein Hochzeitstag...

Noch mal die
Karten gemischt

Rückblende: Ich drehte *Die Katze* mit Götz George, Gudrun Landgrebe, Ralf Richter und Sabine Kaack. Dieser Film entstand 1987, dem Geburtsjahr von Paula. Dominik Graf führte Regie.

Tatort, Drehort: Wie eine vom Himmel gesandte Riesenspinne sank der gigantische BGS-Hubschrauber auf uns nieder. Simone und ich hatten zunächst noch am Fenster unserer Suite im 14. Stock des Düsseldorfer Hilton gestanden. Wir wollten das Schauspiel beobachten, hatten uns dann aber immer tiefer ins Zimmer zurückgezogen, zitternd, aneinander geklammert.

Jeden Augenblick, fürchteten wir, würde einer der rotierenden Flügel die Scheibe zerschmettern. Gleich würde der riesige Propeller rasiermesserscharf über uns hinwegfegen. Erleichtert atmeten wir auf, als der Höllenlärm endlich wieder abklang.

Aufnahme beendet, Gott sei Dank! Die Nächste bitte! Die Arbeit am Film *Die Katze* war im vollen Gang und das ganze Hotel in die Bank verwandelt, deren Safe die Gangsterherren Probek und Junghein in konzertierter Aktion zu knacken gedachten.

Der Junghein war ich. Meine erste Filmrolle nach drei Jahren.

Ich habe von den Berliner Frustrationen gesprochen. Allmählich legten sie sich wieder. Der *Fool-for-love*-Erfolg und seine allabendliche Direktkonfrontation mit einem Livepublikum hatten mich im ungebrochenen Vollbesitz meiner schauspielerischen Kräfte gezeigt. Die Verbindung mit Simone gab mir einen neuen Halt. Und in Filmverhandlungen brachte ich jetzt eine frisch gewonnene Gelassenheit ein.

Entweder ihr nehmt mich oder ihr lasst es, hieß es nun. Ich habe meinen Preis. Nicht zu hoch, nicht zu niedrig. Das wurde verstanden. Dann kam das Angebot für *Die Katze*, die Geschichte eines Bankeinbruchs, einer Abrechnung.

Großgangster Probek, »die Katze« genannt, Star seines Fachs, wenn auch nicht mehr in der Blüte seiner Verbrecherkarriere, will doch noch das ganz große Ding drehen. Banküberfall mit Geiselnahme. Die intime Beziehung zur Frau Bankdirektor gehört zu diesem Plan. Und ein zweiter Mann für die Geiseln im Keller, während Probek hoch oben sozusagen über allem schwebt, war auch dabei.

Dieser zweite Mann ist Junghein. Alter Probek-Kumpel und ihm dazu noch verpflichtet, da er angeblich schuld am Tod von Probeks Frau gewesen sein soll.

So weit war das eine ganz brauchbare Krimi-Story wie manche andere. Aber etwas war doch besonders daran. Und zwar die Rolle des Junghein.

Eigentlich war er ein Loser. Einer von der Sorte, dem immer schon der nächste Misserfolg ins Gesicht geschrieben steht. Dabei kein eigentlicher Versager. Nur eben jemand, den ein unguter Stern zu verfolgen scheint. Das Gegenstück zum »Sieger« Probek.

Eine leise, eine schöne Rolle. Regisseur Dominik Graf war mir bei meinem Part als Junghein der wichtigste Helfer.

Dominik ist Sohn des früh verstorbenen großartigen

Schauspielers Robert Graf, dem er einen schönen Film gewidmet hat. Er ist selbst auch Schauspieler. Das merkt man. Keiner, der eine Szene rund um den Schauspieler herum inszeniert und ihn selbst seinem Rollenschicksal überlässt. Dominik ist noch einer, der probt. Intensiv. Genau. Ohne verschreckten Seitenblick auf den Produzenten am Set-Rand, der schon nervös auf die Uhr schaut: Wann wird denn hier endlich gedreht? Was soll diese endlose Probiererei?

Gern würde ich diesen Herren mit dem smarten Grinsen zurufen: Wenn euch die Zeit so teuer ist, spart sie doch bei euch selbst! Haltet nicht den Regisseur mit stundenlangen »wichtigen Besprechungen« von der eigentlichen Arbeit ab!

Dominik hat großes Einfühlungsvermögen uns Schauspielern gegenüber. Ein Grübler, ein Tüftler, der gern sein markantes Gesicht in tiefe Falten legt. Dann wandelt er nachdenkend mit tief zwischen die Schultern gezogenem Kopf auf und ab. Aber er wusste immer genau, wohin er wollte. Und spürte als Schauspieler ebenso genau, was der Schauspieler brauchte.

Die zentrale Szene fällt mir ein, in der eigentlich schon alles verloren ist.

Junghein weiß das. Über Walkie-Talkie führt er ein letztes Gespräch mit Probek oben auf dem Dach. Ein Schicksalsdialog. Denn zwischen die scheinbar banalen Worte schiebt sich die Ahnung von Tod und Untergang.

Ich zog mich dazu in den kleinsten Raum des Bankkellers zurück. Ins Klo. Dominik nickte. Dort kauerte ich hingekrümmt in einer Ecke, flüsterte in mich hinein. Dann wurde ich erschossen. Wieder einmal.

Wegen dieser großen Herausforderungen, sich in

schwerste menschliche Wirrungen zu versetzen, bin ich Schauspieler geworden. Nicht der großen Kisten wegen. Für einen selbst ist anderes, Unauffälliges viel wichtiger. Marlene Dietrich nannte stets *Der Teufel ist eine Frau* ihren liebsten Film – und nie den viel erfolgreicheren, ungleich berühmteren *Blauen Engel*.

Den Probek spielte Götz George, damals auf der Höhe seines Schimanski-Ruhms und sehr geschickt darin, um sich einen Schleier des Geheimnisvollen zu legen. So blieb es nicht aus, dass man mich immer wieder fragte: »Na, wie ist denn der George so privat? Wirklich so schwierig, wie alle sagen? Eine ganz schlimme Primadonna?«

Tut mir Leid, George-Fans und -Gegner! Ich kann eure Neugier nicht stillen. Weil ich es selbst nicht weiß.

Denn ich hatte, ebenso wie mit der Hauptdarstellerin Gudrun Landgrebe, die ich erst später bei einem anderen Film als recht angenehme Kollegin schätzen lernte, keine einzige Szene mit ihm zusammen und habe ihn nur einmal als launisch aufbrausende Diva erlebt.

Das war, als eine Zeitung bei der Premiere eine Story über unseren Film mit »Hoenig ist die Katze« getitelt hatte, wo doch die Titelgestalt einzig und allein nur Götz war. Ich fand seinen Zorn etwas lächerlich und zugleich verständlich. Aber sonst?

Ich halte Götz George für einen der wenigen wirklichen Stars, die wir heute noch haben, und respektiere seine mit meiner vergleichbare Arbeitswut, seine fanatische Hingabe an eine Rolle und das unerbittliche Qualitätsbewusstsein, das ihn – wie mich – zu einem »Schwierigen« macht. Das verbindet uns und könnte gut die Basis für eine Zusammenarbeit sein.

Aber ein »Traumpaar« wie mit Heiner Lauterbach oder Stefan Kurt hätten wir beide nicht abgegeben. Damals nicht. Vielleicht kommt das noch, wenn mal in ein paar Jahren irgendein Produzent auf den Gedanken verfällt, uns beide erneut zusammenzuspannen. Man sieht sich in dieser Welt eigentlich immer zweimal wieder. Mindestens. Und in der Schauspielerwelt besonders.

*Die Katze* wurde ein richtiger Kinoerfolg und hat sich bis heute gehalten. Fällt mein oder Georges Name oder der von Gudrun Landgrebe, wird als einer unserer wichtigsten Filme meist auch *Die Katze* genannt. Für Dominik Graf wurde es der Durchbruch in die Regie-Bundesliga. Und ich konnte im guten Gefühl, mal wieder etwas wirklich Anständiges abgeliefert zu haben, mit Simone nach Berlin zurückkehren.

Schon im Jahr nach Paulas Geburt, gleich nach einem besonders schönen, turbulenten Ibiza-Urlaub, war Simone erneut schwanger.

Das ging uns etwas schnell. Gleich wieder eine Geburt, gleich noch mal so ein überwältigendes Ereignis, und dieses Mal sehr wahrscheinlich mit Kaiserschnitt. Und war das eine Kind aufzuziehen nicht schon Verantwortung genug? Würden wir zweien überhaupt gewachsen sein?

Simone und ich sahen uns an. Waren verunsichert, lächelten dennoch. Redeten, redeten. Wir ließen schließlich alle Ängste hinter uns. Und am Ende war klar: Sohn Lucas ist genauso das absolute Wunschkind wie zuvor Tochter Paula. Seit ich Vater bin, bin ich der reichste Mann der Welt!

Die Kinder sollten von nun an Mittelpunkt unserer Welt sein. Für viele Jahre, bis heute. Ihretwegen verließen wir Berlin, was Simone fast noch schwerer fiel als mir. Jetzt aber wollten wir der Dunstglocke über der Asphaltwüste entkommen. Wir wollten Grün und klare Luft. Wie in Luzern, Simones Heimatstadt, wo noch ihre Eltern lebten.

Schon rumpelten wir los, den Wagen hoch mit all unseren Habseligkeiten beladen. Die Zigeuner waren mal wieder unterwegs. Hinter ihnen brannte das Lagerfeuer nieder. Die gerade erst teuer erstandenen, mühsam in unsere Etagenwohnung hinaufgeschafften Möbel verschleuderten wir an alle, die sie abzuholen bereit waren.

Wir erreichten schließlich den Vierwaldstätter See. Hier hatte sich einst Wilhelm Tell herumgetrieben. Und nicht nur er. Auch ich war schon mal hier gewesen. In den Trampjahren meiner Lehr- und Wanderzeit.

Nun gingen Simone und ich auf Wohnungssuche. »Maisonette-Wohnung zu vermieten«. Das Schild und das Haus fotografiert, den Makler angerufen. Schon am nächsten Tag hatten wir Vertrag und Hausschlüssel im Briefkasten. So was gehört eben zu den guten Seiten des »Schwyzer way of life«. Die weniger guten sollte ich erst später kennen lernen.

Nach drei Jahren wechselten wir in ein Bauernhaus. Mitten im Grünen, die Büsche rundum voller Himbeeren, roten wie gelben. Die gelben waren noch süßer, wie der Nachwuchs fachkundig feststellte. Wir atmeten auf, schienen am Ziel. Und weit hinter den Schweizer Bergen lag irgendwo die aufgegebene Heimat Berlin.

Tatsächlich. Bis heute sehe ich in Berlin meine eigentliche Heimat. Oder genauer: West-Berlin. »Wüst-Berlin«, wie wir am GRIPS immer gespottet hatten. Wir sollten es so, wie ich es über 20 Jahre lang immer wieder erlebt hatte, nie wieder sehen.

Denn bald darauf fiel die Mauer, und danach war diese Stadt anders als in den 28 Jahren zwischen Mauerbau und Mauerfall. So einzigartig. Morbid und sprudelnd vital, hektisch lärmend die ganze Woche über und dann sonntags dörflich still. Diese Berliner Sonntage mit ihrem leicht säuerlichen Geruch in der Luft, wenn einem plötzlich die ganze Stadt zu gehören schien!

Ich rede hier keiner schiefen Nostalgie das Wort. Ich habe aber verstanden, was mal der Kollege Stefan Wigger meinte, als der jahrzehntelange Wahl-Berliner und heutige Wahl-Münchner in einem Interview auf die Frage nach seinem Berlin-Heimweh sagte: »Natürlich habe ich Heimweh. Aber nach West-Berlin...«

Ähnlich geht es mir heute auch. West-Berlin war eine Wucht. Ein Kapitel deutscher Geschichte. Und nicht ihr langweiligstes. Auch wenn das jetzt entstehende neue Groß-Berlin sicher mal so schön sein wird, wie die Front- und Mauerstadt West-Berlin nie hätte sein können.

Natürlich freut mich zugleich die neue deutsche Einheit. Ich will, wie wohl alle bis auf ein paar Unverbesserliche, um keinen Preis die Mauer zurück, habe mir auf die Fensterbank hier auf Mallorca als Erinnerung an schlimme Dinge einen dicken Originalbrocken der Mauer gelegt. Und am 9. November 1989, dem Tag der Maueröffnung, bin ich durchs Haus gerannt, habe geschrien, geheult: »Die Mauer ist auf, und ich bin nicht in Berlin. Verdammt, warum bin ich nicht dort...«

Simone, die Schweizerin mit Geburtsort Paris, lächelte nur und schüttelte leicht den Kopf: Ein seltsames Volk, ihr Deutschen!

Seltsame Simone!

In der Ruhe unserer neuen Wahlheimat habe ich diese

Frau, die jetzt die meine war, erst so richtig kennen gelernt. Das kleine Mädchen in Söckchen und Ringelpullover, das die Schule schwänzt, weil es am Wegrand drei Schnecken aufgelesen hat und so was natürlich viel wichtiger ist als jeder Schulunterricht. Das Kind, seinem Spiel ganz und gar hingegeben, hierin ähnlich wie ich. Der Doppel-Steinbock aus dem Alpenland, der es mit dem »Promi« nicht immer einfach hatte.

Ich kann stolz auf Simone sein, denn der Promi hat sie nie beeindruckt.

Sie wusste auch mit den Verhaltensweisen eines Stars umzugehen, die seiner Natur gar nicht entsprechen müssen. Er muss sich dabei manchmal einer bestimmten Sorte Fans erwehren, den schlicht Verrückten, wie sie jeder Promi irgendwann mal im hartnäckigen Gefolge hat. Ich zum Beispiel jenen Mann, der nach der *Katze* eine Weile jeden Abend anrief und ganz dringlich den Junghein zu sprechen wünschte. Nicht mich, den Heinz Hoenig. Den Herrn Junghein, jawohl. Er nahm die Rolle eins zu eins, ließ sich nicht überzeugen, dass der Junghein eine Rollenfiktion ist, keine konkrete Gestalt aus Fleisch und Blut.

In solchen Fällen heißt es Ruhe bewahren, den Typ einfach reden lassen und darauf warten, dass er endlich aufgibt. Was bei jener Dame, die einige Zeit lang gleichfalls jeden Abend anrief, wenig nutzte. Diesmal mich, den Heinz Hoenig. Nicht den Junghein.

Ich sollte doch gleich mal zu ihr hinüberkommen und flugs mit ihr ins Bettchen steigen. Nein, nicht sofort. Sie wolle ja nicht drängen. Zuvor könne man gern noch einen Kaffee zusammen trinken. Das Wasser sei schon aufgesetzt. Wobei sie sich nicht einmal irritieren ließ, als mal Simone am Apparat war: »Sagen Sie doch bitte Ihrem Mann...«

Kann man darüber lachen?

Mit Simone kann man das. Zum Glück. Und komme ich von Dreharbeiten zurück, bin ich ganz schnell nicht mehr der Star, der Schauspieler. Ich bin einfach der Mann von Simone, der Papa von Paula und Lucas. Ruhe umfängt mich, die so ruhig nun auch wieder nicht ist. Dafür sorgen schon die Kinder. Bei uns geht es kaum anders zu wie schon damals in Harlingerode, wo bei den Hoenigs immer was los war.

So wurden in diesen Jahren meine Lebenskarten wirklich neu gemischt. Beruflich wie privat. Schon schauten erste Trümpfe heraus. Gleich in den frühen Neunzigern der Rottmann in Dieter Wedels *Der große Bellheim*.

Ein übler Bursche,
gar nicht übel

Es gibt Sprüche und Dinge, auf die reagiere ich wie der Stier aufs rote Tuch. Auf den Hau-drauf-Heinz oder den »Bauchmenschen«. Oder wenn zum Beispiel jemand in noch so guter Absicht meint, ich »müsse« diese oder jene Rolle einfach spielen.

Ich muss nämlich nicht. Ich will höchstens. Wie den Hinrich oder den Junghein. Wollte ich auch den Rottmann in *Der große Bellheim* spielen?

Eigentlich nicht. Aus dem ganz einfachen Grund, weil ich von dieser Rolle und dem ganzen Projekt noch gar nichts wusste. Beim ZDF wurde heftig diskutiert. Auch mein Name war gefallen.

Ich nehme an, die meisten Leser erinnern sich an *Der große Bellheim*. Deshalb kann ich es zum Inhalt der vier Neunzig-Minuten-Teile bei einigen knappen Stichworten belassen.

Bellheim, alternder Kaufhauskönig aus Hannover, wo es seinem gleichfalls nicht mehr sehr taufrischen Konzern ziemlich mies geht, erwägt den Rückzug in sonnigere Gefilde. Das ist die große Stunde seines immer währenden Rivalen, des um eine Generation jüngeren Rottmann.

Alter und junger Wolf. Der junge will zubeißen. Doch da richtet sich der alte noch einmal auf, holt mit seinem Geheul drei andere alte Wölfe herbei. Die Altherren-Riege formiert sich: so nicht, mein Junge! Die schon leicht museumsreifen Veteranen der freien Marktwirtschaft werden den Grünschnäbeln schon zeigen, was eine ökonomische Harke ist. Und eine jener Wirtschaftsschlachten hebt an, von denen einmal Friedrich Dürrenmatt meinte, sie seien viel grausamer und brächten mehr Leichen hervor als alle großen Schlachten der Weltgeschichte von Cannae bis Stalingrad.

Wie immer bei Dieter Wedel kamen zur eigentlichen Handlung noch jede Menge Seitenstränge hinzu. Doch so raffiniert ineinander verwoben und miteinander kontrapunktiert – man denke nur an den Möchtegern-Aufstieg des von Dominique Horwitz gespielten Möchtegern-Bellheim Charly und seiner Mona (Ingrid Steeger) –, dass sich immer ein stimmiges Ganzes ergab.

Stimmig bis in kleine und kleinste Rollen auch die Besetzung. Denn wie kein anderer Fernsehregisseur hat der nicht zufällig vom Theater kommende Wedel begriffen: richtig besetzt ist halb inszeniert.

Diese Besetzung stand eigentlich schon fest und funkelte nur so von großen Namen. Nur der Rottmann-Darsteller fehlte noch. Beim ZDF wünschte man sich, aus welchen Gründen auch immer, eine internationale Besetzung und schwelgte in der Vorstellung von einem großen Auslandsnamen. Bis dann Regisseur Dieter Wedel, elegant wie stets, ein moderner d'Artagnan, in den Raum federte.

»Ich habe den Rottmann!«

»Wen denn? Marcello Mastroianni? Michel Piccoli?«

»Heinz Hoenig.«

»Hoenig? Wie bitte? Haben Sie Hoenig gesagt?«

»Ja, Hoenig. Ich sah ihn eben im neuen Hark-Bohm-Film *Herzlich willkommen*. Herzlich willkommen! kann ich da nur sagen. Er ist unser Rottmann aufs Haar.«

Allgemeines Kopfschütteln. Hitziger Widerspruch. Und ich kann das sogar verstehen. Denn meine Stärke waren bisher die Schwachen gewesen, die Kaputten, Angeschrammten. Oder ein wehmütig Introvertierter wie der Hinrich, der mit der Welt dort oben schon lange nicht mehr klar kommt.

Rottmann ist ganz anders. Der Sieger. Ein Machtmensch. Einer immer auf der Überholspur, Herrenmensch, Großraubtier.

Wirklich?

Ich steckte in einem anderen Film – es war die *Lilli Lottofee* –, als ich das erste Mal im *Bellheim*-Drehbuch las. Von Rottmann kam zu mir etwas ganz anderes rüber als nur der stromlinienförmige Wirtschaftskiller. Etwas Verzweifeltes, Gehetztes. Geld und Macht bedeuten ihm schon lange nicht mehr viel. Seine Ruhestands-Milliarde hat er in Argentinien oder sonst wo längst sicher gebunkert.

»Das sind Peanuts«, faucht er einmal seine von Leslie Malton gespielte »Lady« an. Peanuts scheren ihn nicht. Erste-Klasse-Flüge, Swimmingpool und Bungalow auf den Bahamas sind ihm sowieso selbstverständlich. Ihm geht es um ganz anderes. Und gerade das wird er nie erreichen. Er ist ein Sklave seiner selbst, ohne die protzige Gelassenheit der alten Herren Bellheim & Co.

Immer hat es mich gereizt, an so genannten harten Typen die weiche Seite herauszufinden. Diese Chance sah ich jetzt auch bei Rottmann. Und nahm schon deshalb diese eigentliche Anti-Hoenig-Rolle an.

Die Szenen mit mir wurden in Frankfurt gedreht. Mein Arbeitszimmer war ein Original-Großraumbüro im obersten Stockwerk eines der Mainhattan-Wolkenkratzer. Mit einem gewissen Unbehagen in der Magengegend betrat ich die Drehstätte. Die Örtlichkeit ist mir für meine Rolle fast so wichtig wie deren Körpersprache. Ich kann mich als Rottmann nicht einfach in einen Sessel setzen und behaupten: Das ist Rottmanns Sessel! Es muss wirklich »mein« Sessel sein. Ich muss ihn mir dazu, Entschuldigung, wortwörtlich »einarschen«.

Wer aber saß dort schon hinter einem Riesenschreibtisch auf meinem Stuhl? Wer – ich rieb mir die Augen – maßte sich dort an, der Rottmann zu sein, ein besserer als ich?

Unser Regisseur Dieter Wedel! Vor 30, 40 um ihn Stehenden spielte er mir jetzt allen Ernstes meinen Rottmann vor!

So was hätte auch Wolfgang Petersen machen können. Nur blieb, wie erwähnt, Petersen beim Vorspielen immer der Wolfgang, der uns zeigte, wie der Wolfgang die Rolle spielen würde. Der Wedel spielte aber jetzt den Rottmann, wie ihn in seinen Augen der Hoenig zu spielen hatte. Also quasi Wedel als Hoenig als Rottmann.

Ich explodierte: »Machen Sie so was nie wieder, Herr Wedel! Sagen Sie mir alles, was Sie sagen wollen! Meinetwegen, dass ich Scheiße bin! Stundenlang können wir über meine Figur reden! Aber spielen Sie sie mir nie vor!«

Der erste Krach. Die erste Krise. Wir haben sie überstanden. Und allmählich fingen wir an, uns zu verstehen. Einig im Bemühen, das zum Klingen zu bringen, was zwischen den Zeilen einer Rolle steht. Die Spitze eines Eisbergs so zu zeigen, dass man jederzeit den Eisberg darunter ahnt. Für so was ist Dieter Wedel ein guter Regisseur.

Ich werde über Wedel noch einiges erzählen. Zunächst nur so viel, dass er mich sicher über die Klippen der Rottmann-Rolle hinüberführte. Immer tiefer erschloss sich mir dieser Charakter.

Das Spiel vom »heißen Ball« setzt wieder ein. Auf wen oder was zielt eigentlich Rottmanns Aggression? Nur auf Bellheim? Oder drückt sich für ihn im Bellheim noch etwas ganz anderes aus?

Er war einmal sein Schüler. Hat von ihm und keinem anderen alle Teufeleien gelernt. Diesen alten Lehr- und Hexenmeister so richtig vorzuführen ist seine oberste Lust. Hat er das geschafft, wird er ihn vielleicht ganz gemütlich zum Kaffee einladen. Doch vorerst heißt es: Ärmel hochgekrempelt! Pokerface aufgesetzt! Es dem Alten zeigen! Diesem Kerl, der so vornehm tut, so abgeklärt und überlegen, und doch keinen Deut besser ist als er selbst.

Und das ist dann das andere kleine Geheimnis vom *Bellheim*. Dass hier nicht das Hohelied einer versinkenden besseren Kaste gesungen wird wie in den *Buddenbrooks* von Thomas Mann. Hier königlicher Kaufmann, dort die schäbige Krämerseele. Tiramisu, äh!, Pustekuchen!

»Die schwimmen hier alle in einem Haifischbecken. Und Haifisch ist jeder selbst«, sagte Wedel einmal. Genau so, meine ich, muss man die Welt des Bellheim sehen und darf sich vom Altherren-Charme der aufmarschierten Seniorenriege nicht täuschen lassen. Große Ganoven sind sie alle. So eiskalt und machtbewusst wie Rottmann, wenn es darauf ankommt.

Ich denke an die Szene in der Braunschweiger Filiale des Bellheim-Konzerns, wo einer dem Alten gesteht, bei seinem Eintreffen immer eine ganz bestimmte Platte, wohl »La Paloma«, aufzulegen. Dann ist die Belegschaft gewarnt. Vorsicht! Der Alte schleicht ums Haus!

Bellheim lacht herzlich. Dann knapp und knallhart: »Sie sind entlassen!« Ohne einen Funken menschlicher Regung. Der absolute Despot. Das ist der große Schatten, der ewige Lehrmeister, gegen den Zauberlehrling Rottmann anrennt.

Ein übler Bursche, sicherlich. Aber nicht übler als Bellheim. Herrlich, so was zu spielen. Oder?

Doch gerade er – das will ich jetzt mal nicht vergessen – sollte mich in die tiefste Krise meiner gesamten schauspielerischen Existenz stürzen. Und das kam so.

Ich habe ja schon einige Male erwähnt, wie wichtig für mich die gründliche Vorbereitung auf eine Rolle ist. Und gerade beim Rottmann wäre sie besonders wichtig gewesen. Ich hätte mit Bankern und Brokern sprechen, die Wechselspiele der Börse studieren müssen. Doch wegen des anderen Films, in dem ich noch während des Angebots gesteckt hatte, war es gerade dieses Mal zu keiner richtigen Vorbereitung gekommen.

Ein irrer Leichtsinn. Er sollte sich rächen.

Es kam der Tag, da Rottmann in seinem Büro den großen Auftritt vor seinen Mitarbeitern hat. Es schwirrte nur so von Fachausdrücken und kaum verständlichen Kürzeln: »Bei 318 aussteigen, New York bei 316 halten« – was, um Himmels willen, bedeutete das nur?

Ich hatte meinen Text gelernt. Gründlich. Aber ich hatte ihn nicht verstanden. Und ich bin leider kein Genie wie einst der große Werner Krauss, der einmal – genial! – einen Physiker gespielt und später auf die Frage, was er denn nun eigentlich gesagt habe, geantwortet haben soll: »Woher soll ausgerechnet ich das wissen?«

. Ich muss nun mal wissen, was ich spreche.

Also alles fertig zur Aufnahme! Wedel setzte eine Wedel-Spezialität ein. Den Master-Shot. Eine Szene, selbst wenn sie bis zu einer Viertelstunde dauert, wird zunächst in einem einzigen großen Bogen aufgenommen. Erst danach sind die einzelnen Gegenschüsse fällig. Dem Theatermenschen in mir kommt diese Methode sehr entgegen. Man kann sich wie auf der Bühne richtig »ausspielen«. So hatte ich zunächst auch keine Hemmungen.

Ich setzte ein. Die ersten Wörter kamen fließend. Noch. Dann aber ging es los. Oder eben nicht. Plötzlich ging mir kein Wort mehr über die Lippen. Obwohl ich tief drinnen genau wusste, was ich sagen wollte.

Blackout. Total.

Ertrinkenden soll so in der letzten Sekunde ihres Lebens zumute sein. Ich weiß es nicht. Weiß nur, dass ich mich schlimmer als jeder Ertrinkende fühlte. Und sah in bleiche Gesichter ringsum.

Allgemeine Fassungslosigkeit. Auch Wut: Hoenig, der Stümper – der hat doch tatsächlich seinen Text nicht gelernt. Und wie ich ihn gelernt hatte! Doch was nützt das, wenn einem davon kein Wort mehr einfällt?

Das Raunen im Hintergrund nahm gewaltig zu.

*Der große Bellheim* war nicht irgendeine Produktion. Es war das ZDF-Prestigeprojekt des Jahres schlechthin und das mit Abstand teuerste dazu. Entsprechend groß war die Beachtung am Hof zu Mainz. Ständig kamen vom Mainzer Lerchenberg leitende Herren zu den Aufnahmen angereist. Jetzt stöhnten sie auf und sahen sich in ihren düstersten Erwartungen bestätigt. Dieser Wedel mit seinem Hoenig-Knall! Kein Superstar aus Rom und Hollywood hätte solche Schwierigkeiten bereiten können wie dieser Knattermime aus Harlingerode.

Die Herren zogen sich schleunigst zur Beratung zurück.

Ohne mich. Wedel bedeutete mir, ich solle doch wohl besser unten im Hof warten, und schickte mir noch irgendeinen Assistenten hinterher, mit mir den Text zu pauken.

Ich glaube, jeder Beruf, ein künstlerischer zumal, hat seine spezifische Todesangst. Der Maler wird um nichts mehr als um Augen und Hände fürchten, der Musiker ums Gehör. Tänzer fürchten um ihre Knochen, Sänger um ihre Stimmbänder. Der Schauspieler fürchtet aber nichts so sehr wie den Verlust seines Gedächtnisses.

Das wäre der Totalbankrott, die absolute Niederlage. Danach bleibt nur der Berufswechsel. Das Armenhaus. Die Straßenecke, wo er Leierkasten spielen oder Rasierklingen feilbieten kann.

Genau das waren die Ängste, die nun auch mir durch den Kopf schossen, als ich im Hof herumging, immer schön linksrum wie damals in Moabit. Und wie damals fühlte ich mich auch jetzt. Wie im Gefängnis. Diesmal aber nicht unschuldig, sondern schuldig.

Sollte ich überhaupt noch den Schuldspruch abwarten? Wäre es nicht besser, gleich zum Flughafen zu hasten, die nächste Maschine zu nehmen?

Ich sah Simone, die Kinder vor mir, wie sie mir freudig entgegensahen: So früh wieder da, Papa? Ich hörte mich sagen: Schöner Papa! Er ist jetzt arbeitslos. Ohne Job, ohne Brot. Simone würde zu weinen anfangen, die Kinder sich schreiend an mich klammern: Sag, dass es nicht wahr ist!

Doch, Kinder! Es ist wahr. Der Heinz Hoenig ist nicht mehr der Heinz Hoenig. Nur noch ein Pirat, der keine Beute mehr einfährt. Unbrauchbar dort draußen auf hoher See zwischen Vormast und Enterhaken. Vielleicht, dass man ihn noch im Hafen Säcke schleppen lässt!

Eine höllische Situation. Nur noch einmal ist mir Ähnliches widerfahren. Das war in Berlin im Großen Schauspielhaus am Gendarmenmarkt. Harald Juhnke sollte die Goldene Kamera bekommen, ich ihm die Laudatio halten. Der aufgesetzte Text gefiel mir nicht. Noch unmittelbar vor meinem Auftritt schrieb ich ihn hinter der Bühne um. Mit reichlich viel Spickzetteln in der Hand trat ich vor. Ich setzte zum Reden an: Blackout.

Belämmert starrte ich in das immer heftiger und verwirrter murmelnde Galapublikum, sah all die versammelten Stars und Sternchen teils erwartungsvoll, teils geniert oder auch schadenfroh zu mir hinaufgaffen.

Instinktiv tat ich das in dieser Lage einzig Richtige. Ich wandte mich zu den Leuten hin, sagte nur: Tut mir Leid, Folks! Ich habe den totalen Blackout! Schallendes Gelächter. Rauschender Beifall. Manche meinen noch immer, das sei ein von mir raffiniert ausgeklügelter Gag gewesen, mal wieder »so herrlich natürlich« zu wirken.

Beim *Bellheim* meinte das seinerzeit niemand. Dort würde der Vorhang fallen. Jedenfalls für mich. Die da oben diskutierten bereits meine sofortige Umbesetzung, und ich empfand bei dem Gedanken nicht einmal irgendeine heilsame Empörung. Sie hatten ja Recht, die Herren! Ich hatte versagt. War ein Sicherheitsrisiko für die Produktion des Jahres geworden.

Der Assistent leierte im Hof immerzu meinen Text herunter. Ich hätte ihn anschreien mögen: »Halt endlich die Schnauze, du Arschloch! Ich werde ihn nie sprechen! Ich werde überhaupt nie mehr ein Wort vor einer Kamera sprechen.«

So vergingen Stunden. Oder Minuten. Dann gingen wir wieder hinauf. Von den ZDF-Herren war niemand mehr zu sehen. Mittagspause. Der Hunger war offenbar stärker gewesen als der Schreck vor meinem Versagen. Nur Wedel saß da.

Lächelnd. Liebenswürdig. Kein Hohn im Blick. Keine Verachtung in der Stimme. Nicht der Schatten eines Vorwurfs. Er sagte nur: »Also, dann drehen wir jetzt mal weiter...«

Ich muss ihn wohl wie die Erscheinung aus einer anderen Welt angestarrt haben. Ich stammelte nur: »Aber... aber... ich... ich komme keinen Meter weit...«

Immer noch das Lächeln, ganz freundlich, fast zärtlich: »Dann drehen wir eben nur diesen einen Meter...«

Ich kam etwas weiter als nur einen Meter. Und dann schon zehn, zwölf, fünfzehn. Wedel zeigte nicht die Spur von Ungeduld. Bis die Barriere genommen schien, der Schock sich gelegt hatte. Und ich hatte zum ersten Mal den »anderen« Wedel kennen gelernt. Seine Großmut und Geduld, wenn er meint, es lohne sich.

Bei mir schien es sich zu lohnen, und am Abend ging ich mit dem Gedanken fort: Ich glaube, der und ich – wir können noch so richtig Freunde werden.

In Sachen *Bellheim* und dieser ersten, gottlob einzigen wirklich schlimmen Panne – kleinere sollte es immer wieder geben, bei mir wie bei allen anderen auch – bekam ich noch meine volle Genugtuung. Denn auf die Börsen- und Bankszenen reagierten Broker in Frankfurt begeistert mit dem Daumen nach oben, als sie auf einer Großleinwand in der Börse Szenen aus dem *Bellheim* sahen. Und Anerkennung fand ich auch unter den erlauchten Kollegen, die mich hier umgaben. Jeder Name ganz groß. Der von Mario Adorf voran.

Für ihn, der den Bellheim spielte, hatte schon meine

Mutter geschwärmt. Prompt stand mir ein Bild aus frühen Schaubühnen-Tagen vor Augen, als ich dort in der Küche aushelfen durfte.

Scheinwerfer am Eingang. Fernsehkameras. King Adorf zog heran. Ein Großer beehrte das kleine Volk am Halleschen Ufer mit seinem Besuch. Auf Handbreite schritt er an mir vorüber. Und ich sprach ihn nicht an, obwohl für meine Mutter ein originales Adorf-Autogramm das höchste Glück auf Erden gewesen wäre. Aber es ging mir wie später bei einer Berlinale mit dem ähnlich bewunderten, unmittelbar neben mir stehenden Rod Steiger. Auch den hatte ich nicht anzureden gewagt: »Sorry, Mr Steiger...«

Jetzt also sollte ich Mario Adorfs Partner sein. Nicht so einfach, wenn man ihn plötzlich in Hemdsärmeln und noch ungeschminkt vor sich sieht, den Text in der Hand, büffelnd, mit viel gemurmeltem »Scheiße« dazwischen.

»Herr Adorf, dürfte ich Sie wohl einen Augenblick sprechen?«

»Gern. Nur zu.«

»Nicht hier. In Ihrem Wohnwagen.«

Wir kletterten in seinen Wagen. Er sah mich erwartungsvoll mit seinem tiefdunkel bohrenden Blick an. Der große Bellheim musterte den kleinen Bittsteller Hoenig.

»Dürfte ich wohl ein Autogramm von Ihnen haben?« Und hastig: »Nicht für mich. Für meine Mutter. Die freut sich schon seit Jahren darauf.«

Adorf schluckte kurz, zuckte mit den Achseln. Dann setzte er seine vermutlich millionste Unterschrift auf die millionste Adorf-Autogrammkarte: »Bitte sehr!«

Ich steckte das signierte Foto ein und grinste: »So, und nun sind wir nicht mehr der Herr Adorf und der Herr Hoenig. Jetzt sind wir Bellheim und Rottmann. Jetzt können wir spielen.« Adorf grinste zurück: »Und privat sind wir Mario und Heinz.«

Der Bann war gebrochen, der Star kein Star mehr, sondern ein Kollege. Wie die anderen auch. Sie alle keine »großen alten Herren«. Jung waren die und oft genug die großen Buben. Will Quadflieg, der Salzburger *Jedermann* und Gründgens'sche *Faust*, der mit seiner kostbar rollenden Stimme so gern Witze erzählte. Oder eben Adorf, wenn er sich mit zahllosen Anekdoten beim gelegentlichen Glas Wein so produzierte, dass man schließlich nur noch stöhnend vor Lachen am Boden lag. Oder Hans Korte. Einer, der leidenschaftlich gern übel nimmt und in seiner Grantigkeit ebenso köstlich wirken kann wie Adorf mit seiner mediterran durchsonnten Lebensfreude.

Kollegen, jawohl. Das waren sie alle bei näherem Hinsehen. Mit den gleichen Ängsten wie man selbst. Vor Textunsicherheiten, Lampenfieber, Hemmschwellen. Menschen. Allerdings in Goldschnittfassung. Ich habe gelernt, sie sehr zu bewundern. Und bin doch nicht vor Ehrfurcht gestorben.

Natürlich kann man zu einem Will Quadflieg nicht einfach »Hey, Alter« sagen. Oder vielleicht doch. Vielleicht ist es gerade solch absoluten Top-Könnern viel lieber, dass man ihren Nimbus etwas ankratzt, als dass man ihnen ständig neuen Weihrauch zuwedelt. Sicher bin ich vor keinem von ihnen niedergekniet. Sonst hätte ich gleich Doktor Wedels strenge Stimme schnarren hören: »Wo, bitte, Herr Hoenig, steht im Buch, dass Sie knien sollen?«

So ging denn die *Bellheim*-Arbeit voran. Aber eines Tages nicht mehr.

Ich hatte gerade drehfrei, deshalb erfuhr ich es in leichter Zeitversetzung: Klaus Schwarzkopf war tot, der Erich Fink, vierter im erlauchten Grauer-Panther-Kreis.

There is no Business like Showbusiness. Die Arbeit am Film musste weitergehen. Nur wer sollte nun der Erich Fink sein?

Der Dreh wurde unterbrochen. Eine längere Pause entstand. Und auf makabre Weise gab gerade sie mir Gelegenheit, *Krücke* zu machen. Einen meiner Lieblingsfilme.

## Lauter schöne
## kleine Filme

Der Mann heißt »Krücke«. Wegen der Krücke. Er hat nur ein Bein. Das andere hat man ihm irgendwo in Russland weggeschossen. Doch lächerlich, ihn deshalb »behindert« zu nennen. Denn der hier ist alles andere als behindert.

Wieselflink und blitzgescheit bewegt er sich an seiner Krücke durch die allererste Nachkriegslandschaft. Ein Überlebenskünstler. Wiens Schwarzmarkt ist für ihn das ideale Terrain. Nichts, was dort nicht irgendwie verschoben werden kann: Teppiche gegen Schweine, die Armbanduhr gegen eine Stange Zigaretten, selbst ein Eisernes Kreuz gegen...

Im Hintergrund fahren aber die Züge und mit ihnen die Hoffnung, hinauszukommen aus allen Trümmern, allem Elend. In der großen Sehnsucht, in die Heimat zurückkehren zu dürfen, dort vielleicht endlich den Mann, die Frau, die Familie wiederzufinden...

Eine Überlebensgeschichte. Das war dieser Film. Und eine Liebesgeschichte. Das war er auch. Nicht zwischen Mann und Frau. Zwischen Krücke und dem kleinen Jungen, der ihm wie ein kleiner Hund zugelaufen ist.

Der Kleine sucht seine Mutter. Und Krücke ist gar nicht mehr so ichbesessen und einzig auf das eigene Überleben erpicht. Der Junge da an seiner Seite gibt seinem Leben einen neuen Sinn. Er hat einen Freund, Sohn, Gefährten, den kleinen Bruder, den er jetzt fest an seine Hand nimmt.

Er wird ihn fort aus Wien zur Mutter bringen.

Sie kommen, abenteuerlich genug, bis Passau. Krücke steht da, den Kleinen vor sich. Im Gewühl auf dem Bahngleis wartet die Mutter. Sie hat den größeren Anspruch auf das Kind. Das weiß Krücke, das akzeptiert er, muss es akzeptieren.

Er hebt die Krücke. Ganz sachte, mit einem kleinen, ebenso bestimmten wie zärtlichen Schubs drückt er sie dem Knaben gegen die Schulter. Der dreht sich um, versteht gar nicht, was der andere will. Der ist doch sein Freund, sein Vater, alles. Der kann ihn doch jetzt nicht verstoßen.

Doch. Er kann. Er muss. Los, Junge! Dort ist deine Mutter! Wirst es gut haben bei ihr! Aber meine Zeit mit dir ist nun vorbei. Und dieser Augenblick, in dem Krücke den Jungen der Mutter tränenblind entgegenschiebt, gehört für mich zu jenen Szenen, die in meinem Gedächtnis tief unten als kleine Kostbarkeit verwahrt sind. Eine der Szenen, wo man keine Antwort mehr auf die Frage braucht, warum man eigentlich Schauspieler geworden ist und nicht doch lieber Schlosser, Lehrer oder Taxifahrer.

Aber das gilt nicht nur für die eine Szene. Es gilt insgesamt für diesen 1992 in der erzwungenen *Bellheim*-Pause entstandenen Film unter der Regie meines guten alten Bekannten Jörg Grünler, mit dem ich in meinen frühesten Filmjahren den umstrittenen *Ein Mord am Lietzensee* gemacht hatte. Ein sanfter Riese, der mindestens so gut zuhören wie reden konnte und sich nicht zu schade war, gelegentlich auch den Rat eines Schauspielers anzunehmen. Allein das macht mir Jörg lieb und wichtig.

Doch zurück zum *Krücke*-Stoff selbst, der nach dem

gleichnamigen Roman von Peter Härtling entstand. In diesen Stoff, ich kann es nicht anders nennen, hatte ich mich schon bei der ersten Lektüre regelrecht verliebt.

So schön düster und doch nicht deprimierend. Traurig, aber nicht hoffnungslos. In einer Welt angesiedelt, die wir Wohlstandsbürger uns getrost immer mal wieder vor Augen führen sollten, um nicht alles an Komfort und Geborgenheit als selbstverständlich zu nehmen. Eine Welt des Hungers, der Armut, des Mangels, wo jeder an sich rafft, was er nur bekommen kann. Wo aber auch Menschlichkeit, Liebe, Zärtlichkeit blühen können.

Jetzt, da ich mir den Film gleichsam vor meinem inneren Auge noch einmal vorführe, fällt mir erst so richtig auf, wie sehr dort Themen meines eigenen Lebens, meiner gesamten Existenz anklingen.

Die immer währende Sehnsucht nach Liebe, Wärme, Nähe. Die Suche nach der Familie, die dem Dasein über das eigene Ich hinaus einen Sinn gibt. Aber auch dieser Drang, Schutz zu geben. All jene zu beschützen, die diesen Schutz vor den anderen, vor den Grausamkeiten dieser Welt brauchen.

Fass mein Kaninchen nicht an!

Wenn man sich also mal in vielen Jahren an den Schauspieler Heinz Hoenig erinnern sollte, in der Art, wie wir heute an Kollegen aus den Dreißigern und Vierzigern denken – der Hoenig, ach ja, worin hatte der doch gleich noch mal gespielt? –, dann hätte ich nichts dagegen, wenn einem dazu nicht als erstes *Der große Bellheim* oder *Das Boot*, sondern *Krücke* oder *Drücker* einfiele. Obwohl die Erinnerungen an die Aufnahmen keineswegs nur die pure Wonne sind.

Wir drehten weit draußen in der Wallachei, irgendwo von Berlin aus Richtung Braunschweig, wo sich noch Gleise fanden, über die unser Zug donnern konnte. Dort also humpelte Krücke umher. Und allein das war schon eine kleine Tortur. Denn wie spielt man als Mensch mit zwei Beinen einen Einbeinigen? Dazu einen, bei dem man begreifen muss, dass seine Behinderung in gar keiner Weise auf seine völlig intakt gebliebene Seele übergegriffen hat?

Schon in unserem Dorf bei Luzern, wo wir inzwischen gelandet waren, hatte ich eisern geübt. War immerzu an einer Krücke durch die Gegend gehumpelt, hoch oben im Wald, wo mich so rasch keiner sah.

Nicht, dass ich mich groß geniert hätte.

Aber für die biederen Dörfler war ein Schauspieler in ihrer Mitte schon Exot genug, und mir reichten beim Krämer oder im Gasthaus die schiefen Blicke und gemurmelten Anspielungen der anderen, wenn am Abend zuvor ein Krimi mit mir als Schurke gelaufen war. Hätten sie den Hoenig nun auch noch wie verrückt durch den Wald stolpern gesehen, das eine Bein dazu hinten hochgebunden und in einen Lederbeutel gesteckt, hätten sie wohl gleich die Polizei alarmiert.

Erst am letzten Abend vor dem Aufbruch zu den Dreharbeiten, sozusagen als Generalprobe, machte ich den Test. Humpelte zum »Dorfkrug« und verlangte einen Wein. An der Ehrfurcht, mit der mir Platz gemacht, ein Stuhl hingeschoben wurde, durfte ich ablesen: Prüfung bestanden! Ich muss wohl ein ganz anständiger Einbeiner gewesen sein.

Also hin zum Dreh! Hinein in bittere Kälte! Wir bibberten und schnatterten. Und ließen uns doch alle von der Stärke des Stoffs, der Kraft der Rollen mitreißen. Ein Top-

Ensemble: Peter Simonischek, Florian Martens, Johannes Silberschneider in einer kurzen, aber umwerfend komischen Szene, in der Krücke einem Exsoldaten, der ohne Auszeichnung aus dem Krieg zurückgekehrt ist, das Eiserne Kreuz andreht.

In der Rolle einer jungen jüdischen Kellnerin, in der noch die Angst aller überstandenen Verfolgungen nachzittert und die darüber doch nicht ihre ganze ofenwarme Menschlichkeit verloren hat, begegnete ich zum ersten Mal der wunderschönen, wunderbaren Martina Gedeck, eine von denen, deren Schauspielkunst noch in 50 Jahren Bestand haben wird.

Götz Behrend war der gerade zwölfjährige Darsteller des Jungen, also Krückes eigentlicher Partner. Er machte seine Sache fabelhaft.

*Krücke* hätte ein Welterfolg zu werden verdient wie *Das Boot*. Er hatte alles dafür: eine starke Story, eine große Besetzung und jene Mischung aus Action, ungewöhnlichem Milieu und menschlicher Wärme, die ihre Wirkung aufs breite Publikum nie verfehlt. Aber bei der Präsentation der Leinwandfassung konnte einen mal wieder des deutschen Kinos ganzer Jammer erfassen!

Was pulvern die Amerikaner in die Werbung ihrer oft genug hirn- und seelenlosen Riesenschinken! Welcher Pomp wird da getrieben, einem irgendwelche Banalität als filmische Großtat einzureden! Wenn aber wie hier ein deutscher Film mal wirklich Hirn und Seele hat...

Es gab keine Vorwerbung, keine effektive Pressearbeit. Die Erstbesichtigung – großartig »Premiere« ließ sich dazu kaum sagen – fand irgendwo in einem miefigen Kino am Berliner Alexanderplatz statt, bei pappigen Schnittchen und fadem Schwachmaten-Sekt. Und das alles wirkte so pover und armselig, dass sich selbst die sonst eher mokanten, gern bissig spöttelnden Journalisten empörten: Wie kann man einen so guten Film nur so erbärmlich herausstellen!

Im Kino lief *Krücke* weithin unter Ausschluss der Öffentlichkeit. Im Fernsehen, wohin ihn später das ZDF übernahm, kam er bei mehreren Wiederholungen hingegen ganz ausgezeichnet an. Und als ich dafür auch noch den Bundesfilmpreis entgegennehmen konnte, verkniff ich mir die Erinnerung an Dario Fos böses Wort von den markierten Schafen, die nicht geehrt, sondern nur als Erste geschlachtet werden, und empfand nichts als tiefe Genugtuung.

Nichts ist so relativ wie der Erfolg. Gerade beim Film. Garantierte Superknaller erweisen sich als Rohrkrepierer, und »kleine Filme« können ganz groß sein. Nun war *Krücke* bei mittlerem Budget schon äußerlich kein ganz kleiner Film. Aber ich habe etliche wirklich kleine Filme gemacht, an die ich ausgesprochen gern zurückdenke. Wie auch an ihre Regisseure, wo ich gleichfalls nicht nur auf Prominenz starre.

Natürlich ist es schön, mit erfahrenen Regielöwen wie Dieter Wedel oder Wolfgang Petersen zu arbeiten. Aber es zieht mich ebenso zu ganz jungen, noch unbekannten Regisseuren, die vielleicht eine neue Sicht entwickeln, einen frischen Biss haben. Und dabei bekenne ich mich zu durchaus egoistischen Motiven.

Wir Schauspieler brauchen den Regisseur. Schon deshalb sollten wir bemüht sein, uns nicht immer nur auf die bewährten Alten zu verlassen, sondern müssen rechtzeitig dafür sorgen, dass genügend gute Regisseure nachwachsen und ihre Chance bekommen.

Als ich im letzten Jahr Mark Schlichter beim Boxer-Film *Liebe und Verrat* wiedersah, wo ich mit großem Genuss einen ganz miesen, schön verlogen »väterlichen« Box-Manager spielte, erinnerten wir uns vergnügt an unser erstes Zusammentreffen vor einigen Jahren. Da war Mark noch Filmstudent gewesen und hatte mich einmal mit bemerkenswerter Treuherzigkeit gefragt, ob ich vielleicht in seinem Debütfilm *Ex* mitspielen würde.

Gage gab's zwar kaum, die Rolle war gerade drei, vier Szenen lang, aber gut genug, meinte er, dass ich und nur ich sie spielen könne und sollte. Dabei hatte seine Stimme am Telefon trotz aller eigentlichen Frechheit so geklungen, dass ich spontan Vertrauen fasste.

Also spielte ich einen Vater, dessen Sohn von einer Bande enthemmter Jugendlicher erschlagen worden war, stand an seinem Grab und musste große Trauer gar nicht erst mimen.

Ich brauchte mir nur vorzustellen, im Sarg dort unten läge mein eigener Junge, und schon kamen mir die echten Tränen so selbstverständlich wie in der *Krücke*-Abschiedsszene. Nicht nur mir. Auch der Kameramann hatte auf einmal größte Mühe, noch klar durchs Objektiv zu gucken. Die sonst am Set-Rand herumwieselnden Produktionsassistentinnen waren plötzlich irgendwo hinter den Friedhofshecken verschwunden. Und eine Szene entstand, die gleichfalls zu den mir wichtigsten gehört.

Weiter so, Mark Schlichter!

Natürlich muss man bei entfesselten Jungtalenten, die oft genug nur Ehrgeiz haben und sonst nichts, eine gewisse Vorsicht zeigen. Doch meist höre ich schon am Ton, wessen Geistes Kind der Möchtegern-Eisenstein oder Nachwuchs-Hitchcock ist, der mich da so nett von oben herab annäselt: »Sag mal, hätte da 'ne Rolle für dich, wärst dafür zwar nicht ideal, könnte mein Freund X viel besser spielen, aber den kennt keine Sau, und du...«

Tut mir Leid! In solchen Fällen geht es meist nur um den Namen Hoenig, und gegen solche Promi-Spekulation ohne künstlerischen Hintergrund bin ich allergisch.

Mark Schlichter gehört nicht in diese Typengalerie. Und auch Marcel-Kyrill Gardelli nicht, mit dem ich den Kurzfilm *Countdown* machte.

Der kam zu mir in die Schweiz und hatte Sonderbares zu erzählen: Ein namhafter deutscher Sender – Namen tun hier nichts zur Sache – hätte ihm für sein Projekt eine Unterstützung von 2000 Mark zugesagt. Unter zwei Bedingungen: Zum einen müsste ich mitwirken. Und dann sei es dem Sender überlassen, ob und wann er diesen Film überhaupt zeigt.

Das Ganze aber für stolze 2000 Mark! Ungefähr so viel, wie dort bei Vorstandssitzungen in der Chefetage der ausgeschenkte Champagner kosten dürfte! Und dafür soll sich ein junger, kreativer Mensch am Anfang seiner Entwicklung an die Kette legen lassen.

Ich nenne das schlicht Ausbeutung.

Zunächst räusperte ich mich sehr ausführlich. Dann sagte ich: »So, mein Junge, jetzt schreibst du diesen Herren einen Brief! Darin steht nur das eine schon von Götz von Berlichingen oft und gern benutzte Goethe-Wort. Und dann kriegst du von mir das Geld. Nicht 2000, sondern 20000 Mark. Davon kannst du dann deinen Film mit mir machen...«

So war ich denn zum ersten Mal nicht nur Hauptdarsteller, sondern gleich auch Produzent eines Films.

*Countdown*, die leicht surreal verfremdete Geschichte

eines Selbstmords auf verschiedenen zeitlichen und optischen Ebenen, wurde weltweit herumgezeigt, brachte Prestige und tat dem Regisseur Gardelli neue Wege auf.

Ich könnte noch von anderen kleinen schönen Filmen erzählen. Auch von kleinen schönen Rollen. Denn mit denen – und nicht nur im Fall vom *Boot*-Hinrich – halte ich es ähnlich und blättere in jedem Skript, das ich bekomme, nicht als Erstes nach, wie umfangreich mein Part sein wird.

Nicht »Größe« interessiert mich. Ein Charakter muss stimmen, ein Schicksal sich runden. Dann bin ich dabei. Ein halbes Dutzend Szenen lang oder den ganzen Film hindurch. Und irgendwo muss eine Rolle auch »ein echter Hoenig« sein. Auf die Qualität kommt es mir an.

Ich weiß, dass manche mir vorhalten, ich würde mich selbst spielen. Mal abgesehen davon, dass man alles spielen kann, nur nicht sich selbst, wie Kollege Will Quadflieg zu sagen pflegt: Es stimmt einfach nicht. Dafür ist meine Rollenskala viel zu breit, sind die von mir verkörperten Charaktere zu verschieden.

Nur irgendwo – das wiederum ist richtig – schaut auch ein Zipfelchen Hoenig heraus. Seine Weltanschauung. Seine Grundstimmung. Täter, die immer auch Opfer sein könnten. Opfer, die eigentlich Täter sind. Das sind Charakterfarben, die mich immer wieder reizen. Und da ist dann ein Rottmann gar nicht so fern von Krücke, und beide haben auch was vom »echten« Hoenig.

Ich sehe manchmal alle meine Rollen hier auf meiner mallorquinischen Ranch zu einem großen Fest versammelt. Sie streiten sich zunächst ganz fürchterlich. Ich gegen ich. Aber ich bleibe Sieger. Und am Ende sind alle miteinander versöhnt und ganz dicke Freunde geworden, der Rottmann mit Hinrich und Schnulli, der Junghein mit dem King aus *Der Schattenmann* oder dem Sugar aus *Der König von St. Pauli*. Und irgendwo sitzt Krücke mit nur einem Bein und grinst verschmitzt in sich hinein. Der wusste gleich, wer hier einzig Sieger bleiben kann.

Aber nun genug geträumt. Von diesem »Rollentreff« hier auf der Ranch und auch von all den schönen kleinen Filmen, von denen ich einige noch zu realisieren hoffe. Damals nach *Krücke* ging es erst mal wieder zurück in ein ganz großes Ding. Die Arbeit am *Großen Bellheim* konnte wieder aufgenommen werden.

Der Darsteller des Erich Fink war endlich gefunden worden.

## Kiez, Rathaus und Schattenmann

Noch einmal und ein letztes Mal Bellheim contra Rottmann. Ihr allerletzter Waffengang sozusagen. High noon. Rottmann wird verlieren. Diesmal. Beim nächsten Mal geht es vielleicht andersrum. Aber das ist, wie es in Billy Wilders *Das Mädchen Irma la Douce* so hübsch heißt, eine andere Geschichte.

Erst mal also diese Szene. Adorf und ich stehen einander gegenüber. Ein Dritter kommt noch hinzu: Fink.

Draußen vor dem Fenster sehen wir seinen Daimler vorfahren. Er klettert aus dem Wagen. Eine kleine, leicht vorgebeugte Gestalt. Er kommt bis an die Scheibe, späht hindurch. Und wir dahinter erstarren. Der gleiche Blick, die gleiche Körperhaltung. Das ist doch Klaus Schwarzkopf!

Genau so hatte der diese Szene, die letzte vor seinem Tod, gespielt. Aber unmöglich! Es kehrt doch kein Toter zurück!

Natürlich nicht. Der dort ist der Kollege Heinz H. Schubert. Wedel und ich sind erstarrt und fasziniert zugleich. Das war einfach Magie. Wir alle brauchten eine kleine Weile, um uns von diesem Augenblick des Schocks zu erholen.

Schubert war jetzt Fink. Die *Bellheim*-Arbeit konnte also weiter gehen. Mit einem Fink-Darsteller, der würdig in die Reihe unserer drei anderen »großen Alten« aufrückte. Eine kleine Legende auch er. Der Brecht-Darsteller, der sich und dem Rest der Welt nie ganz verziehen hatte, erst als »Ekel Alfred« in Wolfgang Menges Serienposse *Ein Herz und eine Seele* so richtig populär geworden zu sein.

Auch Heinz H. Schubert lebt inzwischen leider nicht mehr.

Wie jeder Wedel-Film war auch *Der große Bellheim* ein Film der schönen Frauen. Renan Demirkan, die knuddelige Ingrid Steeger, die Polin Krzystyna Janda (als Frau Bellheim), privat die Ehefrau unseres Kameramanns Edward Klosinski. Speziell »meine« schöne Frau war Leslie Malton, die von Ehrgeiz zerfressene Rottmann-Lady, die in seinem Auftrag als eine Art Börsen-Mata-Hari agiert.

Leslie spielte das vorzüglich und mit viel Disziplin. Darüber hinaus lebte sie sehr gesund und fuhr viel Fahrrad. Es schien, als habe sie es genossen, wenn man sie dabei bestaunen konnte.

Wir waren nicht eine solch aneinander geschmiedete Crew wie damals beim *Boot*. Aber auch uns beseelte jeden Augenblick der Gedanke, an einer besonderen, wirklich guten Sache mitzuwirken. Und als ich später den gesamten Film sah – ich sehe mir nie Muster an, immer erst das fertige Resultat –, wurde mir ganz schön wehmütig ums Herz. Besonders bei der letzten Szene mit unseren vier Alten auf Mallorca: Ihr prächtigen Jungs dort – werde ich wohl noch mal mit einem von euch zusammenkommen?

Der letzte Drehtag fällt mir ein. Das war der Tag, an dem Gerhard Schröder, der damalige Ministerpräsident von Niedersachsen, seinen *Bellheim*-Kurzauftritt hatte. Nachdrücklicher bleibt mir die Feier am Ende dieses Tags in Erinnerung. In deren Verlauf machte Dieter Wedel eine

Bemerkung, die von da an zu einer Art Leitspruch unserer Freundschaft werden sollte: »Es könnte bald wieder etwas Besonderes auf dich zukommen.«

Wedel hielt Wort. Durch unseren Regiedoktor kam wirklich immer wieder etwas Besonderes auf mich zu. Lauter kleine Welten. Die vom Kiez, Rathaus und Schattenmann.

Der Hamburger Kiez, wo *Der König von St. Pauli* residierte und die ganze alte Huren-Herrlichkeit der einst »sündigsten Meile der Welt« einen Film lang wiedererstand.

Das Rathaus, in dem sich *Die Affäre Semmeling* zutragen sollte und man tiefen Einblick in die Verflechtungen von Kommunalpolitik und Wirtschaft erhalten konnte.

Doch nach *Der große Bellheim* war zunächst *Der Schattenmann* an der Reihe. Die Geschichte um Charly Held, zunächst nur Polizist und brav, dann der Undercover-Mann, der als angeblicher früherer Stasi-Offizier in den Umkreis des Frankfurter Halbwelt-Fürsten Herzog (Mario Adorf) eingeschleust wird, um ihn endlich seiner düsteren Machenschaften überführen zu können.

Ich war der King, gleichfalls Polizeimann und Held/Helberg als Helfer an die Seite gestellt. Ein handfester Kerl von vergnügter Ruppigkeit, der gelegentlich einen eingefangenen Sünder auch durchs Autofenster packt und ihn so durch die halbe Stadt schleift.

Ich war schon als King ausgewählt, als um die Besetzung des Held noch gestritten wurde. Der Name Götz George fiel mehrfach. Aber Wedel spürte wohl, dass es zwischen mir und George nicht so richtig funktionieren würde. Nicht in diesem Fall, wo die Komplementärfarben Held/King besonders genau zueinander passen mussten,

Meine Stute heißt Poco Baby.

Zum »Abschuss« bereit! Aber treffen muss man können.

„I can get YES satisfaction…"

Ab und zu ins kalte Wasser.

Ich zieh euch gleich die Ohren lang!

Lucas – mehr brauch ich nicht.

Meine Paula – meine Zauberin!

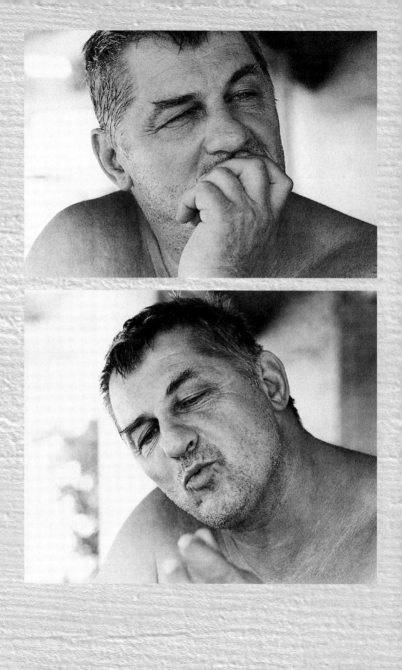

damit sich ein Dream-Team inmitten des übrigen Top-Ensembles ergab.

Heiner Lauterbach wurde als »Herzogs zweiter Mann« besetzt. Wieder ein Beweis für Wedels feinen Besetzungsinstinkt. Denn in der Rolle des Gehlen war Heiner einfach überwältigend gut.

Ich kann mich an eine Szene im Nachtclub der Herzog-Mätresse Michelle (Maja Maranow) erinnern, wo ich nur Zaungast war, am Schluss aber vor Begeisterung über Heiners Leistung in lauten Beifall ausbrach. Nicht um mich an ihn heranzuschmieren. Das haben wir beide weiß Gott nicht nötig! Ich war ehrlich hingerissen.

Den Held spielte ein gewisser Stefan Kurt.

Wir blickten verblüfft hoch. Wer bitte? Stefan Kurt? Nie gehört! Ein paar wussten immerhin, dass er bei Jürgen Flimm am Hamburger Thalia Theater engagiert war und dort unter anderem in Robert Wilsons hochgerühmtem, weltweit herumgereichten *Black Rider* (nach Carl Maria v. Webers *Freischütz*) den biederen Jägersmann gemimt hatte. Na und? Tüchtige Bühnenschauspieler brauchen noch lange keine großen Filmkünstler zu sein. Schon gar nicht solche, auf die sich ein pompöses Riesenunternehmen wie der Fünfteiler *Schattenmann* stellen ließ.

Entsprechend misstrauisch sah ich mir die Probeaufnahmen an. Und war trotz Kurts guter Leistung entsetzt. Mit dem sollte ich spielen? Mit diesem Weichei, der anfangs auf mich wirkte wie ein Buchhalter ohne Bilanz?

Ich gestehe, selten habe ich mich in einem Kollegen so gründlich getäuscht wie in Stefan Kurt.

Ein Spitzentyp!

Stefan ist korrekt, zurückhaltend. Ein präziser Arbeiter. Aus seiner milden Fassade kann aber unverhofft ein komödiantisches Feuerwerk hervorbrechen. Ich habe ihn leider nicht als Jago im *Othello* gesehen, bin mir aber sicher, dass er in dieser Rolle vorzüglich war. Und als Schattenmann war er es ebenfalls.

Wäre noch hinzuzufügen, dass Kurt zugleich ein ausnehmend loyaler Kollege ist. Keiner, der auf Kosten des anderen die eigene große Show abzieht. Zugleich ist er für jeden Scherz zu haben, und das nicht zu knapp.

Das fing gleich am ersten gemeinsamen Drehtag an. Das war die Szene, in der wir beiden Undercover von der einen in die andere Existenz schlüpfen und hinter einem Baum die Wagen tauschen, vom bisherigen Mittelklassegefährt in eine standesgemäße Luxuskarosse umsteigen.

Stefan ist Schweizer, und ich kam gerade aus der Schweiz. Wir haben dann so hemmungslos miteinander in einem ganz fürchterlich übertriebenen Schwyzerdütsch geredet, dass schließlich der völlig genervte Wedel nur noch schrie: »Wer jetzt noch einmal einen dieser grässlichen Schwyzer Rachenlaute von sich gibt, wird auf der Stelle standrechtlich erschossen!« Da haben wir es lieber gelassen.

In diesem Film, anders als bei der todernsten Rottmann-Rolle, durfte ich nicht nur hinter der Kamera, sondern auch davor mal komisch sein. Ein komischer Hoenig. Das war das Besondere, das mir Wedel mit der Rolle des King versprochen hatte.

Die für den Zuschauer sicher komischste Szene dürfte sein, wie sich der King im gerade angemieteten Superapartment so heftig und wortwörtlich »überschäumend« tummelt, dass schließlich der Seifenschaum die ganze Wohnung überschwemmt. Viele haben mir später gestanden, sich dabei fast kringelig gelacht zu haben. Mir selbst ist allerdings bei der Erinnerung daran nicht so komisch zumute.

Man entsinne sich: Die Badezimmertür öffnet sich. Schaum in flockig dicken Wolkenbergen quillt hervor. Dazwischen tappe ich heraus und schlage um mich, ringe nach Luft. Der Schaum quillt unerbittlich weiter.

Ich rang tatsächlich nach Luft.

Denn in der winzigen Besenkammer hinter der vermeintlichen Badezimmertür (die Szene im Badezimmer selbst war an einer ganz anderen Örtlichkeit entstanden) war der Schaum immer höher gestiegen und mir schließlich in Lunge und Bronchien gekommen. Ich lieferte gerade noch meinen Text ab, dann schüttelte mich ein gnadenloser Hustenkrampf, und ich konnte nur noch keuchend, japsend auf die Terrasse torkeln.

Das hatte nichts mit Schauspielerei zu tun.

Der Hoenig spielte nicht. Der rang um Luft. Denn der verwendete chemische Kunstschaum hätte fast meine Lunge kaputtgeätzt. An diesem Abend war meine Laune nicht die beste, und auf die Verantwortlichen ging ein fürchterliches Wedel'sches Donnerwetter nieder. Am nächsten Tag wurde die Szene noch einmal mit garantiert ungefährlichem Schaum gedreht.

Natürlich darf der Zuschauer von solchen Beinahekatastrophen nichts merken. Nicht im Film und nicht im Theater, wo mir im GRIPS bei der Generalprobe von *Mensch, Mädchen* mal etwas ganz Ähnliches passiert ist.

Dort wurde mir nach meinem Sprung über den Zaun ein Topf voll Mehl über den Kopf gestülpt, und irgendein Idiot hatte echtes Mehl genommen, das beim Einatmen in Nase und Luftröhre zur massiven Klebemasse verklumpt. Ich konnte kaum noch keuchen und lief violett an. Die anderen wollten sich scheckig lachen. Später, als ihnen klar wurde, dass dieser Streich auch tödlich hätte ausgehen können, lachten sie nicht mehr.

Ich habe selten komische, sondern überwiegend ernste Rollen gespielt. Und wenn mir der King nicht nur komisch, sondern auch einigermaßen überzeugend gelang, dann wohl auch deshalb, weil ich ihn von der menschlichen Substanz her ganz ernst nahm.

Denn das ist ja das Wesen jeder echten Komik. Dass immer ein verhindertes Drama darin steckt, und die Definition, Komödien seien Tragödien ohne fünften Akt, will mir gar nicht so übel gefallen. Denn vieles ist ja irgendwie komisch. Jeder Tod hat sein Gelächter, wie ein baltisches Sprichwort sagt. Und jede Situation, jede Figur auch.

So habe ich dann den King angelegt. Ganz anders als den Rottmann. Der bewegte sich knapp und schroff, sprach mit harter, bellender Stimme. Dem King gab ich jedoch eher weiche, geschmeidige, manchmal wie schlingernde Bewegungen. Sein Blick konnte sehr pfiffig, manchmal verschlagen und dann wieder sehr offen, klar, fast naiv sein, voll Schrecken über eine Welt, in der alles, wirklich alles – Gefühle, Liebe, Sympathie – käuflich ist. Eine Welt, in der Recht und Unrecht bis zur Unkenntlichkeit miteinander verwoben sind.

Wedel hat diese Welt voller Schatten und Zwischentöne zweifellos virtuos in Szene gesetzt. Aber mich hat am *Schattenmann* etwas anderes noch mehr fasziniert: nämlich die eigentliche Geschichte, die sich, wie beim *Bellheim*, in der gleichsam »offiziellen« Story verbirgt.

War in diesem Film gezeigt worden, wie die alten Königstiger keinen Deut moralisch besser, eher noch schlimmer sind als die jungen Wölfe, so ist *Der Schattenmann* bei näherer Betrachtung ein Lehrstück in Sachen Korrumpierbarkeit. Von uns allen. Mich selbst nicht ausgenommen.

Ein Mann steht da, korrekt, anständig. Der kleine Beamte, mittleres Gehalt, mittlere Karrierechancen. Der Blechorden an der Brust für seine Verdienste um Recht und Vaterland ist schon das Höchste, was er erwarten kann.

Zu Hause warten Frau und Kind. Er liebt sie ehrlich. Aber etwas spießig sind sie eben doch. Kleine, heile Welt. Zum Ersticken eng und miefig. Und da setzt die große Versuchung ein: Ob die andere, die »böse« Welt nicht doch ein bisschen besser für ihn ist? King erkennt als Erster, wie sehr der andere dabei ist, sich zu verlieren. Und zieht den Schlussstrich.

Ausgerechnet an dem Tag, als wir diese Szene spielten, eine der schwierigsten im ganzen Film, war Wedel nicht so richtig in Form. Er war gereizt, wohl auch übermüdet. Aber Stefan und ich standen voll in unseren Rollen. Wir spielten sie kaum, sie spielten aus uns. Wir waren nicht mehr Kurt und Hoenig, nur noch Held und King. Das führte uns durch die Szene, und das so gut, dass Wedel am Ende des Tages auf uns zutrat und sagte: »Ich danke euch! Heute war ein Tag, an dem die Schauspieler den Regisseur nicht brauchten!«

Ich werde später noch einiges zur Arbeitsweise von Dieter Wedel erzählen. Zunächst erinnere ich mich gern der Arbeit am *Schattenmann*. Und an Kollegen wie Günter Strack. An ihn vor allen, unseren Äppelwoi-Titan aus dem Hessischen mit seiner großen Liebe zu selbst angebautem Wein und jeder Art guten, schweren Essens!

Dieser herrliche Komödiant, der inmitten massiger Gutmütigkeit unverhoffte Gefährlichkeit aufblitzen lassen konnte!

Einer, der durch alle Sümpfe unseres Berufs gewatet war, aber auch seine Auen leichten Fußes durchschritten hatte. Der Profi. Ein Urgestein samt allgegenwärtiger Gattin, dem »Lorsche«. Wir schlossen rasch Freundschaft – und ertappten uns wechselseitig immer wieder bei richtig schönen Dumme-Buben-Streichen. Verbeugung vor dir, Günter!

## »Da kommt etwas Besonderes auf dich zu«

Das Schönste am Erinnern ist, dass sich dort die Uhr beliebig vorwärts und rückwärts stellen lässt. Jetzt zum Beispiel von den reifen Neunzigern, wo mein dritter Film mit Wedel, *Der König von St. Pauli*, entstand, zurück in die noch frischen Sechziger, als ich nichts als der kleine Heinz und Mitspieler bei der im ganzen Harzer Vorland weltberühmten Band »The Dee« war.

Unsere Traumstadt hieß damals Hamburg. Noch nicht Berlin, das irgendwo fern hinter dem Horizont glitzerte. Hamburg war näher und erreichbar.

Großstadt. Weltstadt. Hafenstadt.

Vor allem der Hafen. Die Elbe. Die Nähe der Nordsee. Einfach am Ufer sitzen, dem Strom nachschauen, sich vorstellen, dass gerade Millionen einzelner winziger Tropfen zum Meer hinziehen und sich dort mit vielen Millionen anderer Tropfen zum riesigen Ozean vereinen. Und ich saß am Hafenkai, sog gierig den Geruch von Salz und Tang ein, hörte Möwen schreien.

Das war für mich Hamburg, wohin ich mal mit 16 ausgerissen war.

Aber auch Nora war Hamburg. Eine Hure. Ich traf sie, sie traf mich. Ich weiß es nicht mehr genau. Es war nachts auf dem Kiez, ich suchte das Leben – und einen Platz zum Schlafen. Nora bot mir einen an. Ich dachte natürlich, sie wolle mich aufreißen. Und hatte Muffensausen. Doch alles unbegründet. Nora bat mich lediglich, ihr Töchterchen am nächsten Morgen zur Schule zu bringen. Ich blieb mehrere Tage bei ihr. Nie habe ich mit ihr geschlafen. Eine unvergessliche Zeit!

Hamburger Kiez: Ich lernte den Typen kennen, der im kühnen Saltowurf gleich vier Zigaretten auf einmal in den Mund einwerfen konnte. Ich löffelte Suppe mit Huren, die zu Löwinnen wurden, wenn es um ihre Kinder ging. Ich traf Käuze, Ganoven, Penner. Ihnen allen, dieser ganz unvergleichlichen Typengalerie, errichtet Wedels Sechsteiler *Der König von St. Pauli* ein Denkmal. Der Stripperin, der Transe, dem Berufswürfler und Kneipenwirt, den sie den »König« nennen, Boxer Sugar, den ich spielte, und auch ihm, Sugars Erzfeind, dem »Chinesen-Fiete«, dem gefährlichsten Mann auf dem Kiez...

Gedreht wurde in München.

Das klingt wie ein Witz und forderte die tobende Empörung vieler St. Paulianer heraus. Vor allem der Immobilienfürst Willi Bartels, ein echter »König von St. Pauli«, feuerte in Interviews ganze Breitseiten ab. Was denn das für ein St. Pauli sein solle und was für eine Große Freiheit, die auf dem Gelände der Bavaria aus Sperrholz und Pappmaché nachgebaut worden war!

All diese Kritiker übersahen zweierlei.

Einmal herrschten in der originalen Großen Freiheit so verquere Macht- und Besitzverhältnisse, hatten so viele unterschiedliche Herrschaften das Sagen, dass es gar nicht so viel Schmiergeld gegeben hätte, um alle zu bezahlen, damit man halbwegs ungestört hätte drehen können. Im Übrigen, daran sei kurz erinnert, war auch die Große Freiheit im berühmtesten aller St.-Pauli-Filme, im Hans-Albers-Streifen *Große Freiheit Nr. 7*, nachgebaut worden, und zwar in Prag.

Vor allem aber – und gerade das wurde besonders geflissentlich übersehen – gab es das St. Pauli unseres Films schon lange nicht mehr. Seine ganze alte Kiez-Herrlichkeit ist längst entschwunden. Unser St. Pauli war das, was ich in den Sechzigern gerade noch hatte kennen lernen können.

Warum es das heute nicht mehr gibt, mögen andere, Berufenere erklären. Hier soll genügen, dass es eben so ist und *Der König von St. Pauli* nur noch ein Stück Nostalgie widerspiegelt.

Da gab's noch den alten Ehrenkodex: Ein Wort ist ein Wort. Und den Gegner bekämpft man, respektiert ihn aber zugleich. So wird denn Sugar zum Symbol für jenes St. Pauli, das mal mehr als nur ein Stadtteil, das ein Mythos, eine Weltanschauung war. Das Hans-Albers-St.-Pauli mit seiner verwitterten Romantik und allen endlich mal in lauschiger Nacht ausgelebten Gelüsten, von denen die Sailors dieser Welt träumten: »Auf der Reeperbahn nachts um halb eins...«

Ich fand mich dabei inmitten der ganzen Wedel-Edelgarde wieder. Maja Maranow, Julia Stemberger, Hans Korte, Alexander Radszun, Florian Martens, der schon in *Krücke* als sturer Grenzer dabei gewesen war und im *Schattenmann* als Observant. Hier zeigte der Sohn Wolfgang Kielings als Transe Karin eine Glanzleistung.

An Wedel-Neuzugängen fanden sich bei den Damen Sonja Kirchberger und Karoline Eichhorn, bei den Herren Henry Hübchen und Peter Roggisch. Den »König« spielte, nach erheblichem Hin und Her, Hilmar Thate.

Alles Stars, wenn man so will. Aber man tut Filmen von Wedel mit der Behauptung Unrecht, sie lebten vor allem von der todsicheren Besetzung mit lauter gestandenen Schauspielpromis, bei denen nichts wirklich schief gehen kann. Immer findet sich da mindestens eine äußerst bemerkenswerte Neuentdeckung eines ganz jungen, bis dahin unbekannten Darstellers.

Das war im *Schattenmann* Marek Harloff gewesen, der den an der Bluterkrankheit leidenden Sohn vom Unterweltmagnaten Herzog gespielt hatte. Ein überschmaler Knabe mit hyperzartem Gesicht unter wallend schwarzer Mähne, eine halbe Portion, wenigstens auf den ersten Blick. Aber im Spiel holte er gewaltig auf und hat inzwischen sogar einen Mephisto auf die Bretter gestellt. Die große Karriere dürfte diesem hoch begabten Jungen sicher sein.

Ich wollte, das ließe sich auch von Oliver Hasenfratz sagen, der den »Sohn« im *König von St. Pauli* spielte.

Doch wenig über 30 verstarb er im letzten Jahr an Leukämie und hinterließ die trübsinnig stimmende Frage, warum wohl das Schicksal einen Menschen erst mit so reichen Gaben ausstattet und ihn dann wegrafft, bevor diese überhaupt richtig aufblühen konnten.

Beim *König von St. Pauli* gab es am Set mehr Spannungen als vorher beim *Bellheim* und *Schattenmann*. Wedel war von seinem Haussender ZDF, wohl des üppiger bestückten Budgets wegen, dieses Mal zum privaten SAT.1 übergewechselt und hatte zunächst mehr der künstlerische Oberwächter sein wollen, während die eigentliche Regie ein anderer führen sollte. Das ging einfach nicht. Chaos! Wedel-Bücher sollte nun mal nur Wedel verfilmen. Andere Kollegen und ich baten ihn (und überzeugten ihn schließlich auch), doch noch die Regie zu übernehmen.

Die Dreharbeiten waren stramm, der Zeitdruck groß,

da durch die Suche nach einem Regisseur viel Zeit verloren gegangen war. Nicht leicht für einen Perfektionisten wie Dieter Wedel. Denn da ist er am Set zugleich ein großer Zweifler. In kniffligen Situationen sucht er den Rat eines Schauspielers. Von Überheblichkeit keine Spur. Ist eine Szene gelungen, zeigt er das auch. Alles Steinerne fällt von ihm ab. Er lobt ausgiebig. Seine stahlblauen Augen strahlen in solchen Momenten eine unglaubliche Lebendigkeit aus.

Aber es gibt auch noch einen anderen Wedel, den strengen, den oberlehrerhaften. Einer, der einen Schauspieler gelegentlich vor versammelter Mannschaft abkanzelt, wenn dieser angeblich »seine Hausaufgaben nicht gemacht hat«.

In solchen Momenten hält Wedel lange und harte Vorträge. Er verbirgt seine Augen dabei gerne hinter einer dunklen Sonnenbrille. Will so seine Dominanz zurücknehmen, sich unsichtbar machen.

Wedels Spezialität ist es, den Schauspielern die Rolle genau zu erläutern – bis ins Mark. Sollte das in meinem Fall in Bevormundung ausarten, kracht's zwischen uns schon mal gewaltig. Hart, gesetzlos, aber ohne bleibende Schäden. Wir sind durch manchen Sumpf marschiert. Haben uns oft übereinander geärgert. Und ärgern uns über keinen anderen so gern. Dieter Wedel weiß, dass er auf mich zählen kann, wenn er mich braucht. Umgekehrt gilt das genauso!

Der *König von St. Pauli* brachte zwar Top-Quoten, doch manche Kritiker zerrissen das Stück. Beim nächsten Projekt kehrte Wedel zu seinen Anfängen zurück und machte sich in einem Hotel auf Mallorca an die Drehbucharbeit.

Gerade 28 war er gewesen, als er in den frühen Siebzigern seine ersten Mehrteiler machte, die dann ein Stück Fernsehgeschichte wurden. *Einmal im Leben* und *Alle Jahre wieder*, die Nöte, Sorgen und kleinen Katastrophen rund um Hausbau und Jahresurlaub der Familie Semmeling, der bundesdeutschen Durchschnittsfamilie schlechthin.

Ich hatte diese Filme nie gesehen. Denn das war in den Jahren gewesen, als »mein« Kino überwiegend auf der Straße stattfand. Deshalb beeindruckte mich zunächst auch nicht so sehr die Nachricht, Wedel würde eine Art Semmeling-Fortsetzung planen, quasi ihre Fortführung in unsere Zeit hinein.

Diesmal sollte es um den von vornherein verlorenen Kleinkrieg des Durchschnittsbürgers mit dem Finanzamt gehen und um seine Irrwege durch das selbst für Finanzbeamte oft undurchdringliche Dickicht unserer haarsträubend unklaren Steuergesetze. Im Hintergrund stand »Das Rathaus«, wie der Film ursprünglich hieß. Ein Panorama der unerbittlichen Verflechtung zwischen ortsansässiger Wirtschaft und Kommunalpolitik mit allen Karriere- und Intrigenkämpfen um Posten und Pöstchen.

Endgültiger Titel war dann, etwas ungenau, *Die Affäre Semmeling*. Man wollte aber auf die Attraktivität des alten Semmeling-Mythos wohl nicht verzichten. Wieder waren die Darsteller von damals dabei, Antje Hagen und Fritz Lichtenhahn, nun natürlich um fast 30 Jahre älter. Ihren Sohn, die eigentliche Mittelpunktsgestalt, der in eine haarsträubende kommunale Intrige gerät, spielte Stefan Kurt und zeigte virtuos ein weiteres Mal seine hohe Schule der ganz leisen, gefährlichen Töne.

Ich war selbst auf Mallorca, als die Bücher eintrafen.

Ich machte mich gleich an die Lektüre. Und hatte plötzlich ein ganz kurioses Déjà-vu-Erlebnis.

Moment mal! Ich war diesmal im selben Hotel abgestiegen wie damals Wedel. Ich wohnte sogar – wie Schuppen fiel es mir von den Augen – im selben Zimmer. Ich las hier also Bücher, die am gleichen Ort entstanden waren. Und so wenig abergläubisch kann man gar nicht sein, um so etwas nicht als gutes Omen zu nehmen.

Aber nicht so sehr deshalb habe ich die Rolle des Kommunalpolitikers Axel Ropert übernommen, der fast Bundeskanzler wird. Mir gefiel einfach der Typ, den ich da verkörpern sollte. Kein Politiker von der nadelstreifigen Sorte, wie ihn Robert Atzorn so blendend als Bürgermeister vorführte, leicht unterkühlt und dezent ironisch gebrochen, ein zaudernder Hamlet am Eingang zur Macht: »So macht Gewissen Feige aus uns allen...«

Der Ropert war ganz anders. Der stammt aus dem Volk, schaut ihm aufs Maul, spricht seine Sprache. Er feiert und lacht mit ihm. Immer schön hemdsärmelig: »Ich bin doch einer von euch!« Der Klumpen Polit-Erde. Nur was ist daran echt und was einstudiertes Verhalten?

Wir alle kennen solche politischen Urgesteine mit dem heimatlichen Stallgeruch und dem Populärgehabe. Und manchen dieser Herren hätte ich ganz gern mal gefragt: Nu mal ganz ehrlich, Kollege – sind Sie ein toller Schauspieler, von dem ich am Ende noch einiges lernen könnte? Oder sind Sie wirklich so, wie Sie sich geben?

Das reizte mich an dieser Rolle. Diesen Charakter so aufzufälteln, dass sein eigentliches Gesicht deutlich wird. Wie ist ein solcher Mann ohne Publikum? Was geht dann in ihm vor? Wie geht er mit sich und anderen um, wenn er mal kein selbstverordnetes Image zu bedienen hat?

Die Aufnahmen zur sechsteiligen *Affäre Semmeling* dauerten ein Jahr und vier Monate. Welch eine Zeit! Wir lernten einen entspannteren und gelösteren Wedel kennen als früher. Daran änderte auch der Unfall nichts, bei dem er sich an der Hüfte verletzte, sodass er sich bis zum Schluss nur auf Krücken fortbewegen konnte.

Auf Krücken marschierte er auch durchs Blitzlichtfeuer der Fotografen, als *Die Affäre Semmeling* im Hamburger Großkino Cinemaxx am Dammtor Presse-Premiere hatte. Ein pompöses Fest fast schon in Hollywood-Format. Roter Teppich, Defilee aller Stars wie zu einer Oscar-Verleihung. Im Saal, wo Teil eins und zwei gezeigt wurden, einige hundert Journalisten und zahllose Kollegen. Die Stimmung hätte nicht blendender sein können.

In der Pause hörte ich, wie Fritz Lichtenhahn, der ewige Zweifler, einen der Journalisten etwas bange fragte: »Ist das Ganze nicht zu hektisch geschnitten? Sind es nicht zu viele Handlungsstränge? Kann man die überhaupt noch auseinander halten? Kommt da noch einer mit?« Der Pressemensch nickte beruhigend. Ein anderer meinte: »Wieso zeigen die uns nur die ersten beiden Teile und nicht gleich den Rest? Den würden wir gern auch noch sehen...« Alles schien auf einen neuen Wedel-Großerfolg hinzudeuten.

Die ZDF-Ausstrahlung im Januar 2002 brachte dann einen kräftigen Schuss Ernüchterung. Die Einschaltquoten waren nicht schlecht, aber hielten sich in höflichen Grenzen. Die Kritiken klangen mehr gedämpft als begeistert. Getadelt wurde genau das, was Kollege Lichtenhahn seherisch befürchtet hatte. Vor allem – neben der Gigantomanie von gleich sechs Teilen – der zu rasche Wechsel zwischen den verschiedenen Handlungssträngen.

Ich meinerseits glaube nicht, dass sechs Teile wirklich zwei zu viel waren.

Ich will nun darüber keine weisen Sprüche loslassen, sondern lieber unserem wegen der hinter den Erwartungen liegenden Resonanz betroffenen Regisseur zurufen: Kopf hoch, Dieter! Quote ist nicht alles, zumal man nicht einmal so genau weiß, wie diese Quote eigentlich zustande kommt. Auf alle Fälle haben *Die Affäre Semmeling* viele Millionen Leute gesehen. Den meisten davon hat der Film, so wie er war, gefallen. Das muss reichen.

# Teil 5

»Ich hab da so 'ne Ahnung,
mir fehlt
noch etwas Planung.«

Vater –
gespielt, gelebt

Dieter Wedel ist sicher bis heute der für mich wichtigste Regisseur. Eine ähnlich bedeutsame Rolle spielte für mich Diethard Klante. Und das auch noch aus einem anderen, persönlichen Grund. Wir haben vier Filme zusammen gemacht, von denen drei für mich einen besonderen Stellenwert haben.

In *Tödliche Schatten* spielte ich einen Priester. Stefan Kurt war wieder mein Partner. Er hieß in seiner Rolle Heinz, ich sinnigerweise Stefan. Zwei Freunde, miteinander verbunden durch ein gemeinsames grausiges Erlebnis in früher Jugendzeit.

Das Muster eines Psycho-Vexierspiels ist gegeben. Der eine kann immer auch der andere sein. Und sie begegnen sich nach langer Trennung wieder. Der eine zum braven Priester geworden, das war ich. Der andere haltlos und verkommen. Und wieder passiert etwas Furchtbares: ein Mord. Ein Schüler des Priesters stirbt.

Wessen Tat ist dies nun? Kann jeder auch den Mord des anderen begangen haben?

Dieser Priester war für mich mehr als eine Rolle. Denn ich möchte jetzt was verraten: Ich wäre selbst gern Priester geworden. Im New Yorker Washington-Square-Park lauschte ich einst den Worten eines Predigers. Keiner von der erzkonservativen Sorte oder den Scharlatanen, die den Menschen ein schlechtes Gewissen einreden wollen, um an ihren Kies zu kommen. Nein, der Typ da riss die Zuhörer aus dem Alltagsgrau, machte ihnen Mut, motivierte sie, ihre Träume zu leben. Gab ihnen einfach Kraft. Und das so lautstark, dass man ihn nicht überhören konnte. Wunderbar! Doch ich bin Schauspieler geworden. Besser so. Als Priester wäre ich anderen wohl kaum Vorbild gewesen. Aber Schauspieler und Priester haben eines gemeinsam: Sie erzählen Geschichten.

Dass ich auf dem Bildschirm ein ganz guter Priester war, dazu verhalf mir Diethard Klante. Ein Bärchen. Gutmütig brummelnd. Der Raucher, der nie raucht. Die Seele von Mensch. Darin grummelt aber ein Vulkan. Zugleich der Denker, der im Kreis wandelnd die Faust wie drohend an die Stirn presst, als wolle er dort die letzte, vielleicht allerletzte Wahrheit einer Szene oder Rolle herausbohren.

Nie setzt Klante seine Wut so in Szene wie Wedel. Sie kann aber nicht weniger rasen. Und dann ist er wieder zu einem Zartgefühl und einer Rücksichtnahme fähig wie kaum ein anderer. Wobei mir gleich ein Drehtag vor Augen steht, den ich ihm nie, im allerbesten Sinn wirklich nie vergessen werde.

Das war bei dem Film *Mein Kind muss leben*. Ich war der Vater eines nach einem Verkehrsunfall im Koma dahindämmernden Mädchens, für das es keine Rettung mehr zu geben scheint. Nur der Vater hofft darauf, und dann auch er nicht mehr. Er steht am Bett der Tochter. Will sie erlösen. Will sie töten. Die schlimmste Szene, die ich je zu spielen hatte. Ich brauchte alle Kraft dazu.

Die Szene kam. Ich spielte sie. Gab alles. Besser konnte ich nicht. Völlig erschöpft, ausgelaugt bis auf den letzten Seelentropfen, wollte ich mich wegschleichen. Nur Ruhe, jetzt allein sein! Und da plötzlich: Panne! Das

Ganze noch mal! Ein Mikro oder so hatte sich ein paar Millimeter ins Bild geschoben.

Die meisten Regisseure, ich wette, hätten an meine Professionalität appelliert und betont kaltschnäuzig getan. Nicht so Klante. Der trat auf mich zu, ganz leise, ganz zart: »Kannst du das noch mal machen, Heinz?« Sehr bittend klang das und gar nicht rhetorisch. Das war ganz ernst gemeint. Hätte ich den Kopf geschüttelt, hätte er das – ich bin ganz sicher – widerspruchslos akzeptiert und die kleine technische Unzulänglichkeit hingenommen.

Gerade deshalb schüttelte ich den Kopf nicht.

Ich spielte die Szene ein zweites Mal. Alles war gut. Ich hätte sie auch, so einfühlsam angesprochen und in meiner Würde und Verletzlichkeit ernst genommen, noch drei- oder viermal, vielleicht zehnmal gespielt. Weil da neben der Kamera ein Regisseur wie Diethard Klante stand.

Ich glaube zu wissen, was uns beide aneinander bindet: Er wie ich sind Väter. Er weiß, dass mir meine Kinder alles sind. Dort bekommt er mich dann zu packen – und hat mir zwei der wichtigsten Vaterrollen geschenkt, mit Problemen, wie ich sie Gott sei Dank in dieser Härte privat nicht bewältigen muss. Aber Problemchen kennt auch Papa Hoenig.

Heute früh ging es bei Hoenigs mal wieder richtig rund. Simone hatte irgendwas zu Lucas gesagt, und das nahm Lucas übel. Worauf er etwas zu Simone sagte, was wieder sie ihm schwer verübelte. Ich hatte zu schlichten versucht, »vielleicht hat ja jeder Recht«, worauf beide auf mich sauer waren. Lucas, weil ich nicht auf Simone böse war. Simone, weil ich nicht mit Lucas schimpfte. Und dann klingelte es auch noch an der Tür.

Eine Dame stand davor. Die Spanisch-Lehrerin, die Paula in der Landessprache ihrer neuen Heimat unterrichten soll.

Aber Paula war nicht da.

Wieso, bitte, ist Paula nicht da? Sie weiß doch genau, dass sie heute Spanisch-Stunde hat. Wo steckt das Mädel, verdammt noch mal? Ach so, in die Stadt gefahren. Zu ihrer Lieblingsboutique, sich Jeans zu kaufen. Das ist, klar, natürlich sehr viel wichtiger als jeder Unterricht.

Ist ja wieder reizend! Schwänzt einfach die Spanisch-Stunde. Der Papa zahlt's und die Jeans gleich mit. Und ihr Zimmer hat Paula wieder nicht aufgeräumt, obwohl ich es ihr gestern erst gesagt hatte. Wie in einer Räuberhöhle sieht's dort aus, aber sie mit aller Rotzigkeit ihrer 14 Jahre: Geht dich gar nichts an, ist schließlich mein Zimmer und so weiter und so...

Zum Aus-der-Haut-Fahren ist das! Jawohl! Zum Läuse-Kriegen, zum...

Ruhig, Papa Hoenig! Ganz cool geblieben! Ruhe bewahren, Würde, Gelassenheit. Du bist der Vater. Zum Ausgleich da. Der Sonnenschein. Dabei könnte ich... könnte ich...

Hier hilft nur Flucht. Ohne Hinterlassung einer Anschrift hin zum Orinoko. Also hinunter zu den Stallungen. Poco Baby und die Hängebauchschweine blicken so gelassen. Die Hühner kratzen im Erdreich, wie Hühner schon vor tausend Jahren kratzten. Das beruhigt.

Lucas schließt sich an. Hat sich entschieden, fürs Erste mehr auf Simone sauer zu sein als auf mich. Männer unter sich.

Bin ich ein guter Vater? Zu streng, zu sanft? Zu wenig

Autorität, zu viel Kumpelei? Und dann wieder zu sehr Übervater?

Ich schreie wohl oft zu laut. Stimmt. »Schrei nicht so, Papa!« Aber hat Lucas nicht selbst erst gestern seine Schwester angeschrien? Warum lassen sich Kinder nicht gefallen, was sich Eltern dauernd gefallen lassen müssen? Eltern sollten nicht nur Vorbilder für ihre Kinder sein, auch Kinder zuweilen für ihre Eltern. Oder, mein Sohn?

Ich bin leicht zu ärgern. Rasch versöhnt. Ich könnte zuweilen die beiden Schlingel vor Wut durch den Wolf drehen und dann gleich wieder abknutschen. Nicht sehr pädagogisch, weiß ich. Ist nun mal so.

Ich bin nun mal ein Mensch. So wie ich in Kindern, den eigenen und anderen, zunächst immer Menschen sehe und nicht gefügige Opfer erwachsener Dressur. Was bei Dressuren herauskommt, weiß man ja.

»Wenn ich all die reizenden Kinder sehe, weiß ich gar nicht, woher nur so viele scheußliche Erwachsene kommen!«

Wer hat das nur gesagt? Erich Kästner? Und dieses andere: »Vater werden ist nicht schwer, Vater sein dagegen sehr!« Das stammt von Wilhelm Busch. Hatte gut reden, er selbst war kinderlos und Junggeselle. Ich stecke mir eine Zigarette an. Oder besser nicht. Busch ist an Nikotinvergiftung zugrunde gegangen.

Nie hat mich der Gedanke an eine Vaterschaft geschreckt. Dennoch wurde ich erst mit Mitte 30 zum ersten Mal Vater. Das war wohl besser so. Denn bei aller Sehnsucht nach der Family wäre ich zuvor für eine »richtige« Familie zu jung gewesen. Dafür waren mir noch zu viele Hörnchen gewachsen, die ich mir erst mal abstoßen musste. Das ist nichts, wenn man ein wirklich guter Vater sein will.

Ich weiß nicht, ob ich ein wirklich guter Vater bin. Sicher kein idealer. Aber ich bin es gern – nicht nur im Leben. Auch im Film habe ich immer gern Väter verkörpert. Anders als mancher Kollege, der lieber den Würger von Boston spielt oder den Hund von Baskerville. Nur keinen Vater. Weil das angeblich so alt macht.

Gleich in einem frühen Film war ich zwar kein Vater, aber eine Vatergestalt gewesen. Eine böse. Der Chef in *Drücker*. Das ist so einer, der Väterlichkeit als moralisches Erpressungsmittel nutzt: »Ich liebe dich wie einen Sohn, also musst du alles...«

Vater gleich Macht. Grauenhaft. Ein Mittel, sich in der Hierarchie nach oben an die Spitze zu setzen. Das habe ich immer abgelehnt. Wollte nie ein Patriarch sein, selbst nicht im guten Sinn. Und habe vielleicht manchmal zur anderen Seite hin übertrieben. War zu offen, ein »Scheiß-Liberaler«, wie es in seliger 68er-Zeit hieß.

Vielleicht wollen und brauchen Kinder Autorität. Fordern sie geradezu heraus, wenn sie sie nicht von sich aus spüren. In dieser Hinsicht mag ich zu wenig gegeben haben. Aber dafür wussten meine Kinder umso genauer anderes. Dass ihr Vater sie liebt, und nicht nur das: Er würde sich für sie, wenn's darauf ankommt, Hände und Füße abhacken lassen. Wie die Väter in den beiden Klante-Filmen.

Im ersten, *Die Angst wird bleiben*, spielte ich einen biederen Polizeibeamten, der gerade erst gegen Atomkraftgegner angegangen war. Der treue Diener seines Staats, auf dessen Seite er grundsätzlich das Recht weiß. Aber dann erkrankt seine Tochter an Leukämie.

Es geht das Gerücht, der Boden in der Gegend sei durch

Strahlung verseucht. Das macht den Polizisten sehr nachdenklich. Ob nicht vielleicht doch die Kernkraftkritiker ein wenig Recht haben? Und er mausert sich. Zum nicht mehr ganz so blindlings willigen Staatsdiener. Zum stillen, aber hartnäckigen Rebellen, der für sein Kind ins Feld zieht. Bis an die äußerste Grenze seiner Existenz.

Diese Geschichte beruht auf Tatsachen. Wie auch die zu *Mein Kind muss leben*. Ein Mann, Möbelhändler wie ich im Film, hatte mit ganz unglaublicher Zähigkeit um seine im Koma liegende Tochter gekämpft, bis er endlich auf Ärzte stieß, die das Mädchen ins Leben zurückrufen konnten.

Der Mut, die Ausdauer dieses Mannes waren bewundernswert. Als er, das Vorbild zu dieser Rolle, uns während der Aufnahmen besuchte, habe ich mich nur vor ihm verneigt: »Ich ziehe alle Hüte vor Ihnen!« Er schüttelte mir die Hand, lächelte mich vertraut an. Dann war er gleich wieder verschwunden.

Eine kurze Begegnung. Keine zwei Minuten lang. Ich sah ihm nach. Er hatte so ganz anders ausgesehen als ich selbst. Ein völlig anderer Typ. Und doch musste ich wie er sein. Machte sein Schicksal durch, mit seinen Gedanken und Empfindungen.

In mir blieb ein leicht gruseliges Gefühl. Wieder diese seltsamen Vermischungen zwischen Schein und Wirklichkeit in der Welt des Films. Wie schon bei *Die Angst wird bleiben*, wo Diethard Klantes Tochter Johanna, ohne Zutun des Vaters unter wohl 70 Bewerberinnen ausgewählt, das krebskranke Mädchen spielte. Ich sehe noch Klante kurz und heftig erbleichen, als plötzlich die eigene Tochter mit kahl geschorenem Schädel vor ihm stand.

Kreidebleich wurde auch ich einmal, und das war kein Spiel. Ich erinnere mich noch ganz genau.

Aufblende. Berlin in den frühen Neunzigern. Die Mauer ist gefallen. Rund ums Brandenburger Tor herrscht fröhlichstes Flohmarkttreiben. Im Gewühl ein Vater mit seinen Kindern an der Hand, Sohn und Tochter, vier und sechs. Töchterchen will einen Luftballon. Der liebe Papi kauft ihr einen. Wendet sich wieder um, greift nach der Hand des Söhnchens.

Sohnemann ist futsch.

Hier in diesem unüberschaubaren Gewühl. Inmitten all der wildfremden Menschen in einer fremden Stadt. Vaters Fantasie läuft Amok, speit nur noch Schlagworte aus: Mafia. Kindesentführung. Der Junge Richtung Osten verschleppt. Vielleicht Nachschub für den international blühenden Organhandel.

Der Vater, leicht zu erraten, war ich, der Junge mein Sohn Lucas.

Ich war das erste Mal nach dem Mauerfall wieder für längere Zeit in Berlin und drehte hier den SAT.1-Zweiteiler *Ich klage an* mit Thekla Carola Wied und Peter Sattmann als Ehepaar in DDR-Tagen, dessen Kind bei einem harmlosen Familienausflug von der Stasi gekidnappt wird. Ich war ein fieser Stasi-Mann, der am Ende doch noch so was wie sein Herz entdeckt.

Jetzt also, an diesem Morgen, als ich mit den Kindern und Freunden einfach mal losgebummelt war, so friedfertig vergnügt wie das Ehepaar im Film, diese makabre Vertauschung der Rollen: Nun war ich ein Vater, der verzweifelt sein Kind sucht. Und der täglich gespielte Filmpart heizte meine Fantasie zusätzlich noch an. Auch ein anderer Film über Organhandel, den ich kurz zuvor unter Wolf

Gremms Regie abgedreht hatte, gab ihr düsterste Nahrung.

Die Umwelt zeigte sich hilfreich. Einer besorgte ein Megafon, durch das er nach Lucas brüllte. Eine Gruppe Mädchen schwärmte zur großen Lucas-Suche aus. Alles umdrängte uns, versuchte zu helfen, zu beruhigen und zu trösten.

Heulend raste ich wie sinnlos die Straße auf und ab, immer das eine Bild vor Augen: Ich stehe vor Simone, die an diesem Vormittag daheim geblieben ist, und muss ihr sagen: Unser Kind ist weg.

Wenn ich mir das alles jetzt wieder vor Augen führe, kommt es mir wirklich wie ein Film vor. Glücklicherweise mit Happy End.

Letzte Einstellung. Ein kleiner Junge, frohgemut und munter, taucht an der Hand eines Mannes am anderen Ende der Straße auf und marschiert fröhlich lachend auf die Kamera zu. Lucas! Er hatte einfach in dem winzigen Augenblick, da ich beim Luftballonkauf seine Hand losgelassen hatte, die Straßenseite gewechselt und war durchs Brandenburger Tor weit in den einstigen Ost-Sektor hineingelaufen.

Irgendwem war der einsame kleine Wanderer aufgefallen. Wohlbehalten brachte ihn dieser Schutzengel zurück. Ich habe meinen Kleinen ganz fest in die Arme geschlossen und wollte ihn nicht mehr loslassen. Dann gingen wir ins Café Möhring am Ku'damm und haben den gewaltigsten Eisbecher aller Zeiten gegessen.

Das sind so Ausnahmesituationen, wo einem die ganze heiße Liebe zu den eigenen Kindern erst voll bewusst wird. Aber wie steht es mit dem tagtäglichen Vaterspiel im Hause Hoenig?

Uns Schauspielern wird oft nachgesagt, wir seien eigentlich familienuntauglich. Weil wir immerzu nur mit uns selbst beschäftigt und außerdem nie zu Hause seien. Tatsächlich war ich in den Neunzigern, wo ich Film auf Film drehte – nicht zuletzt, um meiner Familie die materielle Sicherheit zu geben –, nicht allzu oft daheim und sicher nicht der Papa, der sich jeden Abend von den Kindern die Schularbeiten zeigen lässt und anschließend mit ihnen noch Mühle oder Dame spielt, bis hin zu Schlaflied und Gute-Nacht-Kuss.

Aber ich frage mal ganz ernsthaft, ob einer, der tagtäglich seine acht Stunden malocht, abends zwar pünktlich nach Hause kommt, aber dann todmüde nur noch seine Pantoffeln, seinen Fußball im Fernsehen sowie seine Flasche Bier braucht, wirklich ein besserer Vater ist als der, der zwar nicht so oft, dann aber wirklich da ist.

Meine Kinder habe ich aus dem Show-Zirkus immer rausgehalten.

Nur einmal habe ich einer so genannten Home-Story zugestimmt. Wir schmierten uns mit Fingerfarben voll, hatten unseren Spaß, dabei wurden wir fotografiert, und die (sehr schöne, sehr lustige) Bildfolge erschien in einer Illustrierten. Das war's. Sonst hat Starfamilie Hoenig so normal gelebt wie jede andere auch.

Paula und Lucas haben natürlich mitbekommen, dass mein Beruf und Status nicht wie jeder andere sind.

Ich habe manchmal ihre Augen vor Stolz auf den Vater leuchten sehen und dann wieder ihre Enttäuschung gespürt, wenn der gerade von einem Dreh heimgekehrte Papi gar nicht so super, sondern irgendwie verwundet, verdrossen war.

Lernen Kinder so viel von uns wie wir von ihnen?

Kinder sind dreidimensional. Noch voller Antennen, die man bei uns Erwachsenen längst abgeknickt hat. Keine Engel und keine Teufelchen (obwohl sie beides, manchmal zugleich, sein können). Lieb und süß. Und dann wieder, nun ja, unausstehlich.

Wie bin ich manchmal am GRIPS dieser schreienden Horde unten im Parkett ausgewichen! Und trotzdem das tollste Publikum der Welt. Bei Kindern ist das kein Widerspruch.

Zweimal habe ich den »Vater« in mir praktisch trainieren können. Einmal bei Addi, dem Söhnchen meiner »Release«-Freundin Brigitte, mit dem ich durch die Gegend stromerte wie einst Charlie Chaplin mit dem kleinen Jackie Coogan in dem Film *The Kid*. Und dann, als Angie ihren Donni bekam. Ich will nicht behaupten, für den Jungen so was wie ein Vater gewesen zu sein. Aber ich hatte ihn lieb, ich habe mich um ihn gekümmert, soweit das möglich war. Und ich sehe noch den Tag vor mir, an dem ich ihm einen Teddy schenkte, größer als er selbst. Wie ihn mir fast 30 Jahre zuvor die »Oma-Singen« geschenkt hatte.

Ich habe Addi und auch Donni aus den Augen verloren. Ob Donni mich noch kennt und überhaupt noch kennen will? Ich weiß es nicht. Vielleicht liest er dies hier und meldet sich mal. Es würde mich freuen.

Nie ist es mir schwer gefallen, Kinder zu behandeln wie alle Erwachsenen auch. Meine GRIPS-Schulung mag da mitgespielt haben, wo ja auch ganz bewusst nicht von »Kinderstücken«, sondern von »Stücken für Menschen ab sechs Jahre« gesprochen wurde und jede kindertümelnde Niedlichkeit verpönt war.

Immer auch fand ich Babysprache und Tantengehabe

grässlich. Dieses alberne Gelalle in der Art von »Nu, guck doch mal, wer hier ist, und gib ihm schön das brave Händchen, dem lieben Onkel Heinz«. Meine Neffen und Nichten sagen Onkel zu mir, aber ich hätte auch nichts dagegen, wenn sie mich nur mit dem Vornamen anreden würden. Zumal ich sowieso erst 24 bin.

Jawohl. So alt wurde ich damals auf der Ranch von John Allen und beschloss an meinem Geburtstag: Älter werde ich nie. Freunde, denen ich das erzählte, guckten sehr erstaunt: 24 bist du schon? Wir dachten immer, noch keine 14.

Könnte sein. Und täte mein Knie nicht so höllisch weh, würde ich heute noch wie damals beim GRIPS jederzeit als Junge Bruno auf die Bühne gehen und wäre sicher, dass das nicht lächerlich wirken würde. Man könnte ja vielleicht den Sprung über den Zaun weglassen...

Nein, ich bin keine 14 mehr, aber ich mache mir große Sorgen um die heute 14-Jährigen und frage mich oft, was man für sie und ihre Zukunft tun kann.

Eines bleibt ungebrochen: das Interesse und die Neugier, mich in die Teens hineinzuversetzen. In diesem Alter wird vieles geboren. Zuneigung. Abneigung. Protest. Widerstand gegen die Eltern. Eigene Horizonte jeglicher Art. Nicht immer heilsame, wirklich befriedigende Methoden werden erprobt, um sich von den Jüngeren, insbesondere aber den Älteren abzusetzen und eine eigene Welt zu schmieden.

Mein Traum für die Kids wäre eine Welt fernab von Kriegsspielzeug. Eine Welt weit weg von einer skrupellosen Industrie, die, von Einfallslosigkeit und purer Profitgier angetrieben, aus Kinderzimmern beinahe Waffenarsenale macht. Im Fernsehen werden unsere Kinder mit

Zeichentrick-Verblödungs-Serien zugedröhnt. Heranwachsende können sich allzu leicht in der Wüste des Stumpfsinns, des Konsums und der Ideenlosigkeit verirren. Werden dort von der Gesellschaft, von Bildungspolitikern und den Medien allein zurückgelassen.

Wirklich gute Erlebnisse sind Randereignisse, allenfalls Oasen. Keinesfalls alltäglich. Was wird da unvorsichtig durchgelassen? Nicht zu fassen! Genug! Auch meine Kinder sind vor dem grenzen- und tabulosen Spielzeugangebot sicher nicht zu schützen. Ich freue mich schon auf den Tag, an dem ich dem ganzen Mist als Vater etwas entgegensetzen kann. Meinen Kids ein Kontra schenken werde, das sie mit Lust annehmen. Nun sind sie alt genug, um es zu verstehen.

Ich werde mit Lucas in Tibet wandern. Das Angebot gilt natürlich für die ganze Familie. Bei Lucas war es ein Versprechen von Geburt an. Und Paula nehme ich auf eine andere Reise mit: nach Vancouver. Meine Tochter liebt Tiere und besitzt eine außerordentliche Fähigkeit, ihnen nahe zu kommen. Pferde und Wale mag sie besonders. Und in Vancouver gibt es ein großes Meeresbiologisches Institut, das ich dann ausführlich mit ihr besuchen werde.

Mit diesen Reiseerkenntnissen im Geistesgepäck sollen sie dann hinausziehen ins leider nun mal ziemlich feindliche Leben. Für mich als Vater beginnt dann die vielleicht schwierige Zeit der Loslösung, des Loslassens. Ich fürchte sie nicht, sondern bin eher gespannt, wie ich das wohl schaffen werde und vor allem, ob ich mir dann väterliche Einmischungen in berufliche wie private Entscheidungen der beiden schenken kann.

Meine Kinder werden ihren eigenen Weg gehen. Und

das sollen sie auch. Vor Irrtümern und Fehlern kann ich sie warnen, aber ebenso wenig schützen, wie ich davor geschützt worden bin. Und irgendwann, vielleicht, machen sie mich zum Großvater. Darauf freue ich mich. Denn der Großvater darf alles bei den Enkeln nachholen, was er bei den eigenen Kindern versäumt hat. Schon deshalb sind Opas die allerbesten.

Vielleicht sollte ich erst mal einen im Film spielen. Nur mal so zur Probe.

## Spiel ohne Grenzen

Der Opa wird garantiert eine große Aufgabe für mich. Eine andere ist die des Regisseurs Hoenig. Allerdings: Wie zärtlich, wie geduldig wäre der Regisseur Heinz Hoenig mit seinen Schauspielern und seinem Vorhaben, wenn er einen Film drehen würde?

Um ehrlich zu sein: Ich weiß es nicht. Ich weiß noch nicht einmal, ob ich je Regie führen werde. Ich weiß nur, dass ich es mal tun möchte. Nicht bei irgendeinem Stoff. Er müsste zu mir und meinen Möglichkeiten schon so passen wie zum Schauspieler Hoenig die Rollen des Hinrich oder Junghein. Und es müsste kein Superding sein, das mir der Produzent auf den Tisch packt. Kein *Gladiator* oder *Kampf um Rom*.

Eher würde ich gern kleine Geschichten erzählen. Vom Ascheneimer irgendwo in Kreuzberg. Von einer ausgedienten Constructa-Waschmaschine, die auf einem Abstellplatz mit anderen alten Waschmaschinen steht, und jede erzählt ihre Geschichte. Das stelle ich mir schön und spannend vor. Und am Ende wäre aus diesen kleinen Geschichten doch noch ein »Kampf um Rom« geworden.

Wobei ich mich selbst weder in der Rolle des Ascheneimers noch der Waschmaschine sehe. Die könnte gern ein anderer spielen.

Ich habe also definitiv den Wunsch geäußert, einmal Regisseur zu sein, und frage mich zugleich auch, ob ich mir eine solche Erfahrung wirklich wünsche. Denn verdammt schwer ist es, in dieser Zeit gute Filme zu machen.

Natürlich hofft man immer auf einen guten Film. Wann hätte jemand schon auf einen schlechten gehofft? Aber ein gutes Buch, schmerzliche Erfahrung, bietet dafür noch lange keine Garantie. Weiß Gott nicht! Wenn ich etwa an diese Sache damals vor knapp zehn Jahren denke...

Ein Buch lag vor. Es hatte mich gefesselt. Interessanter Plot, wo ähnlich wie in Carol Reeds *Der dritte Mann* ein vermeintlicher Toter wieder auftaucht. Ein Geheimdienstmann, der diskret aus dem Blickfeld gerückt worden war, um im Dunkeln umso effektiver zu wirken.

Ein mörderischer Kampf setzt ein. Jeder jagt jeden. Am Schluss findet sich alles zum großen Countdown auf einem Hügel wieder. Die letzte Schlacht, mit vielen Leichen. Und das Ende einer spannenden, stimmigen Geschichte.

Dominik Graf, mein Regisseur in *Die Katze*, sollte inszenieren. Hannes Jaenicke spielte den »Toten«, Herbert Knaup war der Leiter des Sondereinsatzkommandos, der vollsaftige Hansa Czypionka ein Verräter in den eigenen Reihen. Die weibliche Hauptrolle spielte Katja Flint, damals noch die Frau von Heiner Lauterbach und Favoritin von Bernd Eichinger, dessen Constantin Filmverleih diese Bavaria-Produktion in die Kinos bringen sollte.

Mir blieb der Part eines SEK-Mannes, der mit Chef Knaup den Fall des angeblich Toten nicht auf sich beruhen lassen, sondern ihn auf eigene Faust klären wollte.

Alle Weichen schienen positiv gestellt. Mit Elan gingen wir an die Sache. Trainierten eisern und körperverachtend schon sechs Wochen vor dem eigentlichen Drehbeginn die sehr strapaziösen, knallharten Action-Szenen. Die gute Stimmung hielt an. Nur in der Chefetage schien

Unsicherheit umzugehen. Eichinger und der beim *Boot* so verdienstvolle Bavaria-Chef Günter Rohrbach überraschten uns mit immer neuen Schlüssen. Schließlich lag das Ende in nicht weniger als drei Fassungen vor. So richtig stimmte keine. Und den Rest besorgte der Schnitt.

Wir saßen in der Premiere. Dominik Grafs Kopf rutschte immer tiefer zwischen die Schultern. Kollege Czypionka fragte sich und uns verzweifelt, wen er denn nun eigentlich verraten hätte. Wir konnten es ihm auch nicht sagen.

Über die Leinwand ergoss sich ein zäher Brei, an dem erkennbar zu viele Köche mitgemischt hatten. Alles hatte sich zu einem Knäuel verwickelt, das selbst wir Mitwirkenden – geschweige denn später der unbefangene Zuschauer – kaum noch entwirren konnten.

Wo waren vor dem Countdown die Szenen in der Waffenkammer geblieben, woraus ganz klar zu erkennen gewesen war, wer auf welcher Seite stand? Dafür gab es gleich ausführliche Liebesszenen. Dramaturgisch war mindestens eine völlig überflüssig! Denn wie es im Bett zwischen Mann und Frau zugeht, weiß in der Regel der Zuschauer auch so.

*Die Sieger* hieß der Film, und wieso hier wer über wen gesiegt haben sollte, blieb unklar. Für uns Schauspieler waren jedenfalls diese *Sieger* die komplette Niederlage. Ein Reinfall im Kino. Schade!

Nun stecke ich mir doch eine Zigarette ins Gesicht.

Warum jetzt hier, in der herrlich friedvollen Ruhe meiner Ranch, gerade daran denken? Warum das Ganze noch mal aufrühren, wo es doch in aller Interesse besser gnädig vergessen wäre?

Weil dieses Beispiel so schön – oder sagen wir besser: grausam – deutlich zeigt, wer im Film in Wirklichkeit die

Strippen zieht. Nicht wir Schauspieler, selbst nicht so genannte Stars. Die holt man, beschäftigt man, bezahlt man. Man trommelt vielleicht noch mit ihnen. Ihr Name soll helfen, ein paar Zuschauer mehr anzulocken. Das kann es dann gewesen sein. Sonst sind sie kleine Rädchen im Getriebe. Austauschbar.

Auf alles, was in den Büros oder später am Schneidetisch abläuft, hat der Schauspieler kaum noch Einfluss. Ist das Resultat aber mies, bekommt er es umso heftiger um die Ohren geschlagen.

»Stars haben nur ein Machtinstrument, nämlich die Möglichkeit, auch mal nein zu sagen.« Das stammt von Jürgen Prochnow, und ich kann ihm nur beipflichten. Oft genug habe ich bereits nein gesagt. Meistens höflich, manchmal massiv: »Wer mir noch mal solchen Mist ins Haus schickt, bekommt eine geschmiert.« Und nie habe ich ein Nein bereut. Auch bei Projekten nicht, die ganz reizvoll waren. Selbst nicht bei *Theo gegen den Rest der Welt*.

Viele haben damals gegen die Stirn getippt, weil ich dieses Angebot ablehnte. Gute Rolle, guter Film. Aber das GRIPS hatte eine kleine Zusatzserie von *Die schönste Zeit im Leben* auf dem Spielplan, und GRIPS-Chef Volker Ludwig besaß mein Wort, dort mitzumachen. Unglücklicherweise lagen die fünf Vorstellungen genau in der *Theo*-Drehzeit.

Nichts zu machen, ich halte meine Versprechen! Als Lohn konnte ich dann später im Kinosessel sitzen, einen Marius Müller-Westernhagen als ganz ausgezeichneten Theo sehen und mich darüber freuen, dass es endlich mal wieder einen richtig guten, sogar an der Kasse erfolgreichen deutschen Film gab.

Auch an *Schtonk!* hatte ich meinen Spaß, Helmut Dietls persiflierender Umsetzung des *Stern*-Skandals um die gefälschten Hitler-Tagebücher. Obwohl ich hier hätte böse sein können. Denn mit diesem Film verbindet sich für mich eine weitere Erfahrung, wie mit Schauspielern nicht um*gegangen*, sondern um*gesprungen* wird.

Dietl stellte mit gewohnter Sorgfalt die Besetzung für *Schtonk!* zusammen. Die Christiane Hörbiger, die Veronica Ferres, Martin Benrath, Harald Juhnke, Hermann Lause und viele andere aus dem deutschen Schauspiel-Adel. Götz George sollte der gefoppte Reporter sein, und mir schlug Dietl die Rolle des Fälschers vor, der im Original Konrad Kujau hieß.

Ich war interessiert. An der Rolle, an dem Film, an einer ersten Zusammenarbeit mit Dietl, den ich für einen brillanten Filmhandwerker halte, sicher einer der besten der Branche, der große Erfolge mit Kultserien wie *Monaco Franze* und *Kir Royal* gehabt hatte und selbst 4711-Werbespots mit Witz und Geschmack in Szene setzen konnte.

Alles schien klar.

Aber plötzlich war alles unklar. Es hieß, nicht nur ich, sondern auch Uwe Ochsenknecht und Ulrich Mühe würden für die Rolle in Erwägung gezogen. Ausgezeichnete Schauspieler alle beide, ganz ohne Frage. Aber hatte mir Dietl nicht ausdrücklich gesagt, er sehe mich und nur mich in dieser Rolle? Hatten die anderen beiden etwa Ähnliches von ihm gehört? War jeder von uns der einzig mögliche, der ideale Fälscher?

Das große Misstrauen war schon mal da.

Anruf bei Dietl. Der druckste gewaltig herum. So ganz sicher könne man ja bei Besetzungen nie sein, auch bei *Kir Royal* hätte sich ein sehr profilierter Darsteller erst nach 14 Tagen als ungeeignet herausgestellt und wäre deshalb umbesetzt worden. Auf alle Fälle solle ich doch, wie die anderen, Probeaufnahmen machen.

Ich bin nicht eitel genug, um solch ein Ansinnen als Kränkung zurückzuweisen. Jeder Regisseur hat das Recht auf Zweifel, und Fehlbesetzungen können zu Katastrophen führen. Also fuhr ich nach München. Dort fing aber das eigentliche Spielchen erst an.

Am Abend vor der Aufnahme saßen Dietl und ich zusammen. Er erklärte mir die Szene ganz genau. Ich nickte. Alles okay! War pünktlich im Studio. Spielte die Szene, wie Dietl sie gespielt haben wollte. Gestern. Jetzt wollte er sie plötzlich genau anders haben. Nicht linksrum. Rechtsrum. Ich verstand gar nichts mehr.

Was sollte das Ganze? Sollte ich etwa unauffällig hinauskomplimentiert werden?

Das hätte man einfacher haben können. So einfach, wie ich es mir jetzt machte. Ich verließ kurzerhand das Studio. Ohne großes Verlustgefühl. Mir tat es nur um einen Ohrring leid. Einen echten Piraten-Ohrring, den mir mal ein Freund geschenkt hatte. Den hatte ich abgelegt und irgendwie verloren.

Es geht schon skurril zu in unserer Branche, in der selbst dem bestgemeinten Film der Garaus bereitet werden kann. Zum Beispiel durch die verdammt ärgerlichen Werbeeinblendungen. Die sorgen für den letzten künstlerischen K.o. *Der König von St. Pauli* lässt grüßen! Und ich frage mich heute, ob diese eingeschossenen Spots am Ende nicht der Untergang aller Fernsehkultur sein werden.

Nichts gegen Werbung, Werbung muss sein! Aber gute Filme sollten auch sein, davon bin ich überzeugt, und dafür übe ich meinen Beruf aus. Der stärkste Film hält es nicht aus, wenn gerade an der dramatischsten Stelle plötzlich für Pampers und Entwässerungsmittel geworben wird.

»Aber dann schalten die Leute nicht ab, wenn sie wissen, dass es gleich so spannend weitergeht«, habe ich mir sagen lassen. Blödsinn! Die Leute schalten gerade dann ab oder um. Aus Wut, in ihrer Spannung willkürlich unterbrochen zu werden.

Das Publikum wird betrogen. Um einen Film, der als einheitliches Ganzes komponiert worden ist und dessen Darsteller auf Höhepunkte zuspielen und nicht auf den nächsten Werbeblock. Als ob ein Bäcker frische Brötchen verspricht und stattdessen altes Schwarzbrot liefert. Das ist meine Meinung. Und auch, dass Schauspieler nicht zu Hanswursteln degradiert werden sollten, die zwischen Waschmittel Wirbelwind und der Wurst zum zweimal Zulangen rasch noch ihre Faxen treiben dürfen.

Mit all diesen Ansichten, zugegeben, bin ich vielleicht ein hoffnungslos altmodischer Mensch.

Ich zappe hier auf Mallorca durch die Programme und sehe allerorten, auf deutschen wie ausländischen Kanälen, Zeichentrick und Computer-Animationen. Am Ende ist gerade das die Zukunft der TV-Schauspielerei. Gar keine »richtigen« Schauspieler mehr. Nur noch Comic und Künstlichkeit. Viel billiger und herrlich leicht zu handhaben. Viel bequemer als der Hoenig, der »Scheiße« schreit, wenn er Scheiße Scheiße findet.

Auf den Hoenig wie auf den Löwitsch, den George, Lauterbach, die Hoger und alle anderen, die als »schwierig« gelten, wird man dann aber verzichten. Wird auf sie vielleicht so nostalgisch zurückblicken wie wir heute schon auf einen Marlon Brando, Montgomery Clift oder Humphrey Bogart: Ja, das waren noch echte Stars! Schwierig, sicher! Aber auf die ließen sich Filme aufbauen, die man noch heute sehen kann!

Damit aber genug Kulturpessimismus an diesem herrlichen Morgen auf der Ranch, wo die ganze Branche so wunderbar weit hinter dem Horizont zu liegen scheint. Und vielleicht ist auch alles nicht so schlimm. Vielleicht hat jede Generation so geredet und der kommenden düster den Untergang prophezeit.

Dabei gelingt es Schauspielern immer wieder und zu allen Zeiten, sich wenigstens bis zu einem gewissen Grad gegen die eiskalten Mechanismen der Apparate durchzusetzen. Immer wieder gibt es einen Film, der aufmerken lässt, da er rührend, spannend, faszinierend oder einfach schön ist.

Auch ich habe keineswegs die Hoffnung aufgegeben, noch manche solcher Filme zu machen.

Ich will auch nicht vergessen, dass es in der so genannten »Branche« etliches gibt, was einen mit ihren Auswüchsen immer wieder versöhnen kann. Freundschaften zum Beispiel, die wirklich welche sind. Kollegen, mit denen zu spielen die reine Freude bedeutet, auch solche, über die man sich mit Genuss immer wieder ärgern kann, und Persönlichkeiten, denen begegnet zu sein reicher macht.

Mit dem einzigen Kollegen, dessen Bild hier auf der Ranch an der Wand meines Arbeitszimmers hängt, will ich beginnen. Leider lebt er nicht mehr.

Der große, alte, einfach wunderbare Martin Benrath.

## Von Zeit zu Zeit
### seh ich dich, Alter, gern

Jeden Morgen das gleiche Spiel.

Schwer vermuffelt trete ich aus meinem Garderobenwagen, blinzle gequält ins Morgenlicht. Eine Stimme aus dem Wagen gegenüber. Kräftig. Herzlich. Kollege Martin Benrath: »Na, Heinz, wie geht's denn? Geht's gut?« Ich gucke gar nicht groß hoch. Muffle weiter, knurre nur: »Danke für die Nachfrage! Einfach beschissen!«

So ging es mir damals wirklich.

Wir drehten *Zwei Asse und ein König*. Regisseur Bernd Fischerauer und ich: ein ungleiches Paar. Unter unseren Zwistigkeiten litt zwar nicht das Resultat, sie bestimmten aber umso mehr das Klima am Drehort. Beim so genannten Bergfest, nach der Hälfte eines Drehs, reagierte ich mich an einer Sahnetorte ab: Mit der Faust schlug ich mitten in die Tortenpracht, und die Sahne spritzte nur so durch den Saal. Heiner Lauterbach sprang herbei und führte mich unter begütigendem Zureden hinaus.

Der Heiner, um das mal rasch hier einzufügen, ist ein sensibler Mensch. Dass ihn viele für den deutschen Ober-Macho halten, ist sein Image. Er ist ganz anders, einfach ein Freund. Für meinen Geschmack übertreibt er es manchmal ein bisschen mit den Medien. Die ausgiebige Vermarktung seiner Hochzeit konnte ich nicht so recht verstehen. Das muss ich aber auch nicht! Heiner und ich sind echte Kumpel, die nichts so leicht auseinander bringen kann. Er hat schon oft genug Grund gehabt, sich über mich zu ärgern. Wenn ich mal wieder einen Termin verschlampt hatte. Wir sprechen alles offen aus, wie es in einer Freundschaft üblich sein sollte. Doch davon gibt es gerade in unserer verlogenen Branche wenig.

Doch zurück zu jenem unvergesslichen Bergfest. Okay, mein Benehmen in Sachen Torte war nicht fein gewesen. Sorry! Viel erfreulicher war da Benraths tagtäglicher Morgengruß. Anfangs zerrte er mir gewaltig an den Nerven. Bis ich eines Morgens den Blick hob und zu Benrath hochsah.

Das breite Lächeln, die lachenden Augen. Alles so herzlich, voll Loyalität und Ermutigung. Nimm's nicht so schwer, schien mir das zu sagen, bändige deine Aggressionen!

Ich begriff das Signal.

Großer Kollege Benrath! Von da an schaffte ich es, jeden Morgen zurückzulachen und meinerseits zu rufen: »Mir geht's gut. Danke! Und dir, Martin? Wie geht's denn dir?«

»Mir geht's gut.« Ach, es ging ihm leider gar nicht gut! Sein trocken bellender Husten hätte uns warnen können.

Martin Benrath ließ sich seine Krankheit nie anmerken. Ich hatte ihn zwar schon früher mal getroffen, unter anderem beim *Schattenmann*, wo er den aus seinem Haus vertriebenen jüdischen Apotheker exzellent und anrührend spielte, kam ihm aber erst jetzt freundschaftlich näher, was ich sehr bedauere. Diesem ganz großen Schauspieler, der zugleich eine ganz große Persönlichkeit war, was nicht unbedingt deckungsgleich sein muss.

Martin Benrath war eine große Persönlichkeit! Einfach ein Herr. Klug, kultiviert, warmherzig. Und ganz uneitel. Ein denkbar »unschauspielerischer« Schauspieler.

Nie hörte man von ihm den üblichen Tratsch, die immer gleichen Anekdoten, die Fuder von Selbstbeweihräucherung. Man konnte mit ihm wunderbar reden und ebenso wunderbar schweigen. Wir haben beides getan. Klatschen konnte man mit ihm nicht. Und nie erfuhr man, was alles er schon gespielt und mit wem er zusammengearbeitet hatte – von Gründgens über Giorgio Strehler bis Hans Lietzau! Kein prahlendes Wort darüber.

Einmal, am Ende eines seiner seltenen Interviews, hörte ich ihn zum Journalisten sagen: »Entschuldigen Sie, wenn ich so viel von mir selbst geredet habe...« Bei jedem anderen, auch bei mir, hätte das nach koketter Eitelkeit geklungen. Nicht bei ihm. Da kam das ganz ehrlich.

Am Ende des *Zwei-Asse-und-ein-König*-Drehs gab ich meinerseits ein Fest. Martin kam mit seiner Frau. Beide gaben sich vergnügt und gelöst, und dieses Bild von ihm habe ich auch in meinem Inneren bewahrt. Das andere, er und ich eng beieinander, hängt an meiner Wand.

Ich wollte, auch auf Martin könnte ich das abgewandelte Mephisto-Wort anwenden wie glücklicherweise auf die meisten anderen in diesem Kapitel: »Von Zeit zu Zeit seh ich dich, Alter, gern...« Leider geht das nicht mehr.

Ich steckte mitten in der Arbeit zum vierten und letzten Teil der *Stan-Becker*-Reihe bei SAT.1 in Südafrika, als mich Heiner Lauterbach anrief. Am Abend zuvor war *Zwei Asse und ein König* gelaufen.

»Du, Heinz, eine gute und eine schlechte Nachricht!«

»Die schlechte zuerst. Was gibt's?«

»Heute um 18 Uhr...«

»Was war um 18 Uhr?«

»... da ist der große Benrath gestorben. Unser Martin.«

Ich konnte nur schlucken und musste auflegen. Die gute Nachricht habe ich gar nicht mehr mitbekommen. Ich hörte immerzu nur Martins Stimme. Sein »Wie geht's, Heinz? Geht's gut?«. Ich höre sie heute noch.

Ja, Martin, mir geht es gut.

Mit Kollegen von diesem menschlichen und künstlerischen Format zu arbeiten ist etwas ganz Besonderes. Das ist wie eine Umarmung. Keine große Absprache vorher, keine ausgetüftelten Wirkungen. Alles wird ganz selbstverständlich. Jede Geste, jeder Ton. Man ist angekommen. Ist zu Hause. Und hat drauf, was man drauf hat. Glücklichste Augenblicke in unserem Beruf.

Ich sagte ja schon, dass es mir so auch oft mit Maja Maranow ging. Ebenso war es mit Martina Gedeck in *Krücke* und mit Constanze Engelbrecht in *Die Angst wird bleiben*. Ihr grausamer Krebstod traf mich tief.

Auch Dagmar Manzel war im Film von Max Färberböck *Einer zahlt immer* eine fabelhafte Partnerin. Und natürlich Sonja Kirchberger. Aus kollegialer Hochachtung für sie wurde eine echte, tiefe Freundschaft, auch zwischen Sonja und Simone. Unsere nachbarliche Nähe auf Mallorca hat das noch vertieft. Haben wir uns längere Zeit nicht gesehen, rufe ich sie an: »Sonja, mein Sternenzelt, wo steckst du denn? Wenn wir uns nicht bald sehen, kriegst du mächtig Ärger...«

Sonja hatte im *König von St. Pauli* ihre große Stripszene, und plötzlich war das Studio übervoll von Leuten, von Männern vor allem, klar, die dort ganz dringend was zu tun hatten. Ich hielt mich schicklich abseits.

Ich hasse diesen Voyeurismus. Die Kollegin bekam keinen stechenden Blick von mir, sondern einen schön flauschig weichen Bademantel umgehängt. Sie lächelte mich an und verstand die Geste, in der sich herzliche Zuneigung sowie kollegialer Respekt ausdrückten.

Ich kann mit Frauen ganz ohne alle erotischen Hintergedanken und Nebentöne ebenso befreundet sein wie mit Männern. Die einen wie die anderen sind Kumpel für mich, sonst nichts. Gesprächspartner, Kameraden, angenehme Mitmenschen. Nicht alle verstehen das. Ebenso selbstverständlich sind für mich gute, herzliche Freundschaften mit wesentlich älteren Menschen.

Wie gern bin ich mit der inzwischen über 90-jährigen Brigitte Mira zusammen! Wann immer es möglich ist, erscheine ich bei ihren Geburtstagen. Ich genieße dann ihre Lebendigkeit, diesen hellwachen Lebenshunger, ihre von den Jahren unabhängige Jugendlichkeit. Es ist wie damals an der Schaubühne bei der großen Therese Giehse.

Nie sind mir diese beiden wie »alte Frauen« vorgekommen, die Giehse war zudem der Inbegriff echter, unverkitschter Mütterlichkeit. Ich kann böse sein und dich strafen, schien stets ihr klarer, direkter Blick zu sagen, aber ich verzeihe auch...

Zwei ganz große Schauspielerinnen, die Mira und die Giehse. Wie auch meine um wenigstens ein, zwei Generationen jüngere GRIPS-Kollegin Sabine, die nur nie so bekannt geworden ist. Leider.

In Sabine war ich nun wirklich verliebt. Sie war unglaublich gut und umwerfend komisch. Dennoch hat Sabine die ganz große Karriere nie gemacht. Vielleicht wollte sie das auch gar nicht. Heute arbeitet sie, unter Pseudonym, überwiegend als Autorin. In mir blieb aber das Bild, wie sie nach meiner absurden Zeit in Moabit am Gefängnistor stand. Die erste Botin der zurückgewonnenen Freiheit.

Wenn ich so an alle denke, die meine Bewunderung und Hochachtung haben, kommt mir ein großer Wunsch in den Sinn. Ich stelle mir vor: Jeder Schauspieler hat wohl irgendeinen Stoff, den er verfilmt sehen will. Da sollten sich mal etliche Kollegen zur »Sippe« zusammenfinden und diese Stoffe auf den Tisch legen. Einer davon wird ausgewählt. Und Regisseure sitzen auch dabei: Wedel, Färberböck, Klante, Schlichter, Friesner oder wer auch immer. Die entscheiden ganz demokratisch, wer sich von ihnen am besten für diese Regie eignet: Möge der Beste gewinnen...

Dann geht es los. Mit einem optimalen Ensemble. Otto Sander müsste natürlich unbedingt dabei sein. Ein Kollege, den ich ähnlich hoch schätze wie Martin Benrath. Keiner wird übers Ohr gehauen, jeder anständig bezahlt, bei den sonst immer zu kurz kommenden Produktionsfahrern angefangen. Und kein Sender redet uns rein. Kein Intendant, Redakteur, Programmdirektor und schon gar nicht die Mitarbeiter aus dem Verwaltungstrakt. Wir machen diesen Film hier ganz für uns.

Wie gesagt, ein Wunsch.

## Jeder braucht sein Stückchen Insel

Es ist schon später Nachmittag. Der Himmel färbt sich abendlich. Feines Rot im tiefen Blau, ein erster früher Stern blinkt, ein blasser Halbmond hat sich hervorgestohlen und steht weiß über den tiefgrünen Bergen.

Bald wird Vollmond sein. Fett und gelb strahlt er dann auf dieses Mallorca, das nun schon seit sechs Jahren »meine« Insel ist.

Ich sehe noch immer zum Stern hinauf und überlege, ob es nicht ein Satellit ist, in dem sich die letzte Sonne fängt, und sage mir, dass Inseln eigentlich immer meine Heimat gewesen sind. Harlingerode, eine Insel zwischen den Wäldern. Die Insel West-Berlin. Und dann die Schweiz. Auch das eine Insel.

Dreizehn Jahre sind wir dort zu Hause gewesen. Oder sagen wir: 13 Jahre lang habe ich dort mit meiner Familie gelebt. Und anfangs war noch alles in Ordnung. Die Kinder zählten. Nur sie. Sie hatten dort ihr kleines Paradies. Brauchte es noch anderes?

Ich drehte Film um Film, reiste filmend um die Welt. War ich endlich mal daheim, wollte ich mit meiner Familie zusammen sein, sonst nichts. Keine Party. Kein Promi-Getue. Bitte nicht! Kommunikation hatte ich draußen beim Dreh genug. Dies hier, der kleine Bauernhof nicht weit von Luzern mit seinen Sträuchern voll roter und gelber Himbeeren, war meine Oase. Das Bollwerk gegen die Welt da draußen.

Dann kam Unruhe auf. Gerüchte gingen um.

Schlimme Gerüchte. Von so genannten »Schlafzimmer-Mördern«. So hießen sie in den Boulevardblättern. Wahrscheinlich eine Gang, die sich auf Großschlachter spezialisiert hatte, solche mit der Kasse daheim an den Wochenenden. Aber auch andere kamen dran, wobei die Herren nicht pingelig waren.

Sie mordeten, vergewaltigten. Man fand auch eine alte Dame erschlagen in ihrem Schlafzimmer, oder ein vergifteter Hund lag vor der Tür. Mit immer böseren Gefühlen brach ich zu jedem Dreh auf, und vor meiner letzten Abreise hatte mich Simone noch gebeten, ihr eine Schreckschusspistole zu besorgen.

Ich hatte gelacht: »Meinst du im Ernst, damit erschreckst du diese gewieften Killer?« Doch die Ängste nahmen zu.

Das Paradies war kein Paradies mehr. Nicht mehr die Oase. Wir zogen um in Richtung Luzern. Die neue Wohnung sah schon fast wie eine kleine Festung aus. Da stieg so rasch kein »Schlafzimmer-Mörder« ein.

Aber etwas anderes war auch dort nicht auszusperren. Der Schweizer (Un-)Geist. Besonders heftig geht er in allen um, die nie über den Alpenrand hinausgekommen sind.

So eckte ich einige Male damit an, Dinge klar und laut beim Namen genannt zu haben. Dann hieß es: »Was reden Sie denn so laut, Mann? Das kann man doch auch leise sagen.«

Klar kann man. Kann alles unter den Teppich kehren. Jeden Konflikt. Dort liegt er gut. Hauptsache, Ruhe herrscht im Land. Und keiner merkt, darf merken, wie einem gerade zumute ist.

Der Vierwaldstätter See bleibt ein Traum. Dahin werde ich zurückkehren, wenn ich mal Urlaub von Mallorca machen will. Am See, dessen Wasser man noch trinken kann. An seinen Ufern, an denen man noch Steaks und Würstchen grillen darf. Herrlich. Zwei Wochen lang. Dann geht es zurück auf die Insel. Die ist jetzt meine Welt.

Mitte der Neunziger fing meine Abnabelung dorthin an. Ganz gemächlich, Schritt um Schritt.

Ich wusste wenig von Mallorca. Meine Mittelmeer-Insel war Ibiza gewesen. Über Mallorca war ich nur hinweggeflogen, die üblichen Assoziationen im Bauch: Massentourismus... Schinkenstraße... Ballermann 6... Ich schüttelte mich. Nee danke! Nichts würde mich je auf diese Insel bringen können.

Dann kam ein Film mit Wolf Gremm, mit dem ich gerade jetzt wieder auf Mallorca gedreht habe. Ein verrückter Hund, filmbesessen und witzig. Gern stellt er sich Schauspielern mit den Worten »Ich bin der schlechteste Regisseur der Welt« vor, und niemand widerspricht. Natürlich nur so als Gag. Gremm hat Witz, Ideen, Charme, ein großes Kind mit seinem Babyface unter dem silbergrauen Haar und so skurril, dass es um Ecken wieder stimmt. Ich mag ihn. Und ihm verdanke ich schließlich die Entdeckung von Mallorca!

Der Film damals hieß *Klippen des Todes* mit Hannelore Elsner als Partnerin. Gedreht wurde auf Mallorca. Gerne denke ich an den Abend in Formentor zurück. Traumhaft schön. Der herrlichste Sonnenuntergang, ich saß am offenen Hotelfenster, und Simone hatte sich an mich gekuschelt. Wir genossen den Frieden. Das war schon eher mein Mallorca!

Später tuckerten wir im kleinen Motorboot die Küste

entlang. Plötzlich sah ich auf einem Uferweg Pferde. Quarter Horses, Westernpferde. Die also gibt es hier. Und hatte ich mir nicht immer schon solch ein Pferd gewünscht?

Mallorca machte mich allmählich neugierig.

Ich fing an, diese Insel zu entdecken. Viel größer als Ibiza. Wohl siebenmal so groß. Eine Welt für sich. Praktisch alles gibt es hier: Steppe, Berge, Seen. Und selten Zäune. Der Hauch Freiheit über allem. Ich ahnte zum ersten Mal: Jeder findet das Mallorca, das er verdient. Er muss nur danach suchen. Und wer nur am Ballermann 6 hängen bleibt, ist selbst schuld.

Der Bazillus Mallorca hatte mich gepackt. Der erste Schritt aus der Schweiz hinüber auf diese andere Insel war getan. Erst mal nur in Gedanken. Aber gerade solche Schritte sind am schwersten wieder rückgängig zu machen.

Ich ertappte mich bei immer neuen Überlegungen. Die Kinder konnten hier ebenso gut zur Schule gehen. Wir mieteten ein Haus. Das war sozusagen das Vorspiel. Ein Feriensitz, mehr noch nicht. Aber wenn es von da zurückging, quengelten die Kinder: »Müssen wir wirklich schon zurück?« Müssen wir nicht, nein. Wir könnten ebenso gut hier bleiben, hier leben. Warum eigentlich nicht?

Schon war ich im Herzen mehr auf Mallorca als in der Schweiz zu Hause. Bei Simone lief alles etwas komplizierter.

Eigentlich ist sie eine Kosmopolitin. Ihr würde die Trennung von der Schweiz sehr leicht fallen, hatte ich gemeint. Aber gerade sie entdeckte plötzlich die Eidgenössin in sich. Fort von der Heimat? Das schien ihr wie Verrat. Und doch ahnte sie zugleich, dass das Hoenig-Schiff irgendwie schon abgedampft war. Richtung eigene Ranch.

Sagt man »Ranch« auf Mallorca? Sagt man nicht eher »Finca«? Komisch! Nie habe ich bei mir selbst diesen landesüblichen Ausdruck gebraucht. Immer dachte ich an eine Ranch und gleich noch an die andere Ranch damals drüben in Amerika. Sie ist wohl über die zweieinhalb Lebensjahrzehnte hinweg ein Traumziel geblieben. Und nun wollte ich es hier auf Mallorca finden.

Objekte wurden in Augenschein genommen, die Pläne zerschlugen sich wieder. Die Suche zog sich hin. Bis mir jemand eines Tages zuflüsterte: »Hast du schon gehört? Eine abgelegene Finca wird verkauft.« Ich besuchte das Anwesen mit Simone, fragte schließlich: »Was hältst du davon?« Sie hatte genickt: »Die offene Küche dort gefällt mir schon mal gut…«

Die Sache war rasch perfekt. Ich hatte meine Ranch.

»Jeder braucht sein bisschen Wüste.« Das hat mal jemand gesagt. Jeder braucht sein Stückchen Insel. Das sage ich.

Kein Ruhesitz. Ein Unruhesitz. Denn täglich gibt es neu zu bewältigende Aufgaben. Ich hole tief Atem. Spüre neue Kraft.

Mallorca, diese einstige Pirateninsel mit ihrer eigenen Sprache, ihren eigenen Gesetzen und den oft störrischen, spröden, düster in sich hineinbrütenden Menschen, die es den Fremden nie ganz verzeihen, dass sie ihnen ihren eigenen kleinen Wohlstand verdanken. Trotzdem ist es ein Land voll lachender Fröhlichkeit und herzlicher Großmut – dieses Mallorca braucht Kraft und Geduld.

Ich habe beides. Jetzt glaube ich, ans Ziel gelangt und ein etwas anderer Mensch geworden zu sein.

Jawohl. Mit 50. Hier auf Mallorca.

Manches hier muss sich noch ändern. In mir und um mich. Vor allem das Chaos in allen organisatorischen Dingen. Ich bin eine Büroschlampe. Das sage ich ganz offen. Aber jetzt habe ich ein Büro. Und dort hilft Melanie. Die sorgt für Ordnung. Meine Ordnung.

»Ich hab da so 'ne Ahnung, dir fehlt noch etwas Planung.« Da weiß ich nun genau, wer das mal gesagt hat. Mutz. Die gute Mutz, Mutter eines guten Freundes und Mutter von so vielen anderen damals in Berlin, so auch von mir. Ich grüße dich, Mutz, hinauf in den Himmel, wo du jetzt irgendwo neben Hendrik auf der Wolke sitzt und dir eine deiner unvermeidlichen Zigaretten drehst.

Hast ja so Recht gehabt, Mutz! Der Heinz braucht wirklich Planung. Denn der Hoenig will auf der Insel noch einiges in Angriff nehmen.

Etliche vernünftige Filme zum Beispiel oder wie man Regie führt. Mit Simone unbedingt Musik machen. Sie hat eine Riesengröhle, eine Superstimme, und schreibt echt gute Texte. So richtig schön Rock und Blues.

Dann Theater. Irgendwann, irgendwo spiele ich den König Lear. Warum gerade ihn? Warum hat sich der Lear als Rollentraum so fest in mir eingebissen? Dieser gekrönte Narr, der sich so mächtig fühlt, dass er auf Macht verzichten zu können meint? Der über die Grenzen seiner eigenen Macht hinaus auf andere, auf seine Töchter vor allem, immer noch Macht auszuüben glaubt und erst in der Ohnmacht weise wird? Ein Wahnsinniger, einsam dort auf der Heide, mit dem anderen, dem echten Narren als einzigem treu gebliebenen Begleiter.

Ich weiß selbst nicht, warum gerade das mich so reizt. Muss einfach mal wieder das Shakespeare-Stück lesen.

Oder vielleicht sollte es doch besser ein neues Stück sein. Eines, wie wir sie damals am GRIPS gespielt haben, knackend voll mit heutigen Problemen.

Apropos GRIPS ...

Auch das taucht immer wieder in mir auf. Ganz konkret. Hier auf Mallorca in der Hochsaison, wenn es von deutschen Kindern nur so wimmelt, könnte ein GRIPS-Festival stattfinden, mit zwei, drei Stücken oder so. Ich wette, das wird ein Bombenerfolg! Muss mal mit Volker Ludwig darüber sprechen. Sicher ist er dabei.

Überhaupt Kinder! Die eigenen und andere!

Mein Engagement im Royal Fishing Club, den ich zusammen mit anderen gegründet habe, will ich verstärken. Tennis-Ass Michael Stich und mein Boxer-Freund Dariusz Michalczewski sind auch dabei. In diesem Club können bei gemeinsamen Angel- und Fischtouren aggressive Jugendliche lernen, miteinander etwas netter umzugehen. Wir hatten schon mal zwei feindliche Schulklassen gemeinsam draußen auf dem Meer. Hinterher gab es zumindest keine Feindschaften mehr.

Für meine eigenen beiden Kinder soll aber ganz Mallorca ihre Lebensschule werden und besonders die Ranch.

Keine, wo man nur den Dreisatz lernt oder warum sich anno 1804 zu Notre Dame in Paris der kleine Napoleon die große Kaiserkrone selbst auf den Kopf gesetzt hat. Hochwichtige Dinge. Aber ebenso wichtig kann sein, warum man einen Kastanienbaum pflanzen sollte. Um die Fliegen abzuhalten. Und dass man Schweine nicht nur als Schnitzel verzehren, sondern sie auch ganz lieb und zärtlich streicheln kann.

Lucas hat das Crossrad beiseite gestellt und geht zu den Ställen hinunter. »Will mal die Tiere füttern.« Früher sagte er noch »muss« und machte ein langes Gesicht dabei. Jetzt freut er sich darauf. Er hat gelernt, der Bengel.

Und ich? Was habe ich hier auf Mallorca gelernt?

Freiheit. Und dass man sich Freiheit selbst geben kann. Die Freiheit, hier auf der Insel nur der Heinz Hoenig zu sein jenseits aller Rollen, die er im Film gespielt hat und im Leben auch. Dazu wird auch gehören: mit Gundolf zu kochen und mit dem Fritz die Höhlen unter seinem Haus zu erforschen. Mit Jo Westernreiten. Doris und Ilona, das Dream-Team, helfen mir bei der Versorgung der Tiere. Thomas, meinen Gartenprofessor, möchte ich ebenso wenig missen.

Vor Langeweile hat der Heinz Hoenig also keine Angst. Eher plagt ihn schon die Furcht, dass auf seiner Ranch einmal alles fertig ist. Perfekt. Dass man die Hände in den Schoß legen und sagen könnte, das also ist es nun gewesen. Der Traum ist ausgeträumt.

Das darf nicht sein. Dafür sorge ich. Und wenn es dennoch so weit sein sollte und ich neue Horizonte brauche, ziehe ich weiter. Irgendwohin.

Auch diese Freiheit nehm ich mir.

*The dream*
*Goes on*

*Der richtige Hund für die Ranch ist endlich gefunden. Nun doch kein struppiger Straßenköter. Highland Terrier Philipp, der mit den großen Ansprüchen, hat sich leicht pikiert ins Haus zurückgezogen.*

*Auf der Ranch regiert jetzt Lambro. Oder übt sich wenigstens darin.*

*Noch kein eigentlicher Hund. Ein Hundebaby mit seinem Milchgeruch im Fell und dem Blauschimmer in den Welpenaugen. Aber schöne, kräftige Zähne hat er schon jetzt und wird irgendwann ein richtig starker Rottweiler-Schäferhund-Bastard sein.*

*Bis dahin stolpert er auf dicken Pelzpfoten durchs Haus, hinterlässt noch manches Bächlein und versucht sich mit den Hühnern so heftig anzufreunden, dass Huhn Emma vor Schreck ein zusätzliches Ei legt.*

*Einer, der die Welt liebt und sich von aller Welt geliebt fühlt. Ein Irrtum, dem wir wohl alle mal erliegen.*

*Ob Paul Hunde mag?*

*Beim letzten Telefonat, als er mir seine Ankunftszeit nannte (»Dann also bis Sonntagabend am Flugplatz«), hatte ich im Hintergrund Hunde bellen hören. Also schon mal eine erste Gemeinsamkeit mit ihm, dem ich nun meine Geschichte erzählen soll.*

*Welche Geschichte nur?*

*Die vom Heinz Hoenig, der wohl immer ein wenig das Kind blieb, der Junge aus den Wäldern um Harlingerode* mit seinen Indianerspielen und den aufgeschlagenen Knien?

Die vom ewigen Outlaw, der sich nie so ganz der geschniegelten Welt der anderen zugehörig fühlte? Der sich deshalb, auch deshalb, seine eigenen kleinen Welten zu schaffen versuchte? Die eigene Wirklichkeit?

Als Schauspieler, als Handwerker und nun auf seiner Ranch in Mallorca...

Es wird auch die Geschichte eines Mannes sein, der immer seinen eigenen Weg zu gehen versucht hat. Auch wenn es mal ein Irrweg war. Wenn er auch nicht immer wusste, wohin dieser Weg ihn führen würde.

Vielleicht genau hierher nach Mallorca. Oder noch ganz woanders hin.

Ich halte mich bereit. Halte es dabei mit der Devise auf John Allens amerikanischer Ranch: »Mach was!« Das ist mein Motto gewesen. Immer. Denn wer nie was macht, irrt sich ganz sicher nicht. Aber er wird auch niemals etwas richtig machen.

Ich habe wohl manches ziemlich richtig gemacht und mich etliche Male sehr gründlich geirrt. In Menschen, in Dingen. Darüber bin ich nun 50 geworden. Eine schöne runde Zahl. Viele haben Angst davor. Ich nicht.

Diese 50 steht für einen Einschnitt. Ich habe ihn mir selbst gewählt. Hier auf der Insel, auf der ich noch einmal meine Lebenskarten mischen will. Ein paar alte Trümpfe sind dabei, aber auch einige neue Farben. Mal sehen, was das Spiel bringt!

Ich denke an die frühe Berliner Zeit zurück. Ich weiß noch, was ich damals dachte: Ich bin zu irgendwas gut. Bestimmt. Ich weiß nur nicht wofür. Das muss ich noch herausfinden.

*Ich bin zu manchem gut. Das habe ich inzwischen herausgefunden. Ob das schon alles ist, weiß ich nicht. Manche Träume sind noch offen, und mancher Traum wird offen bleiben. Sicher.*

*Dennoch:* The dream goes on…

*Ich will alt werden. Doch. Nicht um noch mit 90 vor der Kamera zu stehen. Das muss nicht sein. Aber ich will alt werden, um noch den Weg meiner Kinder mitzuerleben. Das ist mein größter Wunsch und meine größte Neugier.*

*Weil ich nun mal glaube, dass wir nur in unseren Kindern weiterleben. Nicht in Rollen, nicht in Filmen. Einzig in ihnen. Weiß ich sie aber in dieser Welt endgültig heil angekommen und auf dem eigenen richtigen Weg, mag sich irgendwann die dunkle Tür öffnen, durch die wir alle einmal gehen müssen.*

*Über all diese Dinge werde ich also mit Paul sprechen. Und vielleicht auch mal über die Rolling Stones. Sollte er sie mögen. Hunde mag er schon mal. Schön!*

*Und jetzt fahre ich zum Flugplatz.*

## Nachwort

Nun liegt es vor mir, das Buch. Endlich! Ehrlich gesagt, ich hab schon nicht mehr daran geglaubt, dass es einmal fertig wird. Denn es machte viel mehr Arbeit, als ich in meinen kühnsten Träumen gedacht hätte.

Paul, du hast einen klasse Job gemacht! Ich hab schon den richtigen Fühler mit dir gehabt. Wir beide sind sehr verschieden, unterschiedlicher geht's kaum. Und genau deswegen hab ich dich ausgesucht. Ich brauchte einen Mitautor, an dem ich mich reiben konnte. Keinen Typen, der vor Ehrfurcht vergeht und rumschleimt. Nur so entsteht ehrliche Emotion. Sonst muss einer erst gar nicht anfangen, den Griffel zu spitzen.

Es fiel mir nicht leicht, über mein Innerstes zu reden. Dabei kamen wieder seelische Verflechtungen hoch, die ich längst verdrängt zu haben glaubte. Das musste ich mit mir ausmachen. War ja nicht alles eitel Sonnenschein in meinem Leben. Eines wollte ich allerdings nicht: dass diejenigen, die mir im Leben unangenehm begegnet sind, mit mir nach der Lektüre des Buches etwas auszumachen haben. Meine Autobiografie ist keine Abrechnung. Die mit mir gelitten haben, haben schon genug gelitten. Es muss also nicht ein zweites Mal geschehen. Und schon gar nicht in schriftlicher Form.

Ohne Monika Liegmann wäre dieses Buch nicht fertig geworden. Diese Dame trieb mich Büroschlampe bei der Redaktionsarbeit unbarmherzig durch jedes Kapitel. Der totale Wahnsinn für uns beide. Ich danke dir!

An dieser Stelle möchte ich meinen Fans ein lautes Dankeschön zurufen – und euch alle fest drücken. Ohne euch wäre ich nie so weit gekommen. Und dass werde ich nie vergessen!

Dieses Buch widme ich meiner Mamutschka Hedi, Papa Heinrich, Simone, Paula und Lucas... Und mir selbst.

Mallorca, im Sommer 2002
*Heinz Hoenig*

**WOLF VON LOJEWSKI**
**LIVE DABEI**
Erinnerungen eines Journalisten

Als Moderator des *heute journal* zählt Wolf von Lojewski zu den bekanntesten und beliebtesten Fernsehgesichtern Deutschlands. In seinen Erinnerungen blickt er nicht nur auf die turbulenten Stationen seines Journalistenlebens, sondern auch auf die Höhen und Tiefen seines privaten Daseins zurück. Er tut dies mit viel trockenem Humor und der gesunden Skepsis eines Mannes, der die Welt bereist und ihre Zusammenhänge analysiert hat. Er gehört zu einer Generation, die den Krieg noch erlebte, in einer geteilten Welt aufwuchs und auch nach dem Fall der Mauer mehr Fragen als Antworten vor sich sieht.

ISBN 3-404-61513-1

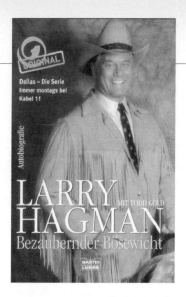

**Eine abwechslungsreiche Lebensgeschichte –
humorvoll und nachdenklich erzählt**

Seine erste Hauptrolle war der Major Tony Nelson in *Bezaubernde Jeannie*. Doch erst seine Darstellung des skrupellosen Bösewichts J.R. Ewing in *Dallas* machte ihn weltweit berühmt.

In seiner Autobiografie erzählt Larry Hagman von seiner Kindheit als Sohn der legendären Bühnen- und Filmschauspielerin Mary Martin und seinem Militärdienst in London, wo er die schwedische Modedesignerin Maj Irene Axelsson kennen lernte, mit der er seit fast 50 Jahren verheiratet ist. Hagman spricht auch offen über seine Alkohol- und Drogenprobleme, die letztlich dazu führten, dass er sich 1994 einer Lebertransplantation unterziehen musste.

ISBN 3-404-61530-1

**Die wahren Abenteuer eines kleinen Prinzen**

Antoine de Saint-Exupérys Schwester entführt den Leser in diesem Buch in eine längst vergangene Welt. Sie lässt die Kindheit der fünf Geschwister im Park des Schlosses von Saint-Maurice lebendig werden, wo die Familie die Sommer verbrachte. Ihre Schilderungen der heiteren Erlebnisse, der Freude an Streichen und Spielen bis hin zur Schwelle des Erwachsenwerdens ermöglichen einen tiefen Einblick vor allem in die Kindheit ihres Bruders Antoine und erklären viele Passagen in seinen Werken.

ISBN 3-404-61520-4

**Die Journalistin Maria von Welser
berichtet von ihrer tragischen Krankheit**

Meine Augenlider machten nicht mehr das, was ich wollte, sie schlossen sich wie in einem Krampf. Oft so lange, dass ich zeitweilig wie blind durchs Leben tappte. Ich wusste nicht, warum ich noch leben sollte. Denn das Leben schien mir nichts mehr wert. Mein Beruf, den ich liebe, nicht mehr ausführbar.

Dieser Alptraum dauerte genau 11 Monate und 11 Tage. Dann fand ich endlich einen Arzt, der mir sagen konnte, an was ich wirklich leide: Blepharospasmus, eine Form der Dystonie.

Wie mir geht es Millionen Menschen überall. Ihnen möchte ich mit diesem Buch helfen.

ISBN 3-404-61529-8